Rudolf Tippelt · Thomas Rauschenbach
Horst Weishaupt (Hrsg.)

Datenreport
Erziehungswissenschaft 2004

Schriftenreihe der DGfE

Rudolf Tippelt · Thomas Rauschenbach
Horst Weishaupt (Hrsg.)

Datenreport Erziehungswissenschaft 2004

VS VERLAG FÜR SOZIALWISSENSCHAFTEN

VS Verlag für Sozialwissenschaften
Entstanden mit Beginn des Jahres 2004 aus den beiden Häusern
Leske+Budrich und Westdeutscher Verlag.
Die breite Basis für sozialwissenschaftliches Publizieren

Bibliografische Information Der Deutschen Bibliothek
Die Deutsche Bibliothek verzeichnet diese Publikation in der Deutschen Nationalbibliografie;
detaillierte bibliografische Daten sind im Internet über <http://dnb.ddb.de> abrufbar.

Dieser Datenreport Erziehungswissenschaft wurde aus Mitteln des Bundesministeriums für
Bildung und Forschung gefördert.

1. Auflage März 2004

Alle Rechte vorbehalten
© VS Verlag für Sozialwissenschaften/GWV Fachverlage GmbH, Wiesbaden 2004

Der VS Verlag für Sozialwissenschaften ist ein Unternehmen von Springer Science+Business Media.
www.vs-verlag.de

Das Werk einschließlich aller seiner Teile ist urheberrechtlich geschützt. Jede
Verwertung außerhalb der engen Grenzen des Urheberrechtsgesetzes ist
ohne Zustimmung des Verlags unzulässig und strafbar. Das gilt insbesondere
für Vervielfältigungen, Übersetzungen, Mikroverfilmungen und die Einspeicherung und Verarbeitung in elektronischen Systemen.

Die Wiedergabe von Gebrauchsnamen, Handelsnamen, Warenbezeichnungen usw. in diesem
Werk berechtigt auch ohne besondere Kennzeichnung nicht zu der Annahme, dass solche
Namen im Sinne der Warenzeichen- und Markenschutz-Gesetzgebung als frei zu betrachten
wären und daher von jedermann benutzt werden dürften.

Umschlaggestaltung: KünkelLopka Medienentwicklung, Heidelberg

Gedruckt auf säurefreiem und chlorfrei gebleichtem Papier

ISBN-13: 978-3-8100-4079-4   e-ISBN-13: 978-3-322-80979-7
DOI: 10.1007/978-3-322-80979-7

Inhalt

Vorwort des Vorsitzenden der Deutschen Gesellschaft
für Erziehungswissenschaft (DGfE)
Hans Merkens — 7

Erziehungswissenschaft im Umbruch? Einleitende
Bemerkungen
Thomas Rauschenbach/Rudolf Tippelt/Horst Weishaupt — 9

1 Neue Studiengänge – Strukturen und Inhalte
  Klaus-Peter Horn/Lothar Wigger/Ivo Züchner — 15

2 Studium und Arbeitsmarkt der
  Hauptfachstudierenden
  Thomas Rauschenbach/Ivo Züchner — 39

3 Studierende, Absolventen, Stellensituation in der
  Lehrerbildung
  Ivo Züchner/Horst Weishaupt — 55

4 Personal
  *Heinz-Hermann Krüger/Claudia Schmidt/Susanne Siebholz/
  Horst Weishaupt* — 63

5 Forschung und wissenschaftlicher Nachwuchs
  Margret Kraul/Ursula Schulzeck/Horst Weishaupt — 91

6 Geschlechterverhältnisse
  Hannelore Faulstich-Wieland — 121

| 7 | Evaluationsverfahren in der Erziehungswissenschaft
Karin Böllert/Rudolf Tippelt | 139 |
| --- | --- | --- |
| 8 | Wissenschaftliche Weiterbildung als bildungswissenschaftliche Aufgabe
Peter Faulstich/Gernot Graeßner/Rudolf Tippelt | 153 |
| 9 | Erziehungswissenschaft in Österreich – zur Lage und Entwicklung des Faches
Josef Thonhauser | 179 |
| 10 | Erziehungswissenschaft in der Schweiz – aktuelle Situation und Besonderheiten
Tina Hascher | 199 |

Literatur	225
Internetquellen	233
Abbildungen und Tabellen	235
Anhang mit Tabellen nach Hochschulen	241
Autorinnen und Autoren	257

Vorwort

Die beiden vorangegangenen Bände des Datenreports Erziehungswissenschaft werden nunmehr durch eine dritte Ausgabe fortgesetzt. Der Datenreport hat sich als eine Quelle erwiesen, in der die Entwicklung der Erziehungswissenschaft dargestellt wird und die sich bereits jetzt als unverzichtbar erwiesen hat. Dabei greift der Datenreport 2004 bestimmte Linien wieder auf, die den ersten Datenreport ausgezeichnet haben. Die Differenz von vier Jahren lässt dies als sinnvoll erscheinen. Zusätzlich erweist es sich als notwendig, die Palette der Darstellung zu erweitern. Zum einen wird der Schritt über die Grenzen Deutschlands hinaus getan, indem Österreich und die Schweiz in die Darstellung einbezogen werden, zum anderen enthält dieser Report zusätzliche Informationen, beispielsweise zu den Evaluationsverfahren und zur Forschungslandschaft der Erziehungswissenschaft sowie zu neuen Studiengängen und zur wissenschaftlichen Weiterbildung.

Der Datenreport ist aus der Sicht des Vorstandes der DGfE eine wichtige Informationsquelle, um die Dynamik der Entwicklungen mit Blick auf die Studiengänge, die Studierenden und das beschäftigte wissenschaftliche Personal nachzuvollziehen. Anlass zur Sorge bereitet dabei nach wie vor die gegenläufige Entwicklung, dass auf der einen Seite die Attraktivität des Faches zunimmt und auf der anderen Seite gleichzeitig der Stellenabbau an den Universitäten voran schreitet. Angesichts des gesellschaftlichen Bedarfs an Kompetenz im Bildungsbereich, die nicht nur im Bildungssystem selbst, sondern verstärkt auch im außerschulischen Bereich – von der Kinderkrippe bis zur beruflichen Weiterbildung – besteht, ist diese Entwicklung besorgniserregend. Vor diesem Hintergrund bietet der Datenreport Erziehungswissenschaft auch Informationen dazu, wie sich die Leistungsfähigkeit des Bildungssystems in den einzelnen Sektoren entwickelt hat.

Für die Ausarbeitung dieses Datenreports hat der Vorstand der Deutschen Gesellschaft für Erziehungswissenschaft (DGfE) eine Kommission eingesetzt, der folgende Mitglieder der wissenschaftlichen Fachgesellschaft angehörten:

Prof. Dr. Rudolf Tippelt, LMU München (Leitung),
Prof. Dr. Thomas Rauschenbach, Universität Dortmund/DJI,
Prof. Dr. Horst Weishaupt, Universität Erfurt.

Diese Kommission hat weitere Fachkollegen bei den Beratungen hinzu gezogen, die sich auch an der Erarbeitung des Berichts beteiligten:

Prof. Dr. Karin Böllert; Universität Münster
Prof. Dr. Hannelore Faulstich-Wieland ; Universität Hamburg
Prof. Dr. Peter Faulstich; Universität Hamburg
Prof. Dr. Tina Hascher; Universität Bern
PD Dr. Klaus-Peter Horn; Humboldt-Universität zu Berlin
Prof. Dr. Margret Kraul; Georg-August-Universität Göttingen
Prof. Dr. Heinz-Hermann Krüger; Universität Halle-Wittenberg
Prof. Dr. Josef Thonhauser; Universität Salzburg
Prof. Dr. Lothar Wigger; Universität Dortmund

Der Vorstand der Deutschen Gesellschaft für Erziehungswissenschaft ist allen, die an dem Bericht mitgewirkt haben, zu größtem Dank verpflichtet.

Berlin, im Januar 2004   Prof. Dr. Hans Merkens
                                                    Vorsitzender der DGfE

Erziehungswissenschaft im Umbruch?
Einleitende Bemerkungen[1]

Thomas Rauschenbach/Rudolf Tippelt/Horst Weishaupt

Der Datenreport 2004 liefert eine aktuelle Analyse zur Lage der Erziehungswissenschaft im Wissenschaftssystem der Bundesrepublik Deutschland auf der Basis verlässlicher empirischer Daten. Er konzentriert sich auf den Zeitraum der letzten fünf Jahre und das Gebiet der heutigen Bundesrepublik. Zugleich bezieht er erstmalig auch Situationsberichte der beiden Nachbarländer Österreich und Schweiz ein. Er erlaubt daher eine vergleichende Betrachtung zwischen diesen Ländern. In den deutschsprachigen Nachbarländern ist die Erziehungswissenschaft ebenfalls ein wichtiges universitäres Fach, obwohl die Lehrerausbildung dort überwiegend nicht an Universitäten angesiedelt ist. Die Probleme der disziplinären Identität und der strukturellen Integration der Teildisziplinen erweisen sich als Herausforderungen, die in allen drei Ländern ähnlich gelagert sind.

Auch dieser dritte Datenreport basiert vor allem auf den öffentlich zugänglichen Daten der amtlichen Statistik in den untersuchten Ländern. Allerdings werden diese Daten um eigene Analysen zu uns wichtig erscheinenden weiteren Aspekten ergänzt. Dabei wird u. a. auf eine Erhebung des Erziehungswissenschaftlichen Fakultätentages (EWFT) zur Evaluation des Faches, auf eigene Recherchen und spezielle Auswertungen zu neuen Studiengängen, zu professoralen Stellenbesetzungsverfahren und zur wissenschaftlichen Weiterbildung sowie auf eine eigene Befragung des Vorstands der DGfE zur Drittmittelforschung zurückgegriffen.

Absicht des Berichtes ist es, mit den vorliegenden Befunden und Ergebnissen die Weiterentwicklung der Erziehungswissenschaft an den Universitäten zu unterstützen und zur Fundierung hochschulpolitischer Positionen im Rahmen der Evaluation und der Qualitätsentwicklung beizutragen. Hinsichtlich dieser hochschulpolitischen Zielsetzung konzentriert sich der Datenreport auf die durch die Kulturhoheit der Länder bedingte, äußerst differenzierte Situation in Deutschland.

Aber was sind nun die wichtigsten Veränderungen der letzten Jahre?

---

1 Im vorliegenden Bericht wird zur Personenkennzeichnung in Übereinstimmung mit der amtlichen Statistik überwiegend die männliche Form gewählt. Hiervon ausgenommen ist selbstverständlich das Kapitel über die „Geschlechterverhältnisse".
Die sehr arbeitsintensive Erstellung des druckfertigen Manuskripts hat Frau Indra Zügenrücker (Universität Erfurt) übernommen, der wir dafür nachdrücklich danken.

Gegenüber dem ersten Datenreport, an den dieser aktuelle wieder anknüpft, hat sich die Struktur der Studierenden verändert. Erziehungswissenschaft gehört weiter zu den größten Fächern an Universitäten, aber Magisterstudierende haben im Verhältnis zu Studierenden im Diplomstudiengang an Bedeutung gewonnen. Hervorzuheben ist die gegenüber anderen Fächern günstige Absolventenquote. Durch die veränderte Einstellungspolitik der Kultusministerien der Länder hat auch die Nachfrage nach dem Lehramtsstudium wieder zugenommen. Dadurch wird die Erziehungswissenschaft erneut verstärkt für Ausbildungsaufgaben in der Lehrerausbildung in Anspruch genommen.

Die Absolventenzahlen in den erziehungswissenschaftlichen Hauptfachstudiengängen haben sich in den letzten Jahren weiter erhöht. Umso erfreulicher ist es, dass die Diplom- und Magister-Pädagogen weiterhin auf dem Arbeitsmarkt gute Beschäftigungschancen haben. Ihre Arbeitslosenquote liegt unter der von Absolventen benachbarter Studiengänge. Zugleich hat sich bei den Lehramtsabsolventen die Beschäftigungssituation in den letzten Jahren sehr verbessert; bei ähnlich hohen Studienanfängerzahlen in Lehramtsstudiengängen ist Ende dieses Jahrzehnt mit einem zunehmenden Lehrermangel insbesondere für Haupt-/Realschulen und berufliche Schulen zu rechnen.

Besonders beachtenswert sind die Strukturveränderungen bei den Studiengängen. Die ersten Universitäten haben erziehungswissenschaftliche Hauptfachstudiengänge und Studiengänge für das Lehramt konsekutiv umstrukturiert. Mit dieser grundsätzlichen Umorganisation der Studiengänge sind kaum absehbare Folgen für die Struktur des Fachstudiums und den Stellenwert der Erziehungswissenschaft in reformierten Lehramtsstudiengängen verbunden. Sicher ist, dass das Qualifikationsdreieck der letzten Jahrzehnte ‚Diplom – Magister – Lehramt' zur Disposition steht: Ob die massiven formalen Organisationsauflagen an B.A.- und M.A.-Studiengänge gleichzeitig mit allgemeinen inhaltlichen Standards (wie dem Kerncurriculum) einhergehen werden, ist angesichts der augenblicklichen Pionierphase derzeit allerdings noch nicht gesichert. Eine wichtige aktuelle Frage ist es daher, ob die neuen, der angelsächsischen Tradition entlehnten Studiengänge z. B. im Fach Erziehungswissenschaft eine erneute, fast überwundene mobilitätsgefährdende Beliebigkeit zwischen den Standorten oder einen qualitätsfördernden Wettbewerb zwischen Hochschulen auslösen.

Gegenwärtig belastet die Erziehungswissenschaft unmittelbar die große Diskrepanz zwischen zunehmenden Lehr- und Prüfungsleistungen einerseits und sinkendem Personalbestand bei den Professuren andererseits. Die paradoxe, fiskalisch motivierte Forderung mit deutlich weniger Personal mehr

Studierende qualitativ hochwertig auszubilden und gleichzeitig internationale Spitzenforschung zu erbringen, stellt nicht nur die Erziehungswissenschaft vor ein Rätsel. Die Einschnitte in die personellen und sachlichen Ressourcen sind zwischen den Ländern uneinheitlich (zum Teil durch die Pensionierung von C2-Professuren bedingt und von Organisationsänderungen und Änderungen der statistischen Abgrenzung begleitet), aber konstatiert werden muss, dass diese Einschnitte in die Ressourcen für Lehre und Forschung hochproblematisch sind und durch strukturelle Schwerpunktbildungen nur unzulänglich kompensiert werden. Darüber hinaus wird angesichts zunehmender Ausbildungserfordernisse in der Lehrerbildung die weitere fachliche Profilierung der erziehungswissenschaftlichen Hauptfachstudiengänge erschwert.

Die wünschenswerte Angleichung der Struktur des Mittelbaus an die Verhältnisse anderer Fächer konnte weiter vorangebracht werden. Dennoch ist der Anteil befristeter Qualifikationsstellen in der Erziehungswissenschaft vergleichsweise niedrig. Nach wie vor sind folglich die Voraussetzungen für eine Selbstrekrutierung des Faches ungünstig. Dazu trägt auch die im Schnitt immer noch unzureichende Nachwuchsförderung mit Blick auf die Zahl der Promotionen und Habilitationen bei. Man muss sich weiter bemühen, die Nachwuchsförderung zu intensivieren, damit diese nicht das Nadelöhr der weiteren Entwicklung der Disziplin bleibt. Verstärkung von Graduiertenkollegs, gemeinsames Publizieren von senior researchers mit Nachwuchswissenschaftlern in peer reviewten und angesehenen wissenschaftlichen Zeitschriften, forschungsnahe Lehre in Projekten, breite Streuung der Geldgeber für drittmittelfinanzierte Forschungsprojekte, forschungs- und nachwuchsorientierte Stellenausstattungen von Professuren u. a. sind daher wichtig, wenn sich die Nachwuchsförderung im Fach verbessern soll.

Die bereits angestoßene offene Debatte gilt es fortzuführen, in der sowohl selbstkritisch auf die eigenen Versäumnisse, etwa auf die an verschiedenen Standorten zu geringe, defensive Forschungsorientierung, als auch hochschulpolitisch auf die unzureichende Ausstattung, die der Erziehungswissenschaft im Gegensatz zu anderen Fächern vorenthalten wird, hingewiesen wird. Im Interesse einer stärkeren Forschungsorientierung sind die von der Erziehungswissenschaft oftmals angemahnten Möglichkeiten für den erziehungswissenschaftlichen Nachwuchs, beispielsweise auch ohne Schulpraxis eine Professur zu erhalten, weiter einzufordern. Hinzuweisen ist darauf, dass die Forschungsanstrengungen in den letzten Jahren deutlich zugenommen haben, allerdings ist dies auch in anderen Disziplinen der Fall, so dass sich die Unterschiede gegenüber anderen Fächern nur langsam verringern.

Die Expansion des Studienfachs ist vor allem auf die Studienwahl von Frauen zurückzuführen. Mit einem Frauenanteil von rund 75 % im Jahre 2002 hat das Fach eine herausragende Rolle für die Hochschulausbildung von Frauen. Unter dem Personal der Erziehungswissenschaft sind Frauen immer noch unterrepräsentiert. Dennoch ist die Erziehungswissenschaft einer der Wissenschaftsbereiche, in denen die Gleichstellung von Männern und Frauen am weitesten vorangeschritten ist. Die Hälfte aller Mittelbaustellen und mehr als ein Viertel aller Hochschullehrerstellen werden inzwischen von Frauen besetzt. Es gibt dennoch bei der Gleichstellung der Geschlechter weiteren Handlungsbedarf.

Evaluationen haben in der Erziehungswissenschaft ein großes Gewicht und werden künftig ein noch größeres erlangen. Vor dem Hintergrund einer insgesamt deutlichen Zunahme der Evaluationsverfahren in der Erziehungswissenschaft hat sich eine Dreiteilung von Evaluationsprogrammen in Struktur-, Forschungs- und Lehrevaluationen zunehmend bewährt, um differenziert Stärken- und Schwächenprofile beschreiben zu können. Auch kristallisieren sich – trotz noch gegebener unübersichtlicher Situation – immer klarer allgemein akzeptierte Bewertungskriterien und Standards von Evaluationen der Erziehungswissenschaft heraus. Aufgrund der fachlichen Nähe zur Evaluation und zur Qualitätssicherung und unter Einbezug internationaler Erfahrungen kann das Fach mittlerweile durchaus „normbildend" für wissenschaftliche Evaluationen wirken.

Die in diesem Report explizit thematisierte wissenschaftliche Weiterbildung wird in vielen Hochschulen als „Querschnittsaufgabe" von speziellen pädagogisch besetzten Stabsstellen organisiert. Die Analyse zeigt, dass sowohl aus der Nachfrage- wie aus der Angebotsperspektive noch wichtige inhaltliche Zukunftsfelder bestehen, die eine weitere Expansion dieses bislang noch recht intransparenten Bildungsbereichs wahrscheinlich machen. Wenn sich die Hochschulen für die Anforderungen des „lebenslangen Lernens" weiter öffnen, werden die Anforderungen an wissenschaftliche Weiterbildungsmodule präziser. Die Erziehungswissenschaft wird entsprechende Standards der Organisiertheit, der Systematisierung, der Angebotskontinuität, der Profilierung sowie deren Dokumentation in diesen besonderen Prozess der Hochschulentwicklung einbringen.

Was ist resümierend festzuhalten? Sicher weisen die folgenden Kapitel selbstkritisch auf manche Schwäche der Erziehungswissenschaft hin, aber gleichzeitig wird sichtbar, dass sich die Erziehungswissenschaft gut entwickelt, z. B. bei den Absolventenquoten, beim Übergang der Absolventen in das Beschäftigungssystem, bei der Gleichstellung von Frauen und Männern mit Blick auf die Dozentenrekrutierung, bei der regelmäßigen kontrollierten Selbstevaluierung, in der Forschungsprofilierung u. a. Positive Entwicklungen bedeuten aber keinesfalls, dass dies automatisch hochschulpolitisch belohnt wird.

Die durch Wissenschafts- und Hochschulpolitik gesetzten Richtgrößen verhindern an vielen Standorten die notwendige Weiterentwicklung durch fehlende personelle Voraussetzungen. Von der Hochschul- und Wissenschaftspolitik ist zu verlangen, dass sie der Bedeutung der Erziehungswissenschaft bei Entscheidungen über deren personelle Ausstattung Rechnung trägt. In den vergangenen Jahren vorgenommene Stellenreduzierungen sind gesellschaftspolitisch dysfunktional, denn die Erziehungswissenschaft kann die Basis für die Heranbildung von Humankapital legen und die Voraussetzungen für die soziale und kulturelle Integration der Heranwachsenden und der Erwachsenen nachhaltig fördern. Das Fach kann die notwendigen Prozessinnovationen im Bildungssystem „nach PISA" in Familie, Schule, Jugendhilfe, Sozialsystem und Weiterbildung wesentlich anregen und fortentwickeln und dem internationalen Konzept der „Bildung über die Lebenszeit" Geltung verschaffen.

Einige Kernsätze der Bewertung der Situation der Erziehungswissenschaft im ersten Datenreport haben ihre Aktualität nicht verloren, durch die Entwicklung des Fachs in den letzten Jahren und den einsetzenden Bologna-Prozess sogar noch eine Zuspitzung erfahren: „Die Leistungen und Erfolge des Studienfachs sind stärker als bislang öffentlich transparent zu machen. Das Außenbild, das der Erziehungswissenschaft anhaftet, hat bislang weder die Absolventen- und Studentenexpansion, noch die damit verbundene Ausweitung der Ausbildungsaufgaben und Forschungsfelder nachvollzogen. Selbst im hochschul- und wissenschaftspolitischen Bereich findet sich vielfach noch die Vorstellung, dass die Erziehungswissenschaft eine primär auf die Ausbildung von Lehrern hin ausgerichtete Disziplin sei. Erstaunt, fast verwundert wird die Bandbreite außerschulischer Beschäftigungsmöglichkeiten für Pädagogen, die Vielfalt etablierter Studiengangprofile sowie die auf dem Arbeitsmarkt realisierte Nachfrage für erziehungswissenschaftliche Hochschulabsolventen zur Kenntnis genommen.

Das Studienfach steht an einem Wendepunkt seiner Entwicklung. Für seine Zukunft wird vor allem entscheidend sein, ob es gelingt, den personellen Fehlbedarf abzubauen, die Qualität von Lehre und Studium zu sichern sowie durch erhöhte Anstrengungen im Bereich der Forschung zugleich die Voraussetzungen für eine Selbstrekrutierung des Fachs zu verbessern. ... Die hierzu erforderlichen fachpolitischen Voraussetzungen werden freilich nur dann erfolgreich sein können, wenn Wissenschafts- und Hochschulpolitik sich der Verantwortung stellen, die die Entwicklung eines der größten und zukunftsträchtigsten Studienfächer auferlegt" (Otto/Zedler 2000, S. 22).

1 Neue Studiengänge – Strukturen und Inhalte

Klaus-Peter Horn/Lothar Wigger/Ivo Züchner

Ausgehend von den einschlägigen Abhandlungen in den ersten beiden Datenreport-Bänden und unter Zugrundelegung der Erhebung zur Aktualisierung der Daten zu den Studiengängen (1.) werden hier nur die neuesten Entwicklungen im Hinblick auf die erziehungswissenschaftlichen Studiengänge dargestellt, sofern mindestens beschlossene Studien- und Prüfungsordnungen vorliegen. Dabei werden die Hauptfachstudiengänge (2.) und die Lehramtsstudiengänge (3.) unterschieden. In diesen Abschnitten werden strukturelle und inhaltliche Aspekte der Studienreform(modelle) in Übersichten dargestellt und an Beispielen erörtert.

1.1 Standorte und Studiengänge

Die Erziehungswissenschaft ist in Deutschland wie kaum ein anderes Fach an fast allen Wissenschaftlichen Hochschulen vertreten, dies kann auch zu Beginn des Wintersemesters 2003/04 konstatiert werden. In Aktualisierung und Erweiterung der Bestandsaufnahme des ersten Datenreports Erziehungswissenschaft (vgl. Rauschenbach/Züchner 2000, 27f.) soll im Folgenden das derzeitige erziehungswissenschaftliche Studienangebot an den wissenschaftlichen Hochschulen Deutschlands im Überblick dargestellt werden.[1]

Die Erziehungswissenschaft ist zum einen als Fachgebiet obligatorischer Bestandteil sämtlicher Lehramtsstudiengänge mit jeweils landes- und schulstufenabhängig variierenden Anteilen. Zum anderen existiert an der Mehrzahl der wissenschaftlichen Hochschulen zugleich ein erziehungswissenschaftlicher Hauptfachstudiengang, der in der Regel mit einer erziehungswissenschaftlichen Diplomprüfung abgeschlossen wird oder aber in Form eines Magisterabschlusses, als erstes bzw. zweites Hauptfach oder als Nebenfach. Darüber hinaus gibt es im Rahmen der Lehramtsstudiengänge für die Sekundarstufe II (Typ 4) an einigen Universitäten die Möglichkeit, entweder Pädagogik als Unterrichtsfach oder aber Sozialpädagogik bzw. Sonderpädagogik im Rahmen der beruflichen Fachrichtungen als Fach zu stu-

---

[1] Hierzu werden in diesem Datenreport alle Universitäten (inkl. der früheren Gesamthochschulen) sowie die Pädagogischen Hochschulen in Baden-Württemberg gerechnet. Vereinfacht wird zuweilen auch nur von „Universitäten" gesprochen.

dieren. In den letzten Jahren sind als Hauptfachstudiengang und/oder als Teil des Lehramtsstudiums schließlich noch der Bachelor-Abschluss (B.A.) und der Master-Abschluss (M.A.) hinzugetreten.[2]

Tab. 1.1: Standorte mit Angebot eines erziehungswissenschaftlichen Hauptfachstudienganges/eines Lehramtsstudienganges zum WS 2003/2004

	Hauptfachstudiengänge		Lehramtsstudiengänge nach Lehramtstypen						Lehramtsstudiengänge mit
	Diplom, Magister	Bachelor	Insg.	1/2	3	4	5	6	EW als Unterrichtsfach
Baden-Württemberg									
Freiburg PH	D(z)		x	x			x		
Freiburg U			x			x			Päd.
Heidelberg PH	D(a)		x	x			x		
Heidelberg U	M(z)		x			x			Päd.
Hohenheim U			x			x	x		
Karlsruhe PH	D(a)		x	x			x		
Karlsruhe U		B(z)	x			x	x		
Konstanz U			x			x	x		
Ludwigsburg PH	D		x	x			x		
Mannheim U	M(z)		x			x	x		Päd.
Stuttgart U	M		x			x	x		
Tübingen U	D(z), M(z)		x			x			Päd.
Schwäb. Gmünd PH	D(a)		x	x			x		
Ulm U			x			x			
Weingarten PH	D(a)		x	x			x		
Bayern									
Augsburg U	D(z), M		x	x		x			
Bamberg U	D		x	x		x	x		Sozialpäd.
Bayreuth U	M		x	x		x	x		
Eichstätt-Ingolst. KU	D, M		x	x		x			
Erlang.-Nürnberg U	M		x	x		x	x		
München TU			x	x		x	x	x	
München U	M		x	x		x	x	x	

---

2 Die Einrichtung von Masterstudiengängen im Fach Erziehungswissenschaft verläuft bislang sehr uneinheitlich und lässt kaum eine disziplinäre Linie erkennen. Der Master ist prinzipiell als konsekutiver Studiengang im Anschluss an einen B.A.-Studiengang konzipiert und kann an Universitäten oder Fachhochschulen als wissenschaftlicher Abschluss erworben werden. Die KMK hat aber ermöglicht, den Mastergrad auch durch ein sog. postgraduales Studium (Aufbau- bzw. Weiterbildungsstudium) zu erwerben, so dass entsprechende Studienangebote allein durch den Titel nicht eindeutig zu identifizieren sind. So existieren an Wissenschaftlichen Hochschulen als konsekutive Modelle z. B. der Master of Education (Uni Bochum), der Master in „Bildungsmanagement" (Uni Erfurt) und der Ergänzungsstudiengang „European Master in Intercultural Education" (FU Berlin). Des Weiteren sind an vielen Fachhochschulen Masterstudiengänge im Bereich Sozialwesen als Ergänzungsstudiengänge eingerichtet worden.

	Hauptfachstudiengänge		Lehramtsstudiengänge nach Lehramtstypen						Lehramtsstudiengänge mit EW als Unterrichtsfach
	Diplom, Magister	Bachelor	Insg.	1/2	3	4	5	6	
Bayern									
München U-BW	D(z)								
Passau U	M			x	x	x			
Regensburg U	D, M			x	x	x			
Würzburg U	D, M			x	x	x		x	
Berlin									
Berlin FU	D(z), M(z)			x	x		x	x	x
Berlin HU	D(z), M(z)	B(z)		x	x		x	x	x	Sonderp.
Berlin TU	M(z)			x	x		x	x	
Brandenburg									
Potsdam U	M(z)			x	x	x			
Bremen									
Bremen U	D(z)			x		x	x		Sozialpäd.
Hamburg									
Hamburg U	D(z), M(z)			x	x		x	x	x
Hamburg U-BW	D								
Hessen									
Darmstadt TU	M			x			x	x	
Frankfurt U	D, M			x	x		x		x
Gießen U	D, M			x	x		x	x	
Kassel U	D(z), M			x	x		x	x	
Marburg U	D			x			x		
Mecklenburg-Vorpommern									
Greifswald U		B		x		x	x		
Rostock U	D(z)			x	x		x		x
Niedersachsen									
Braunschweig TU	D(z), M(z)	B(z)		x	x		x		
Göttingen U	M			x			x		
Hannover U	D(z), M(z)			x	x		x	x	x
Hildesheim U	D(a)	[B(z)]		x	x				
Lüneburg U	D(z)			x	x			x		Sozialpäd
Oldenburg U	D(z), M(z)			x	x		x	x	x	Sonderp.
Osnabrück U	M			x	x		x	x	
Vechta H	D			x	x				
Nordrhein-Westfalen									
Aachen TH				x			x	x	
Bielefeld U	D(z)			x	x		x		x	Päd
Bochum U		B(z)		x			x	x		Päd
Dortmund U	D(z)			x	x		x	x	x	Sozialpäd
Duisburg-Essen U	D(z)			x	x		x	x		Päd
Wuppertal U				x	x		x	x		Päd
Siegen U	D(z)			x	x		x	x		Päd

Fortsetzung Tab. 1.1: Standorte mit Angebot eines erziehungswissenschaftlichen Hauptfachstudienganges/eines Lehramtsstudienganges zum WS 2003/2004

	Hauptfachstudiengänge		Lehramtsstudiengänge nach Lehramtstypen						Lehramtsstudiengänge mit EW als Unterrichtsfach
	Diplom, Magister	Bachelor	Insg.	1/2	3	4	5	6	
Rheinland-Pfalz									
Mainz U	D(z), M(z)		x			x			
Kaiserslautern U			x		x	x	x		
Koblenz-Landau U	D		x	x					
Trier U	D(z)		x		x	x			
Saarland									
Saarbrücken U	M(z)		x		x	x	x		
Sachsen									
Chemnitz TU	D(a), M								
Dresden TU	D(z)		x	x		x	x		Sozialpäd.
Leipzig U	M(z)		x		x	x			
Sachsen-Anhalt									
Halle-Wittenberg U	D(z), M(z)		x	x		x		x	
Magdeburg U	M(z)		x		x	x			
Schleswig-Holstein									
Flensburg U	D		x	x			x	x	
Kiel U	D(z), M(z)		x		x	x		x	
Thüringen									
Erfurt U		B(z)	x	B(z)	B		x	x	
Jena U	M		x		x	x			
Standorte insgesamt	44 D, 36 M	6 [7]	69	46	54	57	36	23	

D = Diplomstudiengang; M = Magisterstudiengang; B = Bachelorstudiengang; (z) = Zulassungsbeschränkung; (a) = Aufbaustudiengang

- Aufgenommen in die Übersicht wurden nur Wissenschaftliche Hochschulen mit einem eigenständigen erziehungswissenschaftlichen Lehrangebot, als Hauptfachstudiengänge nur die mit erstem Hauptfach Erziehungswissenschaft.
- Folgende Wissenschaftliche Hochschulen bieten ebenfalls Lehramtsstudiengänge an, allerdings ohne ein eigenständiges erziehungswissenschaftliches Lehrangebot (das i.d.R. von einer anderen Hochschule erbracht wird): Hamburg-Harburg TU (Pädagogik an Hamburg U), Ilmenau TU und Weimar U (Pädagogik an Erfurt U), Sporthochschule Köln (Pädagogik an Köln U).
- Hinzu kommen noch folgende Theologische Hochschulen und Kunsthochschulen: Freiburg HfM, Heidelberg-Mannheim HfM, Karlsruhe AkdBK, Karlsruhe HfM, München HfM, München AkdBK, Trossingen HfM, Stuttgart HfM, Stuttgart AkdBK, Würzburg AkdBK, Würzburg HfM, Berlin HdK, Hamburg HfBK, Hamburg HfM, Frankfurt HfM, Rostock HfM, Bethel KiH, Detmold HfM, Düsseldorf KuAk, Essen HfM, Köln HfM, Münster KuAk, Paderborn ThFak, St. Augustin PhThH, Wuppertal KiH, Braunschweig HBK, Hannover HfM, Trier ThFak, Vallendar PTHV, Saarland HfM, Dresden HfM, Leipzig HfM, Halle HfKuD, Lübeck GfM, Weimar HfM.

Quelle: Hochschulrektorenkonferenz (2003); eigene Recherchen

Insgesamt zeigt sich mit Blick auf Studiengänge und -verpflichtungen für das Fach Erziehungswissenschaft damit eine Angebotsvielfalt, die in dieser Breite bei keinem anderen universitären Fach in der Bundesrepublik anzutreffen ist. In der Übersicht wurde dabei nach „altem" und „neuem" Hauptfachstudiengang (nur erstes Hauptfach) und den verschiedenen Ebenen des Lehramtsstudiums unterschieden (vgl. Tab. 1.1)[3].
In der Übersicht wird deutlich, dass der Diplomstudiengang mit 44 Standorten der derzeit am häufigsten vertretene Hauptfachstudiengang ist. Dabei treten beide traditionellen Hauptfachstudiengänge an 24 bzw. 16 Standorten alleine auf, wie es auch insgesamt 20 Doppelstandorte gibt. Der »Bachelor«-Abschluss ist an 5 von 6 Standorten der einzig mögliche grundständige Hauptfachstudiengang. In der Lehramtsausbildung sind – an Standorten gemessen – die unter Typ 2 und Typ 4 zusammengefassten Studiengänge am häufigsten vertreten. Einen Sonderstatus nehmen bis heute die Pädagogischen Hochschulen ein, die nur noch in Baden Württemberg existieren. An ihnen finden sich im Lehramt keine Sek II Studiengänge, und sie sind bis heute die wichtigsten Anbieter von Aufbaustudiengängen mit Diplomabschluss. Allerdings variiert die Anzahl studierbarer Fächer an den Standorten zum Teil erheblich.

Tab. 1.2: Zulassungsbeschränkungen in den erziehungswissenschaftlichen Hauptfachstudiengängen

	Diplom	Magister	Bachelor
Standorte insgesamt	44	36	6
davon Aufbaustudiengänge	6		
Zulassungsbeschränkung	25	19	5
Keine Zulassungsbeschränkung	12	17	1

Quelle: Hochschulrektorenkonferenz (2003)

Als eine markante Entwicklung in den Hauptfachstudiengängen des Faches Erziehungswissenschaft der 1990er Jahre kann die Wiedereinführung von

---

[3] In der Tabelle werden die Lehramtsstudiengänge nach den Typenvorgaben der Kultusministerkonferenz (KMK) unterschieden (vgl. Bellenberg 2002, 30f., sowie die Liste im Datenreport 2, 27f.), wobei die Typen 1 (Primarstufe) und 2 (Primarstufe und Sekundarstufe, i.e. GHR) in einer Spalte zusammengefasst werden, da Typ 1 sowohl als eigenständiger wie auch als Teil eines gemeinsamen Studienganges angeboten wird, Typ 3 umfasst die Lehrämter für alle oder einzelne Schularten der Sekundarstufe I, Typ 4 die Lehrämter der Sekundarstufe II an allgemeinbildenden Schulen, Typ 5 die an Berufsschulen, Typ 6 die sonderpädagogischen Lehrämter. An einigen Standorten existieren Überschneidungen beim Bachelorabschluss im Hauptfach- und Lehramtsstudiengang (s. u.).

Zulassungsbeschränkungen beschrieben werden. Angesichts der in den letzten 10 Jahren stark angestiegenen Anfängerzahlen (vgl. Kap. 3) gelten diese mittlerweile in der Mehrheit sowohl für Diplom- als auch für Magisterstudiengänge, in NRW existiert für den Diplomstudiengang sogar ein landesweites Zulassungsverfahren (vgl. Tab. 1.2).

Bilanziert man die Veränderungen des Studienangebotes gegenüber dem Stand des Wintersemesters 1999/2000, so ist in der Tendenz von einem leichten Abbau zu sprechen. So sind seitdem unter den *Hauptfachstudiengängen* 2 Diplomstudiengänge und 10 Magisterstudiengänge eingestellt worden, denen nur die Neueinrichtung von 3 Bachelorstudiengängen (zu den damals schon bestehenden) gegenübersteht. Gerade das erziehungswissenschaftliche Magisterstudium hat – u. a. mit dem Wegfall des in punkto Studierendenzahlen bislang größten Studienganges – am stärksten eingebüßt. Auch im *Lehramtsstudium* nahm die Gesamtzahl von Standorten mit entsprechendem Angebot um 3 ab.[4] So hat z. B. Nordrhein-Westfalen an zwei Standorten die Lehramtsausbildung vollständig eingestellt, und zum WS 2003/2004 wurde das Studium des Lehramts für die Primarstufe und die Sekundarstufe I in das gemeinsame Studium für das „Lehramt für Grund- und Hauptschulen" überführt. Auch in Sachsen ist eine Konzentration des Lehramtsstudiums mit der Einstellung des Angebots am Standort Chemnitz und der Verlagerung der Ausbildung für die Sekundarstufe II für berufsbildende Schulen zu verzeichnen. Eine besondere Rolle spielen an der Schnittstelle von Hauptfach und Lehramtsausbildung die eingeführten Angebote eines „Bachelorstudiums", auf die im Folgenden eingegangen wird.

1.2 Hauptfachstudiengänge

Nach vielen Jahren der „Ruhe" wird an zunehmend mehr Standorten über studienorganisatorische Reformen diskutiert und werden neue Ausbildungsmodelle erprobt. So haben Probleme und Kritik an Studium und Ausbildung im Fach Erziehungswissenschaft bereits vor einigen Jahren zu unterschiedlichen Reformanstrengungen geführt. An der Universität Tübingen wurde ein Teilzeitstudiengang eingeführt mit einer Regelstudienzeit von 18 Semestern, einem Gesamtumfang von 144 Semesterwochenstunden (SWS) und einem Richtwert von 10 SWS je Semester; an der Universität Hamburg wird im Diplomstudiengang - und den Lehramtsstudiengängen - ein Kerncurriculum der Erziehungswissenschaft realisiert (im Umfang von 10 SWS),

---

[4] In der Übersicht wurden nach ihrer Zusammenlegung die Universitäten Duisburg und Essen entsprechend der Universität Koblenz-Landau als ein Standort erfasst.

das mit Teilen des Vorschlags der DGfE (vgl. DGfE 2003) Ähnlichkeiten aufweist. Während in Tübingen auf das Problem der Vereinbarkeit von Arbeit und Familie mit den Anforderungen eines Vollzeitstudiums reagiert wird, versucht das Hamburger Modell eine Antwort auf die Probleme mangelnder Orientierung und Strukturierung des Studiums und der zu großen Beliebigkeit des Lehrangebots zu finden. Beide Reformen orientieren sich an der Diplom-Rahmenordnung, wie auch die weitreichende Diplomreform an der Universität Dortmund, die studienbegleitende Prüfungen, die Kreditierung studentischer Leistungen nach ECTS, eine Modularisierung des Lehrangebots sowie ein Praxissemester zur Qualitätssteigerung wissenschaftlicher Ausbildung und zu deren besseren Verkoppelung mit der professionellen Praxis eingeführt hat.

Daneben sind im Rahmen des Bologna-Prozesses Bachelor- und Master-Studiengänge in unterschiedlichen Varianten in der Erziehungswissenschaft eingeführt worden, so in Greifswald, Erfurt, Berlin (Humboldt-Universität), Bochum, Braunschweig und Karlsruhe.[5] Die aktuelle Umwälzung der Hochschullandschaft trifft nicht nur, aber auch die Erziehungswissenschaft und führt zu einer Diversifizierung von Studiengängen und Abschlüssen, obwohl empirische Untersuchungen die erfolgreiche Berufseinmündung von professionellen Pädagogen mit Diplom- oder Magister-Abschlüssen in den 90er-Jahren belegen (vgl. Rauschenbach/Züchner in diesem Band).

Neben den traditionellen Diplom- und Magister-Studiengängen zeigen sich nun eine Vielzahl neuer Studiengänge. Insgesamt lassen sich folgende Typen unterscheiden (vgl. Tab. 1.3):

1. reformierter Diplomstudiengang mit studienbegleitenden Prüfungen, Modularisierung und Kreditierung nach ECTS (Universität Dortmund)
2. Bachelor- und/oder Master-Studiengänge mit einem Fach (Technische Universität Braunschweig BA, Ruhr-Universität Bochum MA, Universität Erfurt MA)
3. Bachelor- und/oder Master-Studiengänge mit zwei Fächern
    a) als zwei gleichberechtigte Fächer (Ruhr-Universität Bochum BA u. MA)
    b) als Haupt- und Nebenfach (Humboldt-Universität zu Berlin BA u. MA, Universität Erfurt BA u. MA, Technische Universität Braunschweig

---

5 Der in Tab. 1.1 für Hildesheim in Klammern angezeigte BA-Studiengang „Erziehungswissenschaft" wird derzeit vorbereitet und soll ab dem WS 2004/05 eingeführt werden. Zur Zeit können Immatrikulationen dort lediglich für den BA-Studiengang „Sozialpädagogik/Organisationspädagogik" vorgenommen werden, in dem allerdings die Erziehungswissenschaft mit 10 SWS und 16 cp nur randständig vertreten ist.

Tab. 1.3: Synopse zu den reformierten Hauptfachstudiengängen in der Erziehungswissenschaft (Stand: Oktober 2003)
Teil 1: HU Berlin, Bochum, Braunschweig, Dortmund

Universität	HU Berlin		U Bochum		TU Braunschweig	U Dortmund
Studiengang	BA	MA	BA	MA	BA	Diplom
Beginn im	WS 2002/03	WS 2002/03	WS 2001/02	WS 2003/04	WS 2003/04	WS 2001/02[1]
Regelstudienzeit	6 Semester 180 cp[2]	4 Semester 120 cp	6 Semester 180 cp	4 Semester 120 cp	6 Semester 180 cp	10 Semester, 150 SWS 300 cp
Erziehungswissenschaft	100 cp („Kernfach")[3]	70 cp	65 cp	45 cp / 70 cp	90 cp / 135 cp	46 SWS/ 85 cp EW I (Allgemeine EW); 46 SWS/ 87,5 cp EW II (Studienrichtung)
2. Fach / 1. Nebenfach	60[4] cp / 30 cp	---	65 cp	45 cp	45 cp[5]	20 SWS/25 cp „Beifächer" (Soziol. u. Psych.)
2. Nebenfach	--- / 30 cp	---	---	---	---	18 SWS/ 30 cp Wahlpflichtfach[6]
Sonstige Studienteile	8 cp „Schlüsselqualifikationen"	20 cp „fachergänzende-/übergreifende Module"	30 cp (Optionalbereich)	20 cp Wahlbereich	20 cp „Professionalisierung einschl. berufsbezogener Praktika"	14 SWS Wahlbereich
Praktika	8 cp	keine	optional	8 cp[7]	300 Std./10 cp	1.: 8 Wo. u. 2 SWS/12,5 cp 2.: 6 Mon. u. 4 SWS/30 cp („Praxissemester")
obligatorische Beratung	keine	keine	keine	1mal vor Beginn	1mal/Studienjahr	keine
Zwischenprüfung	keine	keine	keine	keine	keine	Vordiplom mit 120 cp (stud.begl.)
Abschlussprüfung	20 cp (schriftliche Arbeit)	20 cp (schriftliche Arbeit); 10 cp (Verteidigung der Arbeit)	8 cp (6 Wochen schriftliche Arbeit; 2 x 6 cp (mündliche Prüfungen)	20 cp (4 bzw. 6 Monate schriftl. Arbeit); 10 cp (mündliche Prüfungen)	15 cp (6 Wochen schriftliche Arbeit)	30 cp (4 bzw. 6 Monate schriftliche Arbeit)
Grad	Bachelor of Arts	Master of Arts	Bachelor of Arts	Master of Arts	Bachelor of Arts	Diplom-Pädagoge

Tab. 1.3 Teil 2:   Erfurt, Greifswald, Karlsruhe

Universität	U Erfurt		U Greifswald	U Karlsruhe
Studiengang	BA	MA	BA	BA
Beginn im	WS 1999/2000	WS 2002/03	WS 1999/2000	WS 1999/2000
Regelstudienzeit	6 Semester 180 cp	3 Semester 90 cp	6 Semester 180 cp	6 Semester 108 SWS
Erziehungswissenschaft	84 cp	60 cp / 36 cp	52 cp	72 SWS[8]
2. Fach / 1. Nebenfach	42 cp[9]	--- / 24 cp	52 cp	36 SWS[9]
2. Nebenfach	---	---	---	---
Sonstige Studienteile	30 cp „Studium Fundamentale" 24 cp Berufsfeld	---	52 cp „general studies I und II"	8-10 SWS Fachübergreifender Wahlpflichtbereich 8 SWS „Berufsfeldorientierte Zusatzqualifikation" (BOZ)
Praktika	1.: empfohlen im Berufsfeld 2.: oblig. Forschungspraktikum (12 cp im HF)	180 Std. vorausgesetzt	12 cp/360 Std.	4 Wochen (als Teil des Nebenfaches)
obligatorische Beratung	durch Mentor, jedes Semester	durch Mentor, jedes Semester	keine	keine
Zwischenprüfung	keine	keine	keine	Orientierungsprüfung nach 1. Studienjahr (studienbegleitend) Vorprüfung nach 2. Studienjahr (studienbegleitend)
Abschlussprüfung	9 cp (studienbegleitend „komplexe schriftliche Arbeit")	30 cp (5 Monate schriftliche Arbeit)	8 cp (6 Wochen schriftl. Arbeit) 2 x 2 cp (mündl. Fachmodulprüfungen)	45 min. mündl. Prüfung (im Hauptfach) Studienarbeit (im Nebenfach)
Grad	Baccalaurea/us Artium	Magistra/er Artium	Bachelor of Arts	Bakkalaurea/us Artium

1 Prüfungs- und Studienordnung wurden zum WS 2003/04 überarbeitet, die Angaben beziehen sich auf die gültigen Ordnungen seit Oktober 2003.
2 Die Terminologie ist nicht einheitlich. Studienpunkte (HU Berlin), Leistungspunkte (TU Braunschweig, U Dortmund, U Erfurt), Kreditpunkte (U Bochum) oder Punkte (U Greifswald) werden hier abgekürzt mit „cp" (für „credit points") angegeben.
3 Zum Kernfach-Studium zählt auch das Studium der Schlüsselqualifikationen und das Praktikum.
4 Erziehungswissenschaft kann auch als Zweitfach im Umfang von 60 cp oder als eines der Nebenfächer mit 30 cp studiert werden.
5 Erziehungswissenschaft kann auch als Nebenfach mit 45 cp zu einem anderen Fach mit 90 cp studiert werden.
6 Im Hauptstudium wird neben EW I und EW II ein zusätzliches Fach (z. B. erziehungswissenschaftliche Forschungsmethoden, Soziologie, Psychologie) als Wahlpflichtfach (z.Zt. 14 verschiedene) studiert.
7 Die Kreditpunkte des Praktikums zählen beim ersten Fach mit.
8 Das Hauptfach enthält auch den fachübergreifenden Wahlpflichtbereich und BOZ.
9 Erziehungswissenschaft kann auch als Nebenfach zu einem anderen Fach studiert werden

BA, sowie Universität Karlsruhe BA, aber ohne Kreditierung nach ECTS)
4. Bachelor- und Master-Studiengänge mit drei Fächern
    a) als drei gleichberechtigte Fächer (Universität Greifswald)
    b) als ein Hauptfach und zwei Nebenfächer (Humboldt-Universität zu Berlin BA)

Ein Versuch der Typisierung zeigt bereits die große Diversität: an 6 Standorten werden 8 verschiedene Bachelor-Studiengänge mit Erziehungswissenschaft als Hauptfach angeboten, an 3 Standorten 5 verschiedene Master-Studiengänge sowie an einem Standort ein Diplom-Studiengang, der mit studienbegleitenden Prüfungen, Kreditierung nach ECTS und Modularisierung vergleichbare Strukturelemente aufweist. Die reformierten Studiengänge weisen folgende gemeinsame Elemente auf:

- die Umwandlung von Zwischen- und Teilen der Abschlussprüfungen in studienbegleitende Prüfungen,
- die Modularisierung des Lehrangebots (auch wenn der Modulbegriff überhaupt nicht einheitlich verwendet wird),
- eine größere Verbindlichkeit von Lehrveranstaltungen und eine Ausweitung des Pflicht- und Wahlpflichtbereiches,
- die Einführung einer differenzierten Bewertung studentischer Arbeitsleistung nach ECTS – außer in Karlsruhe – (auch wenn die Zuweisung von „credit points" zu den Lehrveranstaltungstypen sehr unterschiedlich ausfällt).

Darüber hinaus scheint es verschiedene Tendenzen der Weiterentwicklung der Hauptfachstudiengänge zu geben, die z. T. miteinander verknüpft werden:

- eine stärkere Professionsorientierung durch die Einführung von Modulen, die nicht nur explizit berufsfeldbezogen sind, sondern z. B. „Schlüsselqualifikationen" (Berlin) oder „berufsfeldorientierte Zusatzqualifikationen" (Karlsruhe) vermitteln sollen, oder allgemein die Verankerung von Praktika (als Annäherung ehemaliger Magister-Studiengänge an den Diplom-Studiengang) wie auch die Ausweitung des Praktikums im Hauptstudium zu einem Praxissemester (Dortmund),
- eine stärkere Forschungsorientierung durch Forschungs- und Projektseminare (HU Berlin) oder die Einführung eines obligatorischen (Erfurt) oder fakultativen (Dortmund) Forschungspraktikums bzw. eines „forschungsorientierten Praktikums" (Bochum) oder durch das Wahlpflichtfach „erziehungswissenschaftliche Forschungsmethoden" (Dortmund),

- die Ermöglichung vielfältiger und neuer Kombinationsmöglichkeiten von Fächern in den Zwei- bzw. Dreifach-Bachelor- und Master-Studiengängen wie auch die Pluralisierung der Fächerkombinationen des traditionellen Diplom-Studiengangs – als eine Annäherung an den Magisterstudiengang – durch die Einführung verschiedener neuer Wahlpflichtfächer (Dortmund),
- eine Verstärkung der Interdisziplinarität durch „general studies" (Greifswald) oder ein „Studium Fundamentale" (Erfurt) oder durch Module, die fächerübergreifend sind (Berlin, Karlsruhe) bzw. durch eine ausschließlich interdisziplinäre Master-Phase (Karlsruhe).

Vergleicht man die Studiengänge, so fallen bereits vor aller Betrachtung der inhaltlichen Ausgestaltung der Curricula große Unterschiede in dem Anteil der Erziehungswissenschaft an der Ausbildung auf. Bachelor-Studiengänge mit Erziehungswissenschaft als Hauptfach schwanken zwischen 135 cp (zzgl. 20 cp „Professionalisierung einschl. berufsbez. Praktika", 10 cp Praktikum und 15 cp BA-Arbeit), also 180 cp an der Technischen Universität Braunschweig und 54 cp (zzgl. 26 cp „general studies II" in Erziehungswissenschaft, 12 cp Praktikum und 8 cp BA-Arbeit), d.h. 100 cp in Greifswald; Masterstudiengänge variieren zwischen 70 cp (zzgl. 30 cp für Master-Arbeit und -Prüfung) an der Humboldt-Universität Berlin und der Ruhr-Universität Bochum in 4 Semestern und 36 cp (zzgl. 30 cp für MA-Arbeit) an der Universität Erfurt in 3 Semestern und einem 2. Fach. Nimmt man BA- und MA-Studiengang zusammen, so reicht die Spannweite erziehungswissenschaftlicher Studien im Umfang von 170 cp (incl. BA- und MA-Arbeiten) an der Humboldt-Universität Berlin bzw. 189 cp (incl. BA- und MA-Arbeiten) an der Ruhr-Universität Bochum und 108 cp (incl. MA-Arbeit) an der Universität Erfurt, insofern dort zum Master-Abschluss in Erziehungswissenschaft auch zugelassen werden kann, wer Erziehungswissenschaft als BA-Nebenfach (mit 42 cp) studiert hat. Im Dortmunder Diplomstudiengang wird Erziehungswissenschaft sogar im Umfang von 245 cp (incl. Praktika, Praxissemester und Diplomarbeit) studiert. So sinnvoll eine neue Interdisziplinarität und eine Vermehrung von fachlichen Kombinationsmöglichkeiten auch sein mögen, sind doch solche Differenzen, immerhin zwischen einem Drittel und der Hälfte des studentischen Arbeits- bzw. Zeitaufwandes, problematisch, wenn alle diese Studiengänge als erziehungswissenschaftliche Hauptfachstudiengänge angesehen werden sollen.

Heterogen geregelt sind auch die Praktika, die in Bochum in der Master-Phase erforderlich und in der BA-Phase möglich, an der Humboldt-Universität Berlin dagegen in der BA-Phase verpflichtend, in der Master-Phase aber nicht vorgesehen sind, in Braunschweig wird ein berufsbezogenes Praktikum verlangt, in Karlsruhe soll es im Nebenfach abgeleistet werden, in Erfurt wiederum ist für die BA-Phase ein Forschungspraktikum verbindlich und ein Praktikum im Berufsfeld empfohlen, während für die dreisemestrige Master-Phase Praktika bereits absolviert sein müssen. Auch die Dauer der Praktika schwankt zwischen 4 Wochen in Karlsruhe und ca. 9 Wochen in Greifswald in einem jeweils sechssemestrigen Studium, bzw. zwischen den 180 Stunden Praktika als Voraussetzung eines Master-Abschlusses in Erfurt und den ca. 8 Monaten als Voraussetzung des Diplom-Abschlusses in Dortmund.

Sind die formalen Prüfungsanforderungen für die Master- und Diplomabschlussprüfung ähnlich hinsichtlich des Gesamtaufwandes (und different bzgl. eines mündlichen Prüfungsteils und der Dauer der schriftlichen Arbeit), so sind die BA-Abschlüsse hinsichtlich Dauer und Art völlig heterogen: kleinere oder größere schriftliche Arbeiten unterschiedlicher Bewertung, z. T. mit mündlichen Prüfungen, oder auch ausschließlich eine mündliche Prüfung (im Hauptfach) sind zur Zeit zu finden.

Da die Curricula der Studiengänge sehr unterschiedlich beschrieben werden, lässt sich nur schwer beurteilen, ob bei ähnlichen Modul- oder Lehrveranstaltungstiteln auch die gleichen Themen oder Fragestellungen, Theorien oder Probleme gemeint sind oder ob sich hinter heterogenen Bezeichnungen Gleiches verbirgt. Detaillierte Modulbeschreibungen liegen zumeist (noch) nicht vor (Ausnahme: Bochum). Sieht man nur auf den Pflichtbereich, d.h. auf das für alle Studierende Verbindliche, so scheint der ortsübergreifende gemeinsame Kern des erziehungswissenschaftlichen Studiums ausgesprochen schmal und verdankt sich vielleicht sogar allein allgemeinen Titeln: „Einführung in die Erziehungswissenschaft" oder „Forschungsmethoden". Statt eines gemeinsamen erziehungswissenschaftlichen Kerncurriculums an den verschiedenen Standorten hat die Tendenz zu einer größeren Verbindlichkeit von Lehrveranstaltungen und Themen bislang doch eher nur zu lokalspezifischen Pflichtbindungen geführt, also nicht zu einem Kerncurriculum Erziehungswissenschaft, auch wenn sie so bezeichnet werden.

1.3 Lehramtsstudiengänge

Die Ausgestaltung der Lehramtsstudien ist ebenfalls in Bewegung geraten, Veränderungen werden allerdings zunächst nur an einzelnen Standorten „erprobt". Im Folgenden wird, in Erweiterung der im zweiten Datenreport beschriebenen Situation der Lehrerausbildung (Bellenberg 2002; vgl. auch

Bellenberg/Thierack 2003), lediglich auf die neuen Entwicklungen im Hinblick auf BA/MA-Strukturen eingegangen. Dabei werden nur die Standorte einbezogen, an denen sich Erstsemester in den Lehramtsstudiengängen für allgemeinbildende[6] Schulen im WS 2003/04 in neuen Studiengängen eingeschrieben haben.

Von den 16 deutschen Bundesländern beteiligen sich zur Zeit erst vier an der Einführung von BA/MA-Strukturen im Lehramtsstudium für allgemeinbildende Schulen: Mecklenburg-Vorpommern (Universität Greifswald) bereits seit WS 2001/02, Nordrhein-Westfalen (Universitäten Bielefeld und Bochum) seit WS 2002/03 und Niedersachsen (Universitäten Braunschweig, Hannover, Osnabrück, Vechta) sowie Thüringen (Universität Erfurt) seit WS 2003/04. In den anderen Bundesländern wird z.Zt. noch diskutiert bzw. es werden Ländervorgaben erarbeitet und die Einführung neuer Strukturen ab WS 2004/05 und später geplant.

Die Vorgaben in den Ländern weisen Gemeinsamkeiten und Unterschiede auf, was sich auch an der konkreten Umsetzung an den einzelnen Standorten ablesen lässt. Grundsätzlich wird an allen beteiligten Standorten ein modularisiertes Studium mit Teilprüfungen und credit points (cp; auch Anrechnungspunkte, Leistungspunkte u.ä. genannt[7]) vorgeschrieben, das in sich mehr oder weniger stark sequenziert ist und relativ hohe Pflichtanteile aufweist. Die MA-Abschlüsse an den Universitäten werden in der Regel als äquivalent zum Ersten Staatsexamen angesehen (Niedersachsen, Nordrhein-Westfalen, Thüringen), lediglich in Mecklenburg-Vorpommern ist neben dem MA-Abschluss eine zusätzliche Staatsprüfung vorgesehen.

Unterschiede gibt es in der formalen Organisation bei den verschiedenen Lehrämtern sowie bei der Sequenzierung der Anteile der Fächer und der Erziehungswissenschaft im Rahmen des Studiums. Das Hauptproblem stellt die Differenzierung zwischen der Ausbildung für das gymnasiale Lehramt bzw. die entsprechenden Klassen an Gesamtschulen und für die anderen Schulformen bzw. Schulstufen dar.

Claudia Kleinwächter hat mit Stand vom März 2003 eine Synopse zu den BA/MA-Modellstudiengängen in der Lehrerbildung erarbeitet (vgl.

---

[6] An den Universitäten Lüneburg und Hannover wird seit dem WS 2003/04 auch das Studium zum Lehramt an berufsbildenden Schulen auf BA/MA-Struktur umgestellt. Wenn auf die gesonderte Darstellung dieser beiden Angebote hier verzichtet wird, dann nicht, weil sie unbedeutend wären, sondern um den Bericht nicht noch weiter aufzublähen.

[7] Nicht nur bei den Bezeichnungen, sondern auch bei den Berechnungen der workloads gibt es Unterschiede im Detail, die hier nicht weiter thematisiert werden. Es zeigt sich aber schon an dieser Stelle eine gewisse Uneinheitlichkeit der Reformen, die allerdings durch den Beschluss der Kultusministerkonferenz (KMK) vom 10.10.2003 über „Ländergemeinsame Strukturvorgaben gemäß § 9 Abs. 2 HRG für die Akkreditierung von Bachelor- und Masterstudiengängen" korrigiert werden sollte.

http://www.gew-nds.de/ausbildung-hochschule/LeBi-BAMASynopse.pdf), die anhand der im November 2003 aktuellen Daten kontrolliert und ergänzt bzw. überarbeitet wurde.

Eine organisatorisch reine, weil getrennte, Lösung liegt für die Gymnasial- bzw. Gesamtschullehrerausbildung im Bereich der Sekundarstufe I und II mit dem Modell der Universität Bochum vor. Hier sind die lehramtsspezifischen Ausbildungsanteile nahezu komplett in das Masterstudium gelegt, allerdings kann (und soll von denjenigen, die mit dem Ziel Lehramt studieren) im Optionalbereich des Bachelorstudiums bereits ein pädagogisches Orientierungspraktikum durchgeführt werden. Ähnlich ist der Aufbau der Studien in Hannover und in Osnabrück geregelt, wo ebenfalls nur Gymnasiallehrer ausgebildet werden, allerdings mit dem in Niedersachsen üblichen Professionalisierungsbereich bereits im Bachelor, in dessen Rahmen auch erziehungswissenschaftliche und fachdidaktische Studien sowie Praktika vorgesehen sind (vgl. auch die Gymnasiallehrerausbildung in Braunschweig).

In Vechta hingegen, wo nur Grund-, Haupt- und Realschullehrer ausgebildet werden, sind bei der GHR-Lehrer-Ausbildung verbindliche lehramtsspezifische Ausbildungsanteile sowohl im Bachelor- als auch im Masterstudium zu finden. Dies trifft auch auf die GHR-Ausbildung in Braunschweig zu.

An den Universitäten, an denen sowohl Gymnasiallehrer als auch Lehrer für Grund-, Haupt- und Realschule bzw. in Thüringen für die Regelschule ausgebildet werden, ist der Aufbau der Studien darum differenzierter. In Greifswald ist für diejenigen, die einen Lehramtsabschluss anstreben, im Bachelorstudium ein Profilmodul Erziehungswissenschaft im Rahmen der „General Studies" obligatorisch. In Bielefeld kann statt eines zweiten Unterrichtsfaches das berufsbezogene Studienfeld Erziehungswissenschaft als Nebenfach bereits im Bachelor absolviert werden. An der Technischen Universität Braunschweig ist das Studium der Erziehungswissenschaft als Teil der Grundwissenschaften für die GHR-Lehrer wie in Vechta sowohl im Bachelor- als auch im Masterstudium im Differenzierungsbereich des Schwerpunktfachs und im Professionalisierungsbereich vorgesehen.

Eine eigene Lösung wurde in Erfurt gefunden. Während das Lehramt Regelschule ähnlich wie in Greifswald geregelt ist, wurde für das Lehramt Grundschule der neue Bachelorstudiengang „Pädagogik der Kindheit" entwickelt, in dessen Rahmen sowohl die grundschulspezifischen Fachanteile (Deutsch, Mathematik, Sachkunde) als auch erziehungswissenschaftliche sowie pädagogisch-psychologische Module studiert werden. Der Bachelorabschluss in diesem Studiengang ist wiederum Voraussetzung für den Übergang in das anschließende lehramtsbezogene Masterstudium.

Praktika sind in allen Modellen vorgesehen, wobei jedoch – zumindest im Bachelor – nicht immer eine Anbindung der Praktika an erziehungswissenschaftliche und/oder fachdidaktische Lehrveranstaltungen gegeben ist. Dies ist selbst dort der Fall, wo erziehungswissenschaftliche Anteile bereits im Bachelor vorhanden sind. Bislang ist bei keinem der neuen Studiengänge eine Vorwegnahme der zweiten Phase festzustellen. Die Praktika in der ersten Ausbildungsphase an den Universitäten sind so knapp bemessen, dass man damit die zweite Phase des Referendariats nicht verkürzen kann. Die Praktika stehen zudem immer in der Verantwortung der Universität.

Fasst man diese strukturellen Vorgaben zusammen, muss man zunächst Vielfalt festhalten. Wechsel zwischen den Hochschulen scheinen selbst innerhalb eines Bundeslandes eher erschwert als erleichtert. Die Frage, wie man eine professionsorientierte Ausbildung mit einer Polyvalenz ermöglichenden Studienstruktur verbindet, wird im Großen und Ganzen mit drei Modellen beantwortet:

- Die lehramtsspezifischen Ausbildungsanteile sind komplett bzw. nahezu komplett nur im Masterstudium angesiedelt (Bochum; Hannover; Gymnasiallehrer in Braunschweig)
- Die lehramtsspezifischen Ausbildungsanteile werden entweder im Bachelor oder im Master weitgehend vollständig studiert (Bielefeld)
- Die lehramtsspezifischen Ausbildungsanteile sind sowohl im Bachelor- als auch im Masterstudium verbindlich im Rahmen von „General Studies" (Greifswald), im „Studium Fundamentale" (Erfurt) oder im „Professionalisierungs-" bzw „Differenzierungsbereich" (Vechta; GHR-Lehrer in Braunschweig; Osnabrück) zu studieren.

In der Aufteilung der Semesterwochenstunden und der zu erlangenden credit points sowie bei Umfang und credit points der Praktika jedoch unterscheiden sich die Standorte wiederum erheblich, selbst innerhalb eines Bundeslandes (vgl. Braunschweig und Vechta). Dies gilt auch, und vielleicht sogar besonders hinsichtlich der inhaltlichen Ausgestaltung. In manchen BA-Studien- bzw. Prüfungsordnungen verschwindet die Erziehungswissenschaft in anderen Bereichen: im Differenzierungsbereich in Braunschweig, und dann zur Fachnote gehörig, im Professionalisierungsbereich in Braunschweig, Hannover und Vechta, in den General Studies in Greifswald, teilweise im Studium Fundamentale in Erfurt. Lediglich in Bielefeld kann man auch im BA-Studium ein berufsbezogenes Studienfeld Erziehungswissen schaft studieren, in dem allerdings auch Psychologie, Soziologie, Philosophie und Rechtswissenschaft enthalten sind.

Tab. 1.4: Synopse zu den derzeit existierenden BA/MA-Lehramtsstudiengängen (Stand: November 2003)
Teil 1: Greifswald, Bielefeld, Bochum, Erfurt

	Greifswald	Bielefeld	Bochum	Erfurt
BA Einführung	WS 2001/02	WS 2002/03	WS 2002/03	WS 2003/04
BA Regelstudienzeit	6 Semester 180 cp	6 Semester 180 cp	6 Semester 180 cp	6 Semester 180 cp
BA Schulform	HR (Typ 3)[1]	GHR (Typ 2)	Gy/Ge (Typ 4)	G (Typ 1)
	Gy (Typ 4)	Gy/Ge (Typ 4)		Re (Typ 3)
BA Fachwissenschaftliche Studienanteile	Hauptfach (54 cp) + Zweitfach (54 cp) oder HF (54 cp) + Zweitfach (27 cp) + Beifach (27 cp) HF und Beifach inkl. FD	KF (120 cp) (D oder Ma obligatorisch) + NF (60 cp) als Unterrichtsfächer, inkl. fachdidakt. u. schulisch relevanter Anteile	Zwei (Unterrichts-)Fächer (je 65 cp)	Hauptstudienrichtung Päd. der Kindheit (84 cp) + Nebenstudienrichtung in einem Unterrichtsfach 42 cp
	Zwei Fächer inkl. FD (je 54 cp)	KF (120 cp) + NF (60 cp) als Unterrichtsfächer, inkl. fachdidaktischer und schulisch relevanter Anteile		Hauptstudienrichtung (84 cp) + Nebenstudienrichtung (42 cp), jeweils in einem Unterrichtsfach
BA Erz.wiss. Studienanteile	Bei Studienziel Lehramt obligatorisches Profilmodul EW im Rahmen der General Studies im 5./6. Sem. (26 cp)	Berufsbezogenes Studienfeld EW (inkl. Psychologie, Soziologie, Philosophie, Rechtswissenschaft) als NF möglich (60 cp)	---	Didaktische Anteile im Studium Fundamentale (s.u.)
BA Anteil Praxis	Orientierungspraktikum/ Sozialpraktikum/Schulpraktikum (11 Wochen) (12 cp)	Praxisstudien + Praktika	Päd. Orientierungspraktikum (6 Wochen) im Optionalbereich (s.o.) mögl.	Pädagogisches Orientierungspraktikum

BA Sonstige Studienanteile	General Studies im 1./2. Sem. (26 cp): Grundlagen der kulturwissenschaftlichen Kommunikation + Englisch + Textkompetenz mündl. und schriftlicher Art	---	Optionalbereich (30 cp): A Fremdsprachen B Präs., Kommunikation, Argumentation C Informationstechnol. D Ergänzende und/oder interdiszipl. Studienmodule anderer Fächer E Praktikum	Studium Fundamentale (30 cp): • Methodisch-theoretisches Vermittlungs- und Grundlagenwissen • Ästhetisches Wahrnehmungsvermögen • Soziale Kompetenzen Berufsfeld (24 cp)
BA Abschlussarbeit	Arbeit in einem Fach (8 cp)	Nicht vorgesehen	Arbeit in einem Fach (8 cp)	---
BA Mündl. Prüfung(en)	---		Eine je Fach (je 6 cp)	---
BA Grad	Bachelor of Arts / Bachelor of Science (abhängig vom fachlichen Schwerpunkt)	Bachelor of Arts / Bachelor of Science (abhängig vom fachlichen Schwerpunkt)	Bachelor of Arts	Baccalaureus Artium
MA Regelstudienzeit	Haupt- und Realschule sowie Gymnasium (Typ 3 + 4) 4 Semester 120 cp	Grund-, Haupt- und Realschule (Typ 3) 2 Semester 80 cp	Gymnasium/ Gesamtschule (Typ 4) 4 Semester 120 cp	Gymnasium/ Gesamtschule (Typ 4) 4 Semester 120 cp	Lehramt Grundschule (Typ 1) 3 Semester 90 cp	Lehramt Regelschule (Typ 3) 3 Semester 90 cp
MA Fachwissenschaftliche Studienanteile	Zwei Fächer (je 30 cp)	Das NF (Unterrichtsfach oder EW) aus dem Bachelorstudium wird ergänzt, der im Bachelor nicht studierte Bereich wird im Master studiert (Unterrichtsfach oder EW)	Zwei Unterrichtsfächer (je 24 cp), darin fachdidaktische Module, schulpraktischer Anteil und Prüfungsleistungen	Fachwissenschaftlicher Bereich (12 cp) Fachdidaktischer Bereich (30 cp)	Fachwissenschaftlicher Bereich (12 cp) Fachdidaktischer Bereich (24 cp)
MA Staatsexamina	Äquivalenz zur Ersten Staatsprüfung	Äquivalenz zur Ersten Staatsprüfung	Äquivalenz zur Ersten Staatsprüfung	MA-Abschluss wird der Ersten Staatsprüfung gleichgestellt

Fortsetzung Tab. 1.4: *Synopse zu den derzeit existierenden BA/MA-Lehramtsstudiengängen (Stand: November 2003) Teil 1: Greifswald, Bielefeld, Bochum, Erfurt*

	Greifswald	Bielefeld		Bochum	Erfurt	
MA Erz.wiss. Studienanteile	EW + FD (30 cp)	Ergänzungen, wenn bereits im Bachelor studiert, sonst EW im Master komplett wie als NF im Bachelor		EW (38 cp) Kerncurriculum, Lehrerhandeln, Schule und Unterricht schulbezogene Studien und Prüfungsleistungen	Erziehungswissenschaftlicher Studienbereich (18 cp)	Erz.wiss. Studienbereich (42 cp)
MA Sonstige Studienanteile	---	---			Wahlschwerpunkt (Musik, Kunst, Schulgarten, etc.) (18 cp)	---
MA Anteil Praxis	Hauptpraktikum	Praktika geplant		6wöchiges Kernpraktikum (4 cp)	Ein Pflicht- sowie ein wahlobligatorisches Praktikum, je 2-3 Wochen	
MA Abschlussarbeit	Schriftliche Hausarbeit im Master = Hausarbeit für die Erste Staatsprüfung (30 cp)	Fallstudienbezogenes erziehungswissenschaftl. Kolloquium schriftl. Arbeit opt.	Fallstudienbezogenes erziehungswissenschaftl. Kolloquium + schriftl. Arbeit in einem der Unterrichtsfächer *oder* in EW	Schriftliche Masterarbeit + 30-minütige Prüfung (30 cp)	Fachwissenschaftlich-fachdidaktische Magisterarbeit (12 cp)	
MA Grad	Master of Education	noch nicht festgelegt		Master of Education	Magister Lehramt Grundschule	Magister Lehramt Regelschule

1 Die Typenbildung folgt der Vorgabe durch die KMK (vgl. oben, Anm. 2).
2 Möglich ist außerdem ein viersemestriger Aufbau auf dem Lehramt GHR mit Spezialisierung im Bereich der Sonderpädagogik, wenn schon im Bachelor entsprechende Module absolviert wurden. Diese Variante wird hier außer Acht gelassen.

Tab. 1.4 Teil 2: BA-Lehramtsstudiengängen Braunschweig, Hannover, Osnabrück, Vechta

	Braunschweig	Hannover	Osnabrück	Vechta
BA Einführung	WS 2003/04	WS 2003/04	WS 2003/04	WS 2003/04
BA Regelstudienzeit	6 Semester 180 cp	6 Semester 180 cp	6 Semester 180 cp	6 Semester 180 cp
BA Schulform	GHR (Typ 2) Gy (Typ 4)	Gy (Typ 4)	Gy (Typ 4)	GHR (Typ 2)
BA Fachwissenschaftliche Studienanteile	Schwerpunktfach (45 cp) + Differenzierungsbereich (7 cp von 45 cp) + NF (45 cp) Schwerpunktfach (90 cp, davon 45 cp im Differenzierungsbereich) + NF (45 cp)	A: HF inkl. FD (90 cp) + NF (50 cp) + HF oder NF weitere 10 cp (z.Zt. nur Ma, Ph) oder B: Zwei gleichgewichtete Fächer (à 70 + einmal 10 cp) (z.Zt. nur E, Gesch)	A: Zwei Kernfächer (à 63 cp) oder B: HF (84 cp) und NF (42 cp) (z.Zt. nur Ch, Ma, Ph)	A: Zwei gleichgewichtete Fächer (60 cp) inkl FD B: HF (80 cp) + NF (40 cp) jeweils inkl. FD
BA Erziehungswissenschaftliche Studienanteile	1. EW (26 cp) im Differenzierungsbereich des Schwerpunktfachs (dazu Päd Psych. 12 cp) 2. im Professionalisierungsbereich (s. u.) Im Professionalisierungsbereich (s. u.)	Im Professionalisierungsbereich (s. u.)	Im Professionalisierungsbereich (s. u.)	Im Professionalisierungsbereich (s. u.)
BA Anteil Praxis	Drei Praktika im schulischen oder schulisch relevanten Bereich (mind. 14 Wochen, 10 cp)	Zwei vierwöchige Praktika (à 5 cp), davon ein Allgemeines Schulpraktikum, wenn das Lehramt angestrebt wird	Zwei Praktika (8-10 Wochen Gesamtdauer, 12 cp), Studierenden mit Ziel Lehramt wird ein fünfwöchiges betreutes Schulpraktikum empfohlen	Zwei Praktika, davon eines schulbezogen (10 cp)

Fortsetzung Tab. 1.4 Teil 2: BA-Lehramtsstudiengängen Braunschweig, Hannover, Osnabrück, Vechta

	Braunschweig	Hannover	Osnabrück	Vechta
BA Sonstige Studienanteile	Professionalisierungsbereich (20 cp) einschließlich berufsbezogener Praktika (10 cp, s.u.): Vier Module: 1. Grundlagen der Vermittlung und berufsfeldbezogener Professionalisierung (je 3 cp für EW und Päd. Psych.), 2. Gesellschaft und Wirtschaft, 3. Unterschiedliche Wissenschaftskulturen, 4. Handlungsorientierte Angebote	Professionalisierung (10 cp), davon • EWen (6 cp) • Schlüsselqualifikationen (4 cp)	Professionalisierung (28 cp), davon: • Vermittlung allgemeiner und vermittlungs-/lehramtsbezogener Schlüsselqualifikationen (14 cp) und • Berufsvorbereitung für Berufstätigkeit mit B.A.-Abschluss oder • Vertiefung Fachwissenschaft für fachwissenschaftlichen Master oder • Lehramtspropädeutik für den Lehrer-Master als interdisziplinäres, integriertes Kerncurriculum „Lehrerbildung" (Pflicht für „Lehrer-Master"-Studium) (je 14 cp)	Professionalisierung (5x10 cp): • Pädagogik • Pädagogische Psychologie • Zwei Praktika (s.u.) • Wahlpflichtfächer (Philosophie, Soziologie, Politikwissenschaft) • Sonstige optionale Studienmodule
BA Abschlussarbeit	In Verbindung mit einem Erweiterungsmodul in einem Fach (15 cp)	Arbeit im HF *bzw* in einem der beiden gleichgewichteten Fächer (10 cp)	A: in einem Fach bzw. B: im HF (14 cp)	Arbeit im HF bzw. in einem der beiden gleichgewichteten Fächer (10 cp)
BA Mündl Prüfung(en)	---	---	---	---
BA Grad	Bachelor of Arts	A: Bachelor of Science B: Bachelor of Arts	Bachelor of Science (bei naturwissenschaftlichem HF) *sonst* Bachelor of Arts	Bachelor of Arts/Bachelor of Science (je nach fachlichem Schwerpunkt)

Tab. 1.4 Teil 2: MA-Lehramtsstudiengängen Braunschweig, Hannover, Osnabrück, Vechta

	Braunschweig		Hannover	Osnabrück	Vechta
	Grund-, Hpt.- u. Realschule (Typ 3) 2 Sem. 60 cp	Gymnasium (Typ 4) 4 Semester 120 cp	Gym. (Typ 4) noch in Vorb.	Gymnasium (Typ 4) 4 Semester 120 cp	2 Semester 60 cp
MA Fachwissenschaftliche Studienanteile	Zwei Fächer (je 15 cp)	Schwerpunktfach inkl. FD (14 cp) + NF inkl. FD u. Diff.bereich (44 cp) + Vertiefung zur Vorbereitung Masterarbeit 1. oder 2. Fach (7 cp)		A: Zwei Kernfächer (à 20 cp) + FDen (je 13 cp) *oder* B: HF aus Bachelor ist absolviert, NF wird ergänzt (40 cp) + FDen (je 13 cp)	A: Zwei gleichgewichtete Fächer (à 20 cp) inkl. FD und Praktikum *oder* B: HF aus Bachelorstudium wird NF (10 cp) inkl. Praktikum + NF aus Bachelorstudium wird HF (30 cp) inkl. FD und Praktikum
MA Erz.wiss. Studienanteile	Grundwissenschaften (10 cp)	Grundwissenschaften (20 cp)		Im Professionalisierungsbereich (s.u.)	Berufsprofessionalisierung Lehramt (20 cp), davon • Pädagogik (10 cp) • Päd. Psychologie (5 cp) • Wahlpflichtfächer (Phil., Soziol., Politikwiss.) (5 cp)
MA Sonstige Studienanteile				(22 cp), darin Interdiszipl. Integriertes Kerncurriculum (n. nicht ausgef.)	---
MA Anteil Praxis	---	Fachpraktikum (5 cp)		Zwei schulbezogene Praktika (8-10 Wochen, 12 cp)	Zwei Praktika (10 cp) im Rahmen fachwissenschaftl./fachdidakt. Studien (s.o.)
MA Abschlussarbeit	Masterarbeit (20 cp)	Masterarbeit (30 cp)		Masterarbeit (20 cp)	
MA Staatsexamina	MA-Abschluss wird der Ersten Staatsprüfung gleichgestellt			MA-Abschluss wird der Ersten Staatsprüfung gleichgestellt	MA-Abschluss wird der Ersten Staatsprüfung gleichgestellt
MA Grad	Lehrer-Master			Master of Arts in Eduation („Lehrer-Master")	Master of Education

Abkürzungen: HF = Hauptfach; KF = Kernfach; NF = Nebenfach; EW = Erziehungswissenschaft; Päd. Psych. = Pädagogische Psychologie; G = Grundschule; Ge = Gesamtschule; Gy = Gymnasium; HR = Haupt- und Realschule; GHR = Grund-, Haupt- und Realschule; Re = Regelschule; Ch = Chemie; D = Deutsch; E = Englisch; Gesch = Geschichte; Ma = Mathematik; Ph = Physik

Die Studieninhalte sind, soweit dies an den Bezeichnungen der Module erkennbar ist, deutlich kompetenzorientiert angelegt, was auch dadurch deutlich wird, dass die Allgemeine Erziehungswissenschaft wenig bis gar nicht vorkommt – in Bielefeld z. B. ist lediglich eine einschlägige Veranstaltung im Wahlpflichtbereich vorgesehen, wo aus vier möglichen eine gewählt werden muss. Von einem Kerncurriculum im erziehungswissenschaftlichen Studienbereich, wie die DGfE es vorgeschlagen hat, ist wenig bis nichts zu bemerken, selbst in Niedersachsen, wo die Erziehungswissenschaft als Teil der „Grundwissenschaften" genannt wird.

Es scheint uns also fraglich, ob der Anspruch, die Erziehungswissenschaft sei die Leitdisziplin der Lehrerbildung, aufrecht erhalten werden kann, und es steht zu befürchten, dass die kommenden Veränderungen der Lehramtsstudiengänge hin zu BA/MA-Modellen eine weitere Aushöhlung des erziehungswissenschaftlichen Anteils im Sinne eines disziplinären Kernbereichs mit sich bringen werden. Allerdings sind die nordrhein-westfälischen Standorte hier etwas abzusetzen, denn dort bleibt zumindest die Bezeichnung Erziehungswissenschaft für einen besonderen Studienbereich bestehen, wenngleich in Bielefeld und in Bochum unter dieser Bezeichnung recht Heterogenes zu finden ist.

Eine weitere Neuerung im Bereich der Lehramtsstudien stellen die Angebote für Quereinsteiger dar, die in Göttingen und Lüneburg unter der Bezeichnung „Intensivstudiengang ‚Schulpädagogik und Didaktik'" aufgebaut wurden. In Göttingen wird dieser Intensivstudiengang als Erweiterungs- bzw. Aufbaustudium von einem Jahr mit dem Abschluss Master of Arts für gymnasiale Fächer angeboten, in Lüneburg für das Lehramt an Grund-, Haupt und Realschulen mit einem Schwerpunkt auf Haupt- und Realschule. Voraussetzung ist jeweils ein universitärer Studienabschluss in zwei als Unterrichtsfächern anerkannten Fächern, von denen mindestens eines ein Mangelfach sein muss. In Abkehr von der Semesterstruktur werden die Studierenden hier in einem einjährigen Studiengang (inkl. zweier 3-wöchiger Praktika und der Masterarbeit) zum Abschluss geführt, der zum Eintritt in den Vorbereitungsdienst berechtigt. Gegliedert ist die Ausbildung in 13 Module und fünf Kompetenzbereiche (Beobachtung und Reflexion pädagogischer Praxis; Erziehung und pädagogisches Handeln; Lehren und Lernen (inkl. Fachdidaktik); Diagnose, Beurteilung, Beratung; Schulentwicklung, -organisation, -management). In Göttingen wird darüber hinaus ein Studiengang Master of Education auf der Basis der Erfahrungen des Intensivstudiengangs vorbereitet. Diese Sonderausbildungsmöglichkeiten sind in etwa analog zu dem Bochumer Modell zu sehen, denn die pädagogisch-didaktische Ausbildung wird in einem relativ kurzen Zeitraum hochkonzentriert durchgeführt, während Fachkenntnisse einfach vorausgesetzt werden. Vielleicht ist die organisatorische Trennung von Fachstudien und pädagogisch-didaktischer Ausbildung doch der Königsweg, sowohl für die künftigen Lehrer, als auch für die Erziehungswissenschaft – und für die „Reformer" die sich der Polyvalenz verschrieben haben? Diese Frage wird wahrscheinlich weiterhin kontrovers diskutiert werden, aber eine klare Lösung erscheint uns allemal besser als die heterogenen Antworten, die an den einzelnen Standorten gegeben werden. Relativ eindeutig scheint gegenwärtig jedoch die Feststellung, dass die konsekutiven Lehramtsstudiengänge die bekannten Defizite der bestehenden Lehrerbildung nicht beheben[8], sondern sie möglicherweise sogar noch verschärfen. Die Vielfalt der Organisationsmodelle und die Heterogenität der Studieninhalte wird durch die Reformen gefördert, ganz gegen die Interessen einer Erhöhung der Verbindlichkeit erziehungswissenschaftlicher Studieninhalte, wie sie auch die DGfE in ihren „Leitsätzen zur Lehrerbildung" fordert (DGfE 2002).

1.4 Neue Beliebigkeit?

Auch wenn man angesichts der bekannten Zustände nicht in die Attitude verfallen sollte, dass früher bzw. bislang alles besser war, ist doch zu fragen, ob die skizzierten Veränderungen der erziehungswissenschaftlichen Hauptfachstudiengänge und der Lehramtsstudiengänge eine Verbesserung oder eine Verschlechterung mit sich bringen werden. Der Überblick ergibt ein irritierendes, teilweise widersprüchliches Bild. Während die formal-organisatorischen Einzelheiten relativ schnell durch verbindliche Vorgaben durch die Ministerien bzw. die KMK geregelt und standardisiert werden können, sind es die inhaltlichen Aspekte, die beunruhigen. Mit der Loslösung von der Rahmenordnung für den Diplomstudiengang Erziehungswissenschaft werden die Hauptfachstudiengänge untereinander noch weniger vergleichbar als dies ohnehin bisher der Fall war. Gegen die eigentlich beabsichtigte Berufsorientierung der Bachelorstudiengänge werden Praktika aus dem obligatorischen Studienbereich weitgehend herausgehalten. Die nationale und internationale Mobilität, d.h. die Möglichkeit des Universitätswechsels während des Studiums, wird im Gegensatz zum Reformprogramm durch die BA/MA-Reform zur Zeit wohl eher behindert als gefördert. Dies gilt teilweise schon für den Wechsel innerhalb einzelner Bundesländer. Sowohl während der einzelnen Studienphasen als auch beim Über-

---

8 Zu einem ähnlichen Urteil gelangen auf unterschiedlichen Wegen auch Thierack 2002, S. 8 und Keuffer 2002, S. 104.

gang vom BA zum MA lassen sich die einzelnen Programme nur schwer auf einen Nenner bringen. Problematisch ist zudem die meist enge Anbindung der MA-Studien an die lokalen BA-Studien, was sich der Logik der Umsetzung bisheriger Studiengänge in eine konsekutive Struktur verdankt, in der dann der eigentlich erstrebenswerte Abschluss der MA ist und der BA nur zu einer Zwischenstation wird. Damit wird zugleich die Frage nach der Durchlässigkeit vom BA- zum MA-Studium virulent, denn kann ein Absolvent des Bochumer BA-Hauptfachstudiums einfach nach Berlin in den MA-Hauptfachstudiengang wechseln? Die bisher vorliegenden Konzeptionen scheinen uns diese Möglichkeit eher nicht zu bieten.

Die Konsequenzen der Studienreform sind möglicherweise umwälzender als es bislang wahrgenommen wird. In den Lehramtsstudiengängen verschwindet die Erziehungswissenschaft, auch wenn sie als „Grundwissenschaft" bezeichnet wird, zumindest dem Namen nach aus den Studienordnungen und wird in relativ anonymen Bereichen wie „general studies" oder „Professionalisierungsbereich" untergebracht. Eine Orientierung an Vorstellungen eines Kerncurriculums welcher Provenienz auch immer ist kaum auszumachen, die Erziehungswissenschaft bleibt bzw. wird in den Studiengängen amorph – letzteres gilt fast gleichermaßen für die Hauptfachstudiengänge wie für die Lehramtsstudiengänge. Zu erkennen ist vielmehr eine weitgehende Orientierung der Studienordnungen am Personalbestand der jeweiligen Hochschulen und an den Schwerpunkten der Hochschullehrer, so dass es hier eher zu einer Reproduktion der standortbezogenen Spezifika kommt als zu einer zumindest im Kern noch universitätsübergreifend erkennbaren Disziplin. Dies gilt umso mehr, als es offenbar auch Tendenzen gibt, dass die Teildisziplinen der Erziehungswissenschaft eigene BA- und/oder MA-Studiengänge ohne bzw. mit nur schwachem Bezug auf die Erziehungswissenschaft entwickeln. Problematisch erscheint auch, dass aufgrund der verschiedenen Akkreditierungsagenturen und der von diesen herangezogenen Experten auch die inhaltliche Begutachtung der Studiengänge recht heterogen ausfallen kann. Eine im Kern einheitliche Gestaltung der verschiedenen Studiengänge ließe sich wohl nur durchsetzen, wenn in den Akkreditierungsgremien die Perspektive der Erziehungswissenschaft als Disziplin berücksichtigt wird. Dies anzumahnen und zu prüfen ist Aufgabe der Deutschen Gesellschaft für Erziehungswissenschaft sowie des Erziehungswissenschaftlichen Fakultätentages, denn bei aller Akzeptanz von Interdisziplinarität muss unseres Erachtens in den Hauptfachstudiengängen, aber auch in den Lehramtsstudiengängen die Erziehungswissenschaft als Kern sichtbar bleiben.

2 Studium und Arbeitsmarkt der Hauptfachstudierenden

Thomas Rauschenbach/Ivo Züchner

Auch vier Jahre nach dem ersten Datenreport wird die Erziehungswissenschaft in ihren Hauptfachstudiengängen vom Diplomstudiengang geprägt. Und dennoch hat sich die Lage seither in mehrfacher Hinsicht merklich verändert. Nachfolgend sollen die wichtigsten aktuellen Veränderungen in vier Abschnitten dargestellt werden, zunächst unter dem Gesichtspunkt der Studiennachfrage, also der Studienanfänger (2.1), danach unter dem Gesichtspunkt der Auslastung des Faches mit Blick auf die Studierenden (2.2), um anschließend nach dem Output, also den Absolventen zu fragen (2.3). Abgerundet werden soll dieser Überblick mit einer aktuellen Analyse der Lage auf dem Arbeitsmarkt. Der Akzent liegt in diesem Beitrag vor allem in den Veränderungen seit Ende der 1990er-Jahre; für den Zeitraum davor sei auf die beiden ersten Ausgaben des »Datenreports Erziehungswissenschaft« verwiesen.

2.1 Die Studiennachfrage – Anfänger

Die Ausgangslage mit Blick auf die Nachfrage im Fach Erziehungswissenschaft hat sich gegenüber 1998 doch stärker verändert als dies Mitte der 1990er-Jahre abzusehen war.

Diplom: Nachdem der Diplomstudiengang mit fast 9.000 Einschreibungen 1994 eine neue Höchstmarke erreicht hatte, reduzierte sich in den Folgejahren aufgrund vieler lokaler NCs die Studienplatznachfrage beim Diplom wieder auf eine Größenordnung zwischen 6.000 und 7.000 (vgl. Tab. 2.1). Etwas überraschend war es dann allerdings schon, dass diese Zahl in den Jahren 1999 und 2000 weiter zurückging bis auf rund 4.000. Damit schrumpfte die Anfängerzahl im Diplom innerhalb von nur fünf Jahren auf die Hälfte.[1]

---

[1] Unklar ist, inwieweit dieser rapide Rückgang auch mit veränderten Ausgangsbedingungen zu tun hat, also beispielsweise der Einstellung des Studiengangs an einzelnen Standorten, weiterer lokaler NCs sowie der Veränderung der Bewerbungsmodalitäten für den Diplomstudiengang bei der ZVS. Hierzu wären genauere, standortspezifische Analysen notwendig, die wir bislang noch nicht durchgeführt haben.

Tab. 2.1: *Anfänger (1. Studienjahr) in erziehungswissenschaftlichen Hauptfachstudiengängen (1975-2002; ab 1993 inkl. neue Bundesländer)*

Jahr	Dipl + Mag insgesamt	Davon:		Verhältnis	Bachelor
		Diplom	Magister	Dipl : Mag	
1975	4.637	/	/	/	/
1980	4.466	/	/	/	/
1990	6.770	/	/	/	/
1992	8.967[1]	/	/	/	/
1993	10.984[1]	7.860	3.124	2,5 : 1	/
1994	12.183[1]	8.791	3.392	2,6 : 1	/
1995	12.525	8.675	3.850	2,2 : 1	/
1996	12.024	7.973	4.051	2,0 : 1	/
1997	11.234	7.499	3.735	2,0 : 1	/
1998	10.253	6.396	3.858	1,7 : 1	/
1999	9.522	5.589	3.933	1,4 : 1	/
2000	7.789	4.008	3.781	1,1 : 1	/
2001	9.479	5.452	4.027	1,4 : 1	259
2002	9.482	6.120	3.362	1,8 : 1	521

[1] Die Angaben der Jahre 1992-1994 weichen durch ein anderes Berechnungsverfahren von den Zahlen in Tab. 6.4 ab.

Quelle: Statistisches Bundesamt, Fachserie 11, Reihe 4.1, verschiedene Jahrgänge; eigene Berechnungen

Wie instabil allerdings gegenwärtig die Planungszahlen für das 1. Studienjahr im Diplomstudiengang Erziehungswissenschaft sind, zeigt ein Blick auf die beiden letzten Jahre: So sind die Zahlen erneut angestiegen, freilich wesentlich moderater als zu Beginn der 1990er-Jahre auf zuletzt über 6.000 Ersteinschreibungen im Studienjahr 2002/2003. Vor diesem Hintergrund ist nicht ganz abzusehen, wie sich der Diplomstudiengang weiterentwickeln wird, zumal er nicht isoliert betrachtet werden kann, sondern die Veränderungen in sämtlichen Studiengängen des Faches im Blick behalten werden müssen.

Magister: Die eigentliche Überraschung der letzten Jahre bei den Neueinsteigern ist der erziehungswissenschaftliche Magisterstudiengang. Seit Mitte der 1990er-Jahre hat er sich bis auf das letzte Jahr bei einer Größenordnung zwischen 3.700 und 4.100 Anfängern eingependelt. Das ist nicht nur gemessen an den Ausgangszahlen in den 1980er-Jahren, als er vermutlich nur geringfügig über 1.000 Neueinschreibungen pro Jahr lag, auffällig, sondern auch im Vergleich zum Diplomstudiengang: Während dieses Verhältnis bis

1997 stets wenigstens bei 2 : 1 zugunsten des Diplomstudiengangs lag (in den früheren Jahren noch deutlich höher), hat die Zahl der Anfänger im Magisterstudiengang im Studienjahr 2000/2001 fast die Größenordnung des Diplomstudiengangs erreicht. Das war selbst für Insider eine überraschende Wendung.[2]

Ob sich diese Entwicklung in den nächsten Jahren stabilisiert oder ob auch hier wieder ein Rückgang einsetzt, muss sich zeigen. Erstmals ist die Zahl der Neueinschreibungen im ersten Studienjahr 2002/2003 wieder etwas deutlicher gesunken, mit mehr als 3.300 Einschreibungen allerdings noch immer in einem Bereich, der dazu führt, dass Erziehungswissenschaft innerhalb der Magisterstudiengänge unter den Top Ten zu finden ist.

Bachelor: Seit Jahren in der Diskussion sind auch in der Erziehungswissenschaft die neuen BA/MA-Studiengänge. Von daher ist es natürlich auch von Interesse, wie sich diese neuen Studienangebote in punkto Nachfrage entwickeln. Da die Statistik immer eine gewisse Zeit benötigt, bis sie die entsprechende Entwicklung auch empirisch abbilden kann, liegen in diesem Fall Zahlen erst ab dem Studienjahr 2001/2002 vor; insoweit lässt dies bislang noch keine Rückschlüsse zu. Nimmt man nur die nackten Zahlen, so muss man allerdings konstatieren, dass über Bachelorstudiengänge bei rund 500 Anfängern bundesweit vorerst mehr debattiert wird als diese nachgefragt werden: Gemessen an der Zahl der Diplom- und Magisteranfänger sind die bisherigen Zahlen jedenfalls bescheiden; gemessen an dem Zuwachs zwischen den beiden Jahren 2001 und 2002 ist aber eine weiter ansteigende Entwicklung zu erwarten. Interessant wird es dabei sein, zu beobachten, ob und falls ja, wie sich diese Entwicklung auf die Diplom- und Magisterstudiengänge auswirkt.

2.2 Die Studienauslastung – Studierende

In der Tendenz in die gleiche Richtung wie die Erstsemesterwerte weisen in der Regel die Studierendenzahlen; allerdings wird durch die Verteilung dieser Werte über mehrere Studienjahre das Auf und Ab einzelner Jahrgänge aufgefangen, so dass sich Anstiege und Rückgänge bei den Anfängerzahlen erst mit Verzögerung zeigen (vgl. Tab. 2.2).

---

2 Über die Gründe kann man vorerst nur spekulieren. Allerdings darf man in Sachen Magisterstudiengang nicht übersehen, dass wir hier ein überaus starkes Problem der »Klumpung« haben: So haben sich an der U München, dem mit Abstand größten Magister-Standort, den Universitäten Heidelberg, Göttingen, Leipzig und Jena sowie an der Fernuniversität Hagen zusammen stets rund zwei Drittel der jährlichen Erstsemester eingeschrieben. Und dies, obgleich die Zahl der Magisterstandorte in etwa der des Diplomstudiengangs entspricht.

Tab. 2.2: Studierende in erziehungswissenschaftlichen Hauptfachstudiengängen (1974-2002; ab 1993 inkl. neue Bundesländer) [1]

Jahr	Dipl + Mag	Diplom	Magister	Verhältnis Dipl : Mag	Bachelor
1974	18.364	16.363	2.001	8,2 : 1	/
1980	24.170	/	/	/	/
1990	29.022	/	/	/	/
1992	33.671	28.730	8.145	3,5 : 1	/
1993	41.585	32.818	8.767	3,7 : 1	/
1994	42.204	33.623	8.581	3,9 : 1	/
1995	50.128	39.392	10.766	3,7 : 1	/
1996	52.475	40.505	11.970	3,4 : 1	/
1997	52.525	40.016	12.509	3,2 : 1	/
1998	52.345	39.293	13.069	3,0 : 1	/
1999	50.234	36.703	13.531	2,7 : 1	/
2000	49.407	35.456	13.951	2,5 : 1	/
2001	49.083	35.300	14.683	2,4 : 1	420
2002	49.082	34.452	14.630	2,4 : 1	1.084

1 Die Angaben der Jahre 1997-2002 weichen durch ein anderes Berechnungsverfahren von den Zahlen in Tab. 6.3 ab.

Quelle: Statistisches Bundesamt, Fachserie 11, Reihe 4.1, verschiedene Jahrgänge; eigene Berechnungen

Diplom: In Analogie zu dem ausgesprochen starken Anstieg Anfang der 1990er-Jahre ist es wenig überraschend, dass die Phase mit den höchsten Immatrikulationszahlen von rund 40.000 Mitte der 90er-Jahre lag. Seither sind diese hohen Werte wieder etwas zurückgegangen, liegen mit ca. 35.000 aber immer noch in Regionen, die in den 1980er-Jahren nicht einmal von den Diplom- und Magisterstudierenden zusammen erreicht worden sind. Allein aufgrund dessen ist das Fach Erziehungswissenschaft mit dem Diplomstudiengang nach wie vor weit mehr ausgelastet, als dies von außen vielfach wahrgenommen wird, da das Fach hier oft nur mit dem Lehramt gleichgesetzt wird.

Magister: Im Unterschied zum Diplom hat sich bei den Magisterstudierenden die Zahl der Immatrikulationen in den letzten Jahren stetig bis auf Werte von zuletzt rund 14.500 erhöht. Dies hat unter dem Strich dazu geführt, dass trotz der doch merklichen Veränderungen bei den Diplom- und Magister-Anfängerzahlen die Gesamtzahl der Hauptfachstudierenden seit 1995 mit knapp 50.000 vergleichsweise konstant und so die Auslastung mit

Blick auf das Hauptfach unter dem Strich erheblich geblieben ist.

Zu beachten ist aber noch ein Detail in der Relation zwischen der Zahl der Diplom- und der Magisterstudierenden: Während diese zuletzt bei den Anfängern zwischen 2 : 1 und 1,5 : 1 zugunsten des Diploms lag, pendelte sich das Verhältnis bei den Studierendenzahlen bis 1997 bei rund 3,5 : 1 und in den letzten Jahren dann auf eine Relation von 2,5 : 1 ein. Das deutet darauf hin, dass im Magisterstudiengang entweder deutlich kürzer studiert wird – wofür es keine Anhaltspunkte gibt –, oder aber in diesem Studiengang bereits kurz nach Studienbeginn eine höhere Schwundquote zu verzeichnen ist als im Diplom, eine weitaus wahrscheinlichere Annahme.

Bachelor: Schaut man sich die beiden vorliegenden Immatrikulationszahlen bei den Bachelorstudiengängen an, so zeigt sich auch hier der bei den Anfängern zu beobachtende Anstieg der Werte. Da diese allerdings deutlich höher liegen als die aufaddierten Anfängerzahlen, heißt dies, dass die amtliche Statistik die ersten Jahre des neuen Bachelorzeitalters vermutlich nicht angemessen erfasst hat.

Fasst man alle diese Hauptfachstudiengänge zusammen und addiert noch die anderen, erheblich kleineren erziehungswissenschaftlichen Hauptfachstudiengänge im Lehramt hinzu – also das Unterrichtsfach Erziehungswissenschaft sowie die beruflichen Fachrichtungen Sonderpädagogik und Sozialpädagogik –, dann lässt sich Erziehungswissenschaft als Hauptfach mit den anderen großen universitären Ausbildungsfächern vergleichen (vgl. Tab. 2.3). Dabei zeigen sich für das Wintersemester 2002/2003 einige bemerkenswerte Befunde:

1. Das Fach Erziehungswissenschaft gehört nach wie vor zu den Top Ten der großen Ausbildungsfächer – und dies allein aufgrund der Nachfrage in den Hauptfachstudiengängen, also ohne die Lehramtsnachfrage. Dies gilt sowohl für die Anfängerzahlen, aber noch ausgeprägter mit Blick auf die Zahl der Studierenden.
2. Gegenüber 1998, dem Analysejahr im ersten Datenreport (vgl. Otto u. a. 2000), ist die Erziehungswissenschaft bei der Studierendenzahl zwischenzeitlich von der Informatik überholt worden und damit auf den sechsten Platz zurückgefallen, liegt allerdings immer noch deutlich vor den anderen sozialwissenschaftlichen Fachgebieten wie Soziologie und Politikwissenschaft sowie der Psychologie.
3. Addiert man zu den Hauptfachstudierenden noch anteilsmäßig die Lehramtsstudierenden mit einem Viertel oder Fünftel hinzu, dann kommt man rechnerisch in punkto Lehrbelastung auf eine Gesamtgrößenordnung, die in der Nähe von 100.000 Studierenden liegt und damit dazu führt, dass Erziehungswissenschaft neben den Wirtschaftswissen-

schaften und der Rechtswissenschaft zu den drei großen universitären Ausbildungsfächern gehört. Dies ist ein Faktum, dass allzu häufig übersehen wird und sich auch nur bedingt in der Ausstattung der Erziehungswissenschaft niederschlägt.

Tab. 2.3: Anfänger und Studierende an Universitäten in den 10 größten Studienbereichen (Stand: Wintersemester 2002/2003)

Studienbereiche (Diplom U und entsprechende Abschlüsse, zuzügl. Lehramt)	Studierende	Anfänger	Relation (2) zu (1)
	1	2	3
1 Wirtschaftswissenschaft	174.302	35.540	4,9 : 1
2 Rechtswissenschaft	99.158	16.789	5,9 : 1
3 Humanmedizin	93.376	11.426	8,2 : 1
4 Germanistik	87.972	19.352	4,5 : 1
5 Informatik	75.165	16.071	4,7 : 1
6 Erziehungswissenschaft[1]	52.914	10.375	5,1 : 1
7 Biologie	46.801	8.692	5,4 : 1
8 Anglistik	46.062	10.018	4,6 : 1
9 Maschinenbau	42.869	10.414	4,1 : 1
10 Mathematik	42.204	11.097	3,8 : 1
Nachrichtlich:			
Geschichte	38.955	6.611	5,9 : 1
Sozialwissenschaft	40.802	8.784	4,6 : 1
Psychologie	33.918	4.630	7,3 : 1
Politikwissenschaft	28.707	5.919	4,8 : 1
Alle Lehrämter insgesamt	*200.708*	*51.252*	*3,9 : 1*

[1] Enthalten sind hierin die erziehungswissenschaftlichen Hauptfachstudiengänge sowie das Lehramt Sek. II für allgemeine (EW) und für berufsbildende Schulen (Sonder- und Sozialpädagogik).

Quelle: Statistisches Bundesamt, Fachserie 11, Reihe 4.1; eigene Berechnungen

2.3 Der Studienerfolg – Absolventen

Schaut man schließlich auf das Ende des Studiums und damit auf den Studienerfolg, dann zeigen sich ebenfalls einige interessante Entwicklungen.

Diplom: Erwartungsgemäß hat sich erst in den letzten Jahren auch mit Blick auf das Studienende der starke Anstieg bei den Anfängern gegen Mitte der 1990er-Jahre in steigenden Absolventenzahlen gezeigt (vgl. Tab 2.4).

Während lange Zeit die Zahl der erfolgreichen Examina im Diplomstudiengang bei 1.500 bis 2.000 pro Jahr lag, sprang die Absolventenquote ab 1997 über die 3.000er-Marke, um im letzten Prüfungsjahr, 2002, einen neuen Rekordwert von fast 3.800 zu erreichen. Auch das muss als Ausdruck deutlich erhöhter Lehr- und Prüfungsbelastungen für das Fach gewertet werden, und das in einer Zeit, in der aufgrund leerer Kassen und einem deutlich erhöhten Druck auf die Qualität der Lehramtsaubildungen die erziehungswissenschaftlichen Hauptfachstudiengänge fast in Vergessenheit zu geraten schienen (vgl. Kap. 4).

Tab. 2.4: Absolventen in erziehungswissenschaftlichen Hauptfachstudiengängen (1973-2002; ab 1993 inkl. neue Bundesländer)

Jahr	Diplom und Magister	Diplom	Magister	Verhältnis Dipl : Mag	Bachelor
1973	435	376	59	6,4 : 1	/
1975	1.221	1.103	118	9,3 : 1	/
1980	2.411	2.196	215	10,2 : 1	/
1985	2.592	2.397	195	12,3 : 1	/
1990	1.999	1.756	243	7,2 : 1	/
1992	1.909	1.653	256	6,5 : 1	/
1993	2.195	1.960	235	8,3 : 1	/
1994	2.009	1.774	235	7,5 : 1	/
1995	2.247	1.987	260	7,6 : 1	/
1996	2.892	2.571	321	8,0 : 1	/
1997	3.638	3.212	426	7,5 : 1	/
1998	3.861	3.300	564	5,9 : 1	/
1999	4.065	3.527	538	6,6 : 1	/
2000	4.412	3.777	635	5,9 : 1	16
2001	4.268	3.510	758	4,6 : 1	19
2002	4.534	3.789	745	5,1 : 1	48
Summe	60.442	54.459	5.983	9,1 : 1	83

Quelle: Statistisches Bundesamt, Fachserie 11, Reihe 4.2; eigene Berechnungen

Magister und Bachelor: Ebenfalls einen stetigen Anstieg hat die Zahl der Absolventen im Magisterstudiengang seit 1995 zu verzeichnen. Ausgehend von Werten von einst um die 250 Abschlüsse pro Jahr, hat sich dieser Wert bis zuletzt auf über 700 erhöht. Demgegenüber konnte naturgemäß der Bachelorstudiengang noch keine nennenswerten Absolventenzahlen vorweisen; vorerst liegen diese deutlich unter 100. Aber auch dies dürfte sich in den nächsten Jahren spürbar verändern.

In der internen Bilanz der beiden zentralen Hauptfachstudiengänge, Diplom und Magister, heißt das dreierlei:

- Zum einen hat sich die Gesamtsumme der Abschlussprüfungen in den erziehungswissenschaftlichen Hauptfachstudiengängen in den letzten Jahren auf die neue Rekordmarke von über 4.500 im Jahr 2002 erhöht. Das ist in wenigen Jahren mehr als eine Verdoppelung der Zahlen, die sich nicht auch zuletzt in deutlich erhöhten Prüfungsbelastungen ausdrückt.
- Zum anderen wurden damit in der Summe über drei Jahrzehnte hinweg an den deutschen Universitäten immerhin mehr als 60.000 Hauptfach-Pädagogen erfolgreich ausgebildet, eine Summe, die aus dem Blickwinkel der ersten Bildungsreform in den 1970er-Jahren noch undenkbar erschien.
- Zum Dritten zeigt sich schließlich, dass sich das Verhältnis zwischen der Zahl der Diplom- und Magisterabsolventen in den letzten Jahren ebenfalls merklich verändert hat. Während dieses in den 1970er- und 80er-Jahren eher bei 10 : 1 lag – dies wird auch durch den Gesamtschnitt von 9 : 1 zum Ausdruck gebracht –, hat sich diese Relation nach einer Übergangsphase in den letzten fünf Jahren bei 5 : 1 eingependelt. Insofern wird auch hier eine leichte Annäherung zwischen dem Diplom- und dem Magisterstudiengang deutlich, allerdings mit einem deutlichen Unterschied: Während bei den Anfängern eine Relation von 2 : 1 und bei den Studierenden von 3,5 : 1 zu konstatieren war, lag dieses Verhältnis bei den Examina zuletzt bei 5 : 1. Das bedeutet, dass wir im Magisterstudiengang im Vergleich zum Diplom einen deutlich höheren Schwund zwischen Anfangs- und Endbestand zu verzeichnen haben. Oder anders formuliert: Von 100 Studienanfängern im Diplom erreichen im Schnitt mehr als 40 % ihr Ziel, im Magisterstudiengang beträgt diese Quote lediglich knapp 20 % (vgl. auch Tab. 2.5).

Infolgedessen stellt sich die Lage mit Blick auf die Zukunft der zu erwartenden Prüfungen zwischen den beiden Studiengängen etwas anders dar. Schaut man sich auf der Basis der gegenwärtig verfügbaren Rahmendaten eine entsprechende Prognose an (vgl. Tab. 2.5), so zeigt sich, dass im Falle der Magister-Absolventen auch in den nächsten Jahren mit 650 bis 750 Examina pro Jahr zu rechnen sein wird, während im Diplom diese Zahl aufgrund der stark gesunkenen Anfängerzahlen ab dem Jahr 2003 deutlich bis auf einen

Wert von voraussichtlich unter 1.800 im Jahre 2006 zurück gehen wird – also einer Größenordnung, wie wir sie aus den 1980er- und frühen 1990er-Jahren kennen –, um danach wieder auf fast 2.700 Absolventen pro Jahr anzusteigen.

Tab. 2.5: Entwicklung der Erhaltquote bei erziehungswissenschaftlichen Hauptfachstudiengängen (Diplom und Magister; 1993-2002; ab 2003 Prognose)[3]

Jahr des Studienbeginns	Anfänger			Prüfungsjahr	Absolventen			Erhaltquote %	
	Diplom	Magister			Diplom	Magister		Diplom	Magister
/	/	/		1997	3.212	426		/	/
/	/	/		1998	3.300	564		/	/
1993/94	7.860	3.124	⇨	1999	3.527	538	=	44,9	17,2
1994/95	8.791	3.392	⇨	2000	3.777	635	=	43,0	18,7
1995/96	8.675	3.850	⇨	2001	3.510	758	=	40,5	19,7
1996/97	7.973	4.051	⇨	2002	3.789	745	=	47,5	18,7
1997/98	7.499	3.735	⇨	2003	3.292	695	⇦	43,9	18,6
1998/99	6.396	3.858	⇨	2004	2.808	718	⇦	43,9	18,6
1999/00	5.589	3.933	⇨	2005	2.454	732	⇦	43,9	18,6
2000/01	4.008	3.781	⇨	2006	1.760	703	⇦	43,9	18,6
2001/02	5.452	4.027	⇨	2007	2.393	749	⇦	43,9	18,6
2002/03	6.120	3.362	⇨	2008	2.687	625	⇦	43,9	18,6

Quelle: Statistisches Bundesamt, Fachserie 11, Reihe 4.1 und 4.2; eigene Berechnungen

Wirft man vor diesem Hintergrund schließlich noch einen Blick auf die Entwicklung der Absolventenzahlen im Außenvergleich, also mit anderen großen universitären Studienfächern, dann zeigen sich auch hier einige überraschende Befunde (vgl. Tab 2.6):

- Zum einen ist die Erziehungswissenschaft bei den Absolventen – im Unterschied zu den Anfängern und den Studierenden – mit fast 5.500 Hauptfachexamina im Prüfungsjahr 2002 unumstritten die Nummer Fünf hinter den großen Fächern Wirtschafts- und Rechtswissenschaft

---

[3] Unterstellt wird bei der Modellrechnung, dass die Studierenden im Schnitt nach knapp 12 Semestern ihr Studium beenden (vgl. Statistisches Bundesamt, Fachserie 11, Reihe 4.2). Infolgedessen wird die jeweilige Anfängerzahl ins Verhältnis gesetzt zu den Werten des Absolventenjahrganges sechs Jahre später. Auf diesem Wege ergeben sich für die Absolventenjahrgänge ab 2003 prognostische Werte, die auf der Basis der durchschnittlichen Erhaltquote in den letzten 5 Jahren berechnet wurden.

sowie Humanmedizin und Germanistik. In diesem Punkt konnte sie demzufolge ihre Position festigen, so dass – dies deutet sich hier schon an – Erziehungswissenschaft nicht zu den Fächern mit einem extrem hohen Schwund zu rechnen ist.

Tab. 2.6: Bestandene Prüfungen an Universitäten nach ausgewählten Studienbereichen (Prüfungsjahr 2002)

Studienbereiche (Diplom U und entsprechende Abschlüsse, zuzügl. Lehramt)	Lehramt	Diplom (U) und entsprechende Abschlüsse	Summe von (1) und (2)
	1	2	3
Wirtschaftswissenschaft	259	12.082	12.341
Rechtswissenschaft	/	10.588	10.588
Humanmedizin	/	9.461	9.461
Germanistik	4.326	1.885	6.211
Erziehungswissenschaft	624[1]	4.828	5.452
Biologie	999	3.113	4.112
Anglistik	1.896	1.127	3.023
Psychologie	58	2.786	2.844
Mathematik	1.572	1.133	2.705
Architektur	21	2.546	2.567
Nachrichtlich:			
Informatik	164	2.303	2.467
Elektrotechnik	68	2.382	2.450
Maschinenbau	137	1.859	1.996
Physik	224	1.375	1.599
Politikwissenschaft	85	1.319	1.404
Sozialwissenschaft (inkl. Soziologie, Sozialkunde)	280	1.396	1.676
Bauingenieure	90	223	313

1 Für das Fach Erziehungswissenschaft weist die Statistik über 4.400 Lehramtsabsolventen aus, was aber mit der unterschiedlichen Zuordnung der Lehrämter in der Prüfungsstatistik zusammenhängt. Als Hauptfach wurden für die Tabelle nur die bestandenen Lehramtsprüfungen in Erziehungswissenschaft für Sek. II bzw. in den Hauptfächern Sozialpädagogik und Sonderpädagogik für berufliche Schulen einbezogen.

Quelle: Statistisches Bundesamt, Fachserie 11, Reihe 4.2, Prüfungen an Hochschulen 1997; eigene Berechnungen

- Zum anderen zeigt dieser Vergleich aber auch, dass es doch eine Reihe von Fächern zu geben scheint, die sich zwar mit Blick auf ihre Anfänger- und Studierendenzahlen großer Beliebtheit erfreuen – und mit diesen Zahlen als so genannte »Belastungsindikatoren« auch gerne an die Öffentlichkeit gehen –, in punkto Absolventenzahlen aber deutlich weniger Erfolg nachweisen können. Nimmt man hierfür als groben Indikator des Schwunds zwischen Anfänger- und Absolventenzahlen den Faktor 0,5 (oder besser) – also weniger als die Hälfte –, so erreichen dieses rechnerische Verhältnis innerhalb der großen Universitätsfächer gegenwärtig lediglich die Fächer Recht, Medizin, Erziehungswissenschaft, Biologie und Psychologie. Dies verweist darauf, dass vor allem (harte) NC-Fächer einen besseren Quotienten zwischen Input und Output in ihren Studiengängen erreichen, allen voran die Humanmedizin.
- Demgegenüber erreicht die Mehrzahl der großen Fächer derzeit lediglich einen Faktor von 0,3 (oder weniger). Während dieser bei Fächern wie Wirtschaftswissenschaft, Germanistik, Anglistik und mit Abstrichen noch in Mathematik und Politikwissenschaft im durchschnittlichen Bereich von 3 : 1 bzw. 4 : 1 liegt, erreichen insbesondere Informatik, Maschinenbau und Soziologie dabei deutlich ungünstige Werte. Zumindest im Fall der Informatik hängt dies – jedoch nur zu einem Teil – auch damit zusammen, dass die Zahl der Studierenden in den letzten Jahren stark gestiegen ist, so dass der gegenwärtig extrem ungünstige Wert von 8 : 1 sich in den nächsten Jahren sicherlich etwas verbessern dürfte.

2.4 Der Arbeitsmarkt – Pädagogen im Beruf

Meistens ist es im Rahmen der Hochschulevaluation und des Fachleistungsvergleichs für viele Hochschulen schon gewöhnungsbedürftig, wenn in Sachen Lehre und Studium überhaupt nur eine Relation zwischen Input und Output, also zwischen Anfänger- und Absolventenzahlen gebildet wird, um so – ungeachtet der damit verbundenen Schwierigkeiten einer einfachen Arithmetik – wenigstens einen ersten Anhaltspunkt und ein Maß über den relativen »Erfolg« von Fächern und ihren Studiengängen zu erhalten. Umso ungewöhnlicher, schwieriger und seltener ist infolgedessen der Blick auf den »Outcome« von Lehre und Studium, also die Wirkungen und Effekte jenseits nackter Abschlusszahlen. Auch wenn wir gegenwärtig von einer dementsprechenden Kompetenzmessung – ähnlich wie bei PISA – für Hochschulabsolventen im Fächervergleich noch weit entfernt zu sein scheinen und auch die Frage gemeinsamer, vergleichbarer Prüfungselemente trotz einer heftigen Debatte um ein erziehungswissenschaftliches Kerncurriculum überhaupt kein Thema ist, lassen sich mit Blick auf die Wirkungen der entsprechenden Abschlüsse auf dem Arbeitsmarkt doch einige Anhaltspunkte identifizieren.

Tab. 2.7: *Arbeitslos gemeldete Akademiker in ausgewählten Fachrichtungen (1982-2003)*

Jahr	Insgesamt	Masch./ Fahrzeugbau Ing.	Architekten	Juristen	Ärzte	Gym. lehrer	Wirt.-wiss.-schaftler	Psychologen	Politik-/ Sozialwiss.-ler	Erz. wiss. -ler
	BKZ	'601'	'603'	'61'	'841'	'872'	'8811-8813'	'8815'	'8816+8818'	'8828'
Alte Bundesländer										
1983	79.076	1.852	3.214	3.348	3.728	9.976	4.556	2.938	3.012	2.640
1985	81.584	1.476	3.776	3.224	3.987	10.614	4.615	3.184	2.964	3.367
1987	89.484	1.715	3.220	3.699	6.502	9.811	4.803	3.676	3.010	4.073
1989	90.511	2.217	2.868	4.376	6.313	8.054	5.342	3.576	3.140	3.939
1991	79.202	2.815	2.084	3.373	5.693	5.800	4.768	3.016	2.749	2.992
1993	100.219	5.300	2.433	3.707	6.911	5.709	7.585	3.091	3.187	3.245
1995	107.956	5.505	3.282	5.525	6.762	4.897	8.900	2.995	3.435	3.092
1997	114.768	5.382	5.232	5.631	8.106	5.489	8.984	2.970	3.520	3.178
1999	99.583	4.106	5.253	5.328	6.864	4.171	7.992	2.573	3.077	2.821
2000	87.823	3.446	5.187	4.183	6.269	3.362	6.994	2.286	2.808	/
2001	89.900	3.282	5.576	4.422	5.741	1.933	7.663	2.265	3.054	/
2002	110.035	3.586	6.269	5.817	5.278	2.700	9.839	2.287	3.297	/
2003	109.499	3.667	6.027	6.697	4.629	2.669	10.697	2.207	3.213	2.980
Deutschland insgesamt										
1996	148.160	9.299	6.048	6.478	8.368	5.848	13.496	3.007	3.827	3.413
1997	163.479	10.211	7.836	6.648	9.886	6.778	14.360	3.253	4.104	3.585
1998	142.252	8.298	7.597	6.014	8.563	5.399	12.301	2.938	3.550	3.260
1999	142.433	8.190	8.138	6.539	7.974	5.112	12.594	2.820	3.632	3.206
2000	125.911	6.975	8.221	5.296	7.272	4.088	10.968	2.520	3.250	2.942
2001	127.316	6.802	8.847	5.524	6.582	2.570	11.573	2.485	3.561	3.118
2002	150.586	6.992	9.826	7.194	6.071	3.285	13.759	2.606	4.045	3.235
2003	166.207	7.739	10.968	8.764	5.910	3.581	15.995	2.933	4.685	3.983
/ Zahlen liegen nicht vor										

Quelle: Bundesanstalt für Arbeit: ANBA, Strukturanalyse; eigene Berechnungen

Arbeitslosigkeit: Als Erstes lohnt sich ein Blick auf die Entwicklung der arbeitslos gemeldeten Akademiker in einigen ausgewählten Fachrichtungen (vgl. Tab. 2.7). Hier zeigen sich einige Effekte:

- Mit Blick auf die Akademikergesamtarbeitslosigkeit in den alten Ländern zeigt sich, dass nach einer zwischenzeitlichen Verbesserung der Lage bis zum Jahr 2000 mit knapp 88.000 – dem günstigsten Stand seit Ende der 80er-Jahre – zuletzt, im Jahre 2003, mit fast 110.000 arbeitslos gemeldeten Akademikern der zweithöchste jemals gemessene Wert erreicht worden ist. Dies gilt an analoger Weise auch für die neuen Länder.
- Fragt man nach den einzelnen Fachrichtungen, die von diesem Anstieg besonders betroffen sind, dann sind dies in den letzten 7 Jahre in Deutschland vor allem Architekten, die Juristen und Wirtschaftswissenschaftler, während die Maschinenbauingenieure, die Ärzte, die Gymnasiallehrer und die Psychologen eine vergleichsweise günstige Entwicklung zu verzeichnen haben.
- Schaut man noch einmal gesondert auf die Entwicklung in der Erziehungswissenschaft, dann sieht man, dass die Lage in den alten Länden in den letzten 10 Jahren vergleichsweise stabil ist, während in den neuen Ländern die Zahl von anfänglich rund 400 arbeitslos gemeldeten Erziehungswissenschaftlern zuletzt auf fast genau 1.000 hoch geschnellt ist. Diesbezüglich müssen die beiden nächsten Jahre zeigen, ob hier am Bedarf vorbei ausgebildet wird.

Verhältnis von Absolventen und Arbeitslosigkeit: Ein zweiter lohnenswerter Indikator für den relativen Erfolg einer Fachrichtung auf dem Arbeitsmarkt ist nicht nur die bloße Größe der Arbeitslosenzahlen selbst – da diese nicht in Relation zur Zahl der Beschäftigten oder dergleichen steht –, sondern ein Maß, das eine Relationierung des Wertes eröffnet, um so die relative Bedeutung des aktuellen Wertes einschätzen zu können. Dies haben wir in einem so genannten »Risikofaktor« versucht, der einen Quotienten zwischen der jeweiligen Absolventenzahl und der Zahl der in der entsprechenden Fachrichtung aktuell gemeldeten Arbeitslosigkeit bildet. Dadurch erhält man ein Maß, das etwas über den »Stau« auf dem Arbeitsmarkt aussagt, also, wenn man so will, signalisiert, wie lang die Warteschlange auf dem Arbeitsmarkt mit Blick auf die Absolventen früherer Jahrgänge bereits ist (vgl. Tab 2.8).

Tab. 2.8: *Vergleich von Absolventen- und Arbeitslosenzahlen in ausgewählten Fachrichtungen (1982-2003; ab 1996 inkl. neue Bundesländer)*

Jahr	Erziehungswissenschaft			Wirtschaftswissenschaft			Psychologie			Soziologie/Politik		
	Absol-venten	Arb'los '8828'	Risiko-faktor	Absol-venten	Arb'los '8811-13'	Risiko-faktor	Absol-venten	Arb'los '8815'	Risiko-faktor	Absol-venten	Arb'los '8816/18'	Risiko-faktor
1982	2.412	1.764	0,7	5.362	3.358	0,6	1.533	2.216	1,4	1.467	2.164	1,5
1990	1.984	3.425	1,7	10.475	5.200	0,5	2.086	3.349	1,6	1.766	2.949	1,7
1996	2.892	3.413	1,2	18.107	13.496	0,7	2.635	3.062	1,2	2.453	3.827	1,6
1997	3.642	3.585	1,0	17.436	14.360	0,8	2.363	3.253	1,4	2.741	4.104	1,5
1998	3.861	3.260	0,8	15.003	12.301	0,8	2.518	2.938	1,2	2.751	3.550	1,3
1999	4.067	3.206	0,8	12.497	12.594	1,0	2.785	2.820	1,0	2.868	3.632	1,3
2000	4.412	2.942	0,7	11.784	10.968	0,9	2.694	2.520	0,9	2.711	3.250	1,2
2001	4.268	3.118	0,7	10.525	11.573	1,1	2.672	2.485	0,9	2.664	3.561	1,3
2002	4.534	3.235	0,7	12.825	13.759	1,1	2.871	2.606	0,9	2.979	4.045	1,4
2003	/	3.983	/	/	15.995	/	/	2.933	/	/	4.685	/

Quelle: Bundesanstalt für Arbeit: Strukturanalyse, Statistisches Bundesamt, Fachserie 11, Reihe 4.2; eigene Berechnungen

Auch diesbezüglich haben wir – in Anlehnung an den ersten Datenreport – einen Vergleich mit den Fachrichtungen Wirtschaftswissenschaft, Psychologie sowie Sozial-/Politikwissenschaft angestellt. Folgende Punkte lassen sich festhalten:

- Im Quervergleich, also den Risikofaktoren im Jahr 2002 zeigt sich, dass die Erziehungswissenschaft den günstigsten Wert aufweist – noch vor der Psychologie –, während die Soziologie und Politikwissenschaft am Ende liegt und einen doppelt so hohen Wert aufweist, sprich: die Arbeitslosenzahl nominal höher liegt als in der Erziehungswissenschaft, obwohl die Zahl der Absolventen deutlich geringer ist.
- Im Zeitreihenvergleich der jeweiligen Fächer zeigt sich, dass vor allem in der Wirtschaftswissenschaft sich seit Beginn der 1990er-Jahre das Verhältnis von Absolventen zu Arbeitslosen deutlich verschlechtert hat. Demgegenüber ist es in der Erziehungswissenschaft und in der Psychologie zuletzt gleichbleibend gut geblieben, während es sich in der Soziologie und Politik wieder leicht verschlechtert hat.
- Wirft man einen vorsichtigen Blick auf die noch fehlenden Werte für das Jahr 2003, so muss man davon ausgehen, dass wir in der Erziehungswissenschaft wieder einen merklichen Anstieg erleben werden – vermutlich auf 1,0 –, was aber in der Tendenz auch für alle drei anderen Fachrichtungen gelten dürfte.

Lage auf dem Arbeitsmarkt: Als letzter Indikator lässt sich die Beschäftigung der entsprechenden Berufsgruppen selbst heranziehen. Hierzu kann man einiges auf dem Hintergrund einer bundesweit angelegten Vergleichsstudie zwischen Diplom- und Magisterabsolventen im Fach Erziehungswissenschaft aussagen (vgl. dazu ausführlich Krüger u. a. 2003 sowie insbesondere Krüger/Rauschenbach 2004), da die Arbeitsmarktstatistik auf dieser Ebene der fachlichen Differenzierung bislang wenig beisteuern kann.[4] Es sollen hier nur stellvertretend einige Befunde vorgestellt werden:

- Im Unterschied zu den Lehramtsstudiengängen verteilen sich die Hauptfachstudierenden auf weit mehr Teilarbeitsmärkte und Arbeitsfelder. Dabei kann man zunächst unterscheiden, wie hoch der Anteil derjenigen ist, der aktuell aus dem pädagogischen Berufssegment »ausgewandert« ist. So arbeiten in nicht-pädagogischen Arbeitsfeldern 13 % aller

---

4 Im Rahmen eines DFG-Projektes wurden bundesweite Erhebungen zu mehreren Absolventenjahrgängen des Diplom- und Magisterstudiengangs Erziehungswissenschaft durchgeführt. Darüber hinaus wurden in zwei ausgewählten Regionen diese mit den Absolventen der Fachhochschulen für Sozialpädagogik/Sozialarbeit verglichen sowie an drei ausgewählten Diplomstandorten ehemalige Studierende 10 sowie 20 Jahre nach ihrem Examen.

Hauptfachpädagogen (d. h. Diplom- und Magisterabsolventen, n=3.372). Dieser Anteil variiert zwischen Diplom- und Magister-Pädagogen jedoch erheblich: Von den Magister sind 24 % (n=504) aus der Pädagogik ausgewandert, von den Diplom-Pädagogen lediglich 11 % (n=2.868).

- Wie sieht es mit der Selbstständigkeit von Hauptfachpädagogen aus? Folgt man auch hier den Daten der Verbleibsstudie, dann zeigt sich, dass 10 % aller Hauptfachpädagogen einer selbständigen bzw. freiberuflichen Tätigkeit nachgehen (n=3.066).
- Mit Blick auf die pädagogischen Arbeitsfelder münden 32 % in die Arbeitsfelder der Sozialen Arbeit ein, 20 % in den Bereich Gesundheit/Rehabilitation, 17 % in die Erwachsenenbildung/Weiterbildung, während nur 4 % im Bereich der Wissenschaft unterkommen (n=3.372).
- Bezahlt werden Hauptfachpädagogen in der Regel auf dem Niveau des gehobenen Dienstes. Daneben erhalten rund 25 % zwei bis fünf Jahre nach dem Examen eine akademikeradäquate Vergütung (BAT III und besser), diese häufiger in den Arbeitsbereichen Forschung/Wissenschaft (95 %) und Schule (86 %), in nicht-pädagogischen Arbeitsfeldern (52 %) sowie in der Erwachsenenbildung/Weiterbildung (28 %; n=2.086), dagegen deutlich seltener in der Sozialen Arbeit (7 %) sowie im Bereich Rehabilitation (13 %).
- Allerdings wird die niedrige Eingruppierung nach Vergütungsgruppen etwas ausgeglichen durch einen ausgesprochen hohen Anteil von unbefristeten Stellen mit immerhin 63 % (n=3.609). Demgegenüber spielen ABM-Stellen mit nur 5 % an allen befristeten Stellen (n=1.010) keine wesentliche Rolle mehr. Mit anderen Worten: Hauptfachpädagogen – und dies ist vielleicht ein Merkmal von Frauenberufen insgesamt – suchen und finden offenbar eher Sicherheit als finanzielle Anerkennung.
- Schließlich zeigt sich, dass in den ersten Jahren nach dem Studium 58 % in der unmittelbaren Arbeit mit Klienten tätig sind, bei 29 % die organisationsbezogene Arbeit überwiegt, während nur 18 % in Ausbildung und Lehre, also der fachlichen Reproduktion, sowie 4 % in der Forschung und Lehre tätig sind (n=3.374). Hiermit zeigt sich, dass auch akademisch ausgebildete Pädagogen überwiegend personenbezogene Arbeit i.S.v. 'Dienst am Menschen' ausüben.

Insgesamt, so lässt sich bilanzieren, ist die Lage der Diplom- und Magister-Pädagogen weitaus besser als ihr Ruf. Sie haben sich in den 1990er-Jahren nicht nur weiter konsolidiert, sondern haben es auch geschafft, auf dem schwieriger werdenden Arbeitsmarkt und trotz wachsender Absolventenzahlen sich mehr oder minder erfolgreich zu platzieren.

3 Studierende, Absolventen, Stellensituation in der Lehrerbildung

Ivo Züchner/Horst Weishaupt

Für die Erziehungswissenschaft ist die Entwicklung der Lehramtsstudiengänge seit jeher von hoher Bedeutung, da die damit verbundenen Lehr- und Prüfungsverpflichtungen als eine der Hauptaufgaben des Fachs anzusehen sind. Die erziehungswissenschaftlichen Studien in der Lehramtsausbildung bzw. das »erziehungswissenschaftliche Begleitstudium«, wie es in manchen Bundesländern genannt wird, ist ein obligatorischer Bestandteil jedes Lehramtsstudiums. Für das vorgesehene Stundenvolumen finden sich je nach Bundesland unterschiedliche Regelungen, die sich wiederum in Abhängigkeit von den verschiedenen Schulstufen - Lehramt Grund- und Hauptschule bzw. Lehramt Primarstufe, Lehramt Sekundarstufe I, Lehramt Sekundarstufe II (allgemein bildende Schulen), Lehramt Sekundarstufe II (berufliche Schulen) und Lehramt Sonderpädagogik - unterscheiden (vgl. auch Kap. 1).

Tab. 3.1: Anfänger und Studierende in Lehramtsstudiengängen 1993-2002

Jahr	Anfänger (1. Studienjahr)	Studierende	Absolventen
1993	47.310	209.015	16.235
1994	47.293	218.477	23.734
1995	48.534	217.495	26.748
1996	49.627	220.970	28.143
1997	46.392	217.589	27.929
1998	40.213	205.126	28.256
1999	39.653	194.104	27.738
2000	40.908	187.631	26.938
2001	50.956	194.427	24.959
2002	51.252	200.708	23.503

Quelle: Statistisches Bundesamt, Fachserie 11, Reihe 4.1, verschiedene Jahrgänge; eigene Berechnungen

3.1 Studienanfänger, Studierende und Absolventen

Die Anfänger- und Studierendenzahlen im Rahmen des Lehramts haben sich im Unterschied zu den erziehungswissenschaftlichen Hauptfachstudiengängen relativ uneinheitlich entwickelt (vgl. Tab. 3.1). In den 80er Jahren gab es in den alten Bundesländern einen massiven Rückgang im Lehramtsstudium, der im 1. Datenreport bereits dargestellt wurde (vgl. Rauschenbach/Züchner 2000, S. 41-44).

(a) Anfänger: In den letzten Jahren haben die Anfängerzahlen im Lehramt wieder einen spürbaren Aufschwung erlebt. So hat sich nach einem Rückgang in der zweiten Hälfte der 90er Jahre auf unter 40.000 Anfänger im Jahre 1999 diese Zahl innerhalb von 2 Jahren um über 10.000 auf 2002 über 51.000 erhöht. Die Differenz der Höchst- und Tiefstwerte macht deutlich, welchen extremen Schwankungen damit das Fach Erziehungswissenschaft in punkto Lehrnachfrage ausgesetzt ist. Dieses bleibt für ein universitäres Fach eine schwer zu planende Situation.

Abb. 3.1: Entwicklung der Anfänger- und Absolventenzahlen in Lehramtsstudiengänge (1975-2002, ab 1993 inkl. neue Bundesländer)

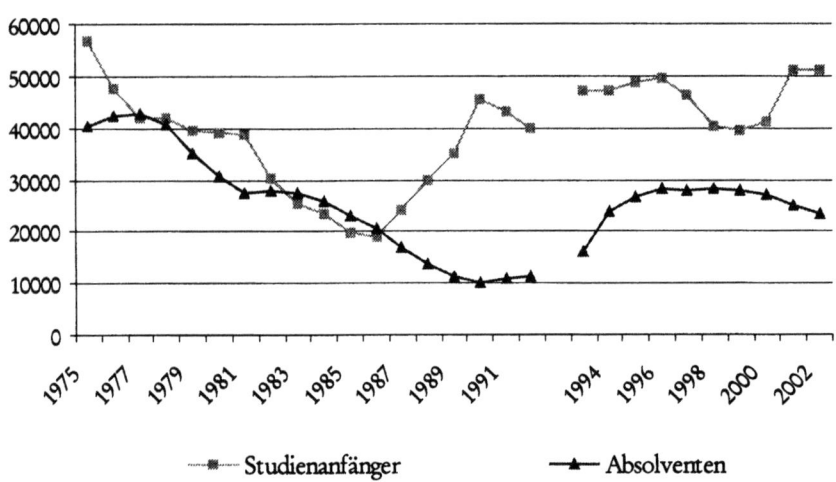

Quelle: Statistisches Bundesamt, Fachserie 11, Reihe 4.1, verschiedene Jahrgänge

(b) Studierende: Die wechselhafte Entwicklung der Studierendenzahlen hat sich im letzten Jahrzehnt fortgesetzt, allerdings nicht mehr mit den Extremwerten der 1980er Jahre. Zwischen 1993, dem ersten Jahr der gemeinsamen Erfassung von alten und neuen Bundesländern, mit 209.000 Studierenden eines Lehramtsstudiums, und 2002 mit 201.000 Studieren-

den blieb die Anzahl nahezu konstant. Dazwischen lagen aber der Höchstwert von 221.000 (im Jahr 1996) und ein Minimum von 188.000 im Jahre 2000. Insgesamt wird angesichts dieser Entwicklung deutlich, dass die Kurve der Lehramtsstudierenden seit Mitte der 70er Jahre durchaus Wellencharakter hat und wir uns mit einiger Wahrscheinlichkeit wiederum in einer Phase steigender Studierendenzahlen befinden; darauf lassen zumindest die deutlich gestiegenen Anfängerzahlen seit 2001 schließen (vgl. Abb. 3.1). Die Erziehungswissenschaft wird auch in Zukunft diese nur in Grenzen zu kalkulierende Bewegung einplanen müssen.

(c) Absolventen: Die Erziehungswissenschaft ist nicht nur über das Studienangebot, sondern auch die Abschlussprüfungen am Lehramtsstudium beteiligt; damit sind große Prüfungsbelastungen für das Fach verbunden (vgl. Kap. 4). Auch hier ist seit 1993 eine gewisse Wellenbewegung nachvollziehbar (vgl. Tab. 3.1 und Abb. 3.1). So lag die Zahl der bestanden Lehramtsprüfungen im Jahre 2002 mit 23.500 um etwa 7.000 höher als zu Beginn der gesamtdeutschen Zählung, zwischenzeitlich wurden aber auch Absolventenzahlen von über 28.000 erreicht. Diese uneinheitliche Entwicklung ist mehr oder minder die Fortsetzung der wechselhaften Studierendenzahlen und verdeutlicht noch einmal, wie problematisch eine ausschließliche Orientierung des Personalbedarfs der Erziehungswissenschaft an den Universitäten an dem Ausbildungsbedarf für die Lehrerbildung sein kann. Von den Anfängern eines Lehramtsstudiums legen insgesamt etwa 55 – 60 Prozent ein Lehrerexamen ab. Dieser bundesweite Durchschnittswert variiert sowohl zwischen den Studienorten als auch den Lehrämtern. Bundesweit erreichen von den Studierenden eines sonderpädagogischen Lehramts 72 % und der auf die Grundschule bezogenen Lehrämter 71 % ein Examen, von den Studierenden des Lehramts für Gymnasien nur 52 % (Sekretariat der KMK 2003b, S. 20).

3.2 Arbeitsmarkt

Auf das universitäre erste Staatsexamen folgt in der Lehrerausbildung das Referendariat bzw. der Vorbereitungsdienst. Er bildet die zentrale Schnittstelle zwischen Ausbildungs- und Beschäftigungssystem im Lehramt, ungeachtet dessen, dass ein erheblicher Teil der Lehramtsstudierenden nach dem Staatsexamen andere Berufswege wählt. Wegen dieses formal vorstrukturierten Verfahrens bestimmen sich die Berufschancen für diese Berufsgruppe zunächst über den Zugang zum Vorbereitungsdienst und dann zu einer Anstellung, die vom politisch und demographisch festgelegten Lehrerbedarf abhängt (vgl. dazu ausführlich Weishaupt 2002, S. 18-26). Für den Zeitraum ab 1993 kann man von einem relativen hohen Anteil der Übernahme in den Vorbereitungsdienst ausgehen (vgl. Tab. 3.2).

Tab. 3.2: Lehramtsabsolventen mit Übergang in den Vorbereitungsdienst und den öffentlichen Schuldienst [1]

Jahr	Erstes Staatsexamen		Einstellung in Vorbereitungsdienst			Zweites Staatsexamen	Einstellung in den öffentlichen Schuldienst	
	abs.		abs.	3 von 2 in %		abs.	abs.	6 von 5 in %
1	2[1]		3	4		5	6	7
1993	16.235	→1994	18.901	116,4	→1996	17.515	14.888	85,0
1994	23.734	→1995	22.833	96,2	→1997	21.963	12.904	58,8
1995	26.748	→1996	23.310	87,1	→1998	22.875	16.490	72,1
1996	28.143	→1997	24.746	87,9	→1999	22.332	20.350	91,1
1997	27.929	→1998	23.769	85,1	→2000	22.727	29.109	128,1
1998	28.256	→1999	24.372	86,3	→2001	21.583	30.584	141,7
1999	27.738	→2000	22.608	81,5	→2002	20.270	26.863	132,5
2000	26.938	→2001	23.672	87,9				
2001	24.959	→2002	23.164	92,8				

1 Die in Spalte 2 verwendeten Daten der amtlichen Statistik stimmen nicht mit den Angaben in der für die anderen Angaben verwendeten KMK-Veröffentlichung (2003a) überein.

Quelle: Statistisches Bundesamt, Fachserie 11, Reihe 4.1 und 4.2; Sekretariat der KMK: Einstellung von Lehrkräften 2002 (Dokumentation Nr. 166 – Februar 2003)

Bis 1999 sind rechnerisch stets etwa 86 % der Absolventen des ersten Staatsexamens übernommen worden, eine Quote, die in den 1980er Jahren nicht erreicht wurde. Auch die Einstellungen in den Schuldienst sind seit Mitte der 90er-Jahre wieder stark angestiegen, und in den letzten drei erfassten Jahren (2000-2002) wurden rechnerisch deutlich mehr Lehrer eingestellt als den Vorbereitungsdienst absolviert hatten. Auch wenn hier fachspezifische und lehramtsspezifische Differenzierungen vonnöten wären, zeichnet sich Anfang dieses Jahrzehnts insgesamt eine relativ entspannte Arbeitsmarktsituation für Lehramtsanwärter ab.

1 Diese Modellrechnung muß als Vereinfachung verstanden werden. So können die Werte keinesfalls im Sinne eines personenbezogenen Ausbildungsverlaufs gelesen werden. Zugleich ist bei der Interpretation der Daten zu beachten, dass eine unbekannte Anzahl von Personen den Übergang ins Referendariat oder den Schuldienst gar nicht anstrebt und dass ein weiterer Teil anschließend in nicht-staatlichen Schulen tätig wird.

Dieses Bild wird in der Tendenz bestätigt durch die Daten zur Beschäftigung von Lehrern im Schuldienst. Auch wenn Teilzeitarbeit unter den Lehrern deutlich zugenommen hat, kann in der Bilanz festgehalten werden, dass 2002 mehr Lehrer an allgemein bildenden und beruflichen Schulen hauptamtlich beschäftigt waren als je zuvor (vgl. Tab 3.3).

Tab. 3.3: *Lehrer an allgemein bildenden und beruflichen Schulen (1960-2002; Zahlen gerundet, ab 1991 inkl. neuer Bundesländer)*[1]

Jahr	Allgemeinbildende Schulen		Berufsbildende Schulen		Summe	
	Vollzeit	Teilzeit	Vollzeit	Teilzeit	Vollzeit	Teilzeit
1960	210.100		38.100		248.200	
1965	243.100		41.200		284.300	
1970	313.400		42.800		356.200	
1975	425.900		59.700		485.600	
1980	406.900	92.400	70.700	6.800	413.700	99.200
1985	362.700	135.400	78.800	12.400	441.500	147.800
1990	356.200	154.700	73.500	16.600	429.700	171.300
1991	453.100	158.200	83.700	16.500	536.800	174.700
1992	453.300	203.500	86.700	18.800	540.000	219.300
1993	448.700	211.100	86.550	18.800	535.250	229.900
1994	448.400	217.400	86.900	19.900	535.300	237.300
1995	451.000	219.000	86.900	20.700	537.900	239.700
1996	442.400	229.300	86.400	21.700	528.800	251.000
1997	437.800	230.000	91.100	24.200	528.900	254.200
1998	421.600	247.100	91.200	25.700	512.800	272.800
1999	414.800	254.600	86.500	26.100	501.300	280.700
2000	409.000	262.600	87.200	26.300	496.200	288.900
2001	410.700	263.500	86.800	28.200	497.500	291.700
2002	410.400	265.700	86.200	30.600	496.600	296.300

1 Außer Acht gelassen wurde hierbei die Zahl der nebenberuflich bzw. stundenweise beschäftigten Lehrer.

Quelle: Statistisches Bundesamt, Fachserie 11, Reihe 1 und 2, verschiedene Jahrgänge

In der Summe war im Schuljahr 2002/2003 mit fast 793.000 Lehrern in Voll- und Teilzeit im ganzen Bundesgebiet eine zuvor nicht erreichte Zahl an Lehrern beschäftigt. Der Personalzuwachs ist dabei vor allem auf die Steigerung der Teilzeitbeschäftigung zurückzuführen, die in den neuen Ländern durch entsprechende arbeitsrechtliche Regelungen als Folge des starken

Schülerrückgangs meist nicht freiwillig erfolgte. Während die Vollzeitbeschäftigung an den allgemein bildenden Schulen seit 1995 deutlich und an den beruflichen Schulen seit 1998 leicht zurückgegangen ist, stieg die Zahl der Teilzeitbeschäftigten an beiden Schulformen seit Jahren kontinuierlich und hat sich gegenüber dem Stand von 1991 fast verdoppelt. Gleichzeitig hat sich das Verhältnis der Lehrer an allgemein bildenden Schulen zu Lehrern an beruflichen Schulen von 6,1 : 1 auf 4,6 : 1 verringert. In beiden Schulformen liegt der Teilzeitanteil dabei derzeit bei etwa 40 %, und damit an allgemein bildenden Schulen um 15 %, an beruflichen Schulen sogar um 25 % höher als noch 1991. Der Lehrerberuf wird damit - teils aus eigener Wahl, teils durch die Schulpolitik der Länder und die demographische Entwicklung in den neuen Ländern unterstützt - immer häufiger zu einem Teilzeitberuf. Von den teilzeitbeschäftigten Lehrern waren 2002 etwa 85 Prozent Frauen.

Wirft man noch einen Blick auf die Entwicklung der Arbeitslosigkeit, so hat sich hier die Lage in den letzten Jahren deutlich entspannt. So ist in den alten Bundesländern, nach stetigem Absinken seit 1996, die Zahl der arbeitslosen Lehrer mit Hochschulabschluss im Jahre 2003 wieder auf das Niveau zu Beginn der 1980er Jahre gesunken, eine Entwicklung, die sich sowohl auf Lehrer an allgemein bildenden als auch beruflichen Schulen erstreckt (vgl. Tab. 3.4).

Auch bezogen auf das ganze Bundesgebiet ist ein spürbarer Abbau der Arbeitslosenzahl zu beobachten, die für alle Lehrer nach einem Höchststand 1997 im Jahre 2003 nur noch bei etwas über 17.000 liegt. Allerdings wurde der Rückgang im Jahre 2003 gestoppt, da die in den neuen Bundesländern deutlich gestiegene Arbeitslosigkeit auch zu einem leichten Ansteigen der Arbeitslosenzahl in ganz Deutschland gegenüber 2002 führte. Dieser Befund zeigt sich bei allen Lehrämtern. Trotz der leichten Steigerung der Zahl der Arbeitslosen im letzten erfassten Jahr stellt sich die Beschäftigungssituation für die Lehrer aller Lehrämter als selten günstig dar.

Auch in den kommenden Jahren dürfte die Beschäftigungssituation für junge Lehrer günstig bleiben. Die im Sommer 2003 veröffentlichte neue Vorausschätzung des Lehrerbedarfs und des zu erwartenden Lehrerangebots durch die Kultusministerkonferenz (vgl. Sekretariat der KMK 2003b) geht davon aus, dass bis 2015 etwa 70.000 Lehrer im Schuldienst fehlen werden, wenn die Ausbildung von Lehren nicht in den nächsten Jahren zunimmt. Gegenüber der 2002 bereits vorliegenden, dann aber nicht veröffentlichten Vorausberechnung (vgl. Weishaupt 2002), beträgt das Defizit nun nicht mehr ein Drittel, sondern nur noch knapp ein Fünftel des in beiden Versionen der Vorausschätzung unveränderten Lehrerbedarfs. Rechtfertigen lässt sich diese Korrektur durch die gestiegene Zahl der Studienanfänger für das Lehramtsstudium seit 2001; zugleich wurde aber auch der Neueinstellungsbedarf zwischen 2002 und 2015 um 29.000 Lehrer (davon 19.000 in den neuen Ländern) reduziert. Differenziert nach den von der KMK unterschiedenen sechs Lehramtsgruppen (ohne Fachlehrer; vgl. Weishaupt 2002, S. 27-28) stellt sich die weitere Entwicklung sehr unterschiedlich dar (vgl. Abb. 3.2).

Tab 3.4: Arbeitslos gemeldete Lehrer mit Hochschulabschluss (Berufskennziffer '87' mit ausgewählten Untergruppen; 1996-2003)

Jahr	Arbeitslose Lehrer insgesamt	darunter:		
		Gymnasial-lehrer	Grund-, Haupt-, Real-, Sonder-schullehrer	Fach-, Berufs-schul-, Werk-lehrer
	'87'	'872'	'873'	'874'
Früheres Bundesgebiet				
1996	17.923	4.866	9.255	1.083
1998	17.719	4.411	9.575	999
1999	16.951	4.171	9.120	881
2000	13.293	3.362	6.529	767
2001	12.260	2.933	6.050	654
2002	11.907	2.700	5.912	647
2003	11.806	2.669	5.933	608
Deutschland				
1996	24.304	5.848	13.008	1.556
1997	28.961	6.778	15.849	1.811
1998	24.323	5.399	13.470	1.447
1999	23.485	5.112	12.937	1.326
2000	18.706	4.088	9.649	1.150
2001	16.845	3.570	8.612	1.002
2002	16.204	3.285	8.279	952
2003	17.276	3.531	8.809	1.005

Quelle: Bundesanstalt für Arbeit: ANBA – Strukturanalyse, verschiedene Jahrgänge

Der Lehrermangel konzentriert sich auf die Ausbildung von Lehrern für die Sekundarstufe I (nur Haupt-, Realschule) und die beruflichen Schulen. Für die Grundschule, das Gymnasium und die Sonderschule ergeben die Berechnungen eine wenigstens ausreichende Ausbildungskapazität.

Abb. 3.2: Neueinstellungsbedarf von Lehrern im Vergleich zum Lehrereinstellungsangebot (+ = Ausbildungsüberhang) im angegebenen Zeitraum bis 2015 nach den Lehramtsgruppen der KMK

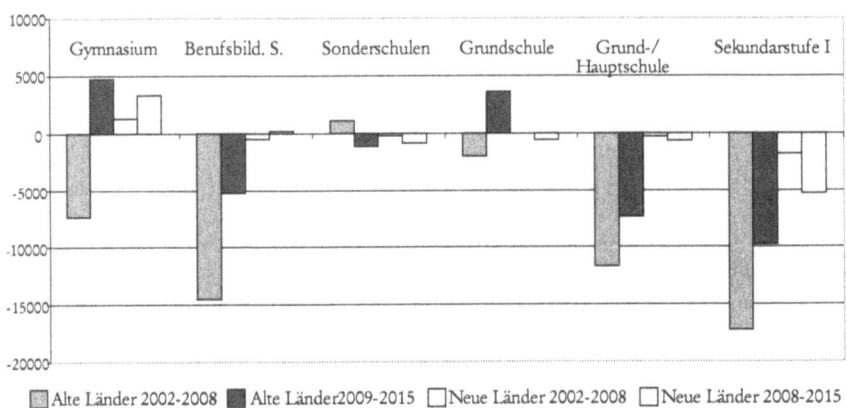

Quelle: Sekretariat der KMK 2003b, eigene Berechnungen

Auch zwischen den alten und neuen Bundesländern muss diese allgemeine Aussage differenziert werden, und es bestehen außerdem fächerspezifisch unterschiedliche Bedarfssituationen. Eine Erhöhung der Ausbildungsnachfrage in den weniger nachgefragten Lehrämtern wird vermutlich nur über gezielte Anreize erreicht werden können, denn es sind die Lehrämter für die Schularten, die Abiturienten nicht während ihrer eigenen Ausbildung durchlaufen haben. Möglicherweise wird auch die Reform der Lehramtsstudiengänge in konsekutive BA/MA-Strukturen die traditionelle Verteilung der Nachfrage nach den verschiedenen Lehramtsstudiengängen verändern und einen flexibleren Einsatz der Lehramtsabsolventen im Schuldienst ermöglichen. Ob durch konsekutive Studiengänge allerdings die Zahl der Lehramtsanwärter insgesamt erhöht werden kann, wird erst die Zukunft zeigen.

4 Personal

Heinz-Hermann Krüger/Claudia Schmidt/Susanne Siebholz/Horst Weishaupt

Dieser Text schließt an die beiden Kapitel zum Personal und der Lehr- und Prüfungsbelastung im ersten Datenreport an (Krüger/Weishaupt 2000; Weishaupt/Zedler 2000). Er befasst sich in seinem ersten Abschnitt (4.1) mit den quantitativen und strukturellen Entwicklungen des Personals in der Erziehungswissenschaft in den letzten 5 Jahren. Der zweite Teil (4.2.) verbindet die Personalsituation mit der Studiennachfrage und stellt die aktuelle Situation der Lehr- und Prüfungsbelastung dar. Im nächsten Abschnitt wird die disziplinäre Reorganisation der Erziehungswissenschaft anhand der Stellenausschreibungen nachgezeichnet (4.3) und abschließend kurz der personelle Ersatzbedarf und damit der Bedarf an wissenschaftlichem Nachwuchs beschrieben.

4.1 Erziehungswissenschaftliches Personal im Innen- und Außenvergleich

Drei Fragestellungen werden im folgenden Text vornehmlich untersucht: Hat sich – erstens – die personelle Rückentwicklung der erziehungswissenschaftlichen Professuren in den letzten Jahren fortgesetzt oder konnte der Personalbestand stabilisiert werden? (4.1.1) Konnte die Stellensituation für den wissenschaftlichen Nachwuchs in der Erziehungswissenschaft verbessert und der hohe Anteil von Vollzeitstellen im Mittelbau weiter reduziert werden? (4.1.2) Hat sich die Personalstruktur der Erziehungswissenschaft an die vergleichbarer Fächer - als andere Fächer wurden wieder die Psychologie, die Sozial- und Politikwissenschaften und die Wirtschaftswissenschaften herangezogen – weiter angeglichen? (4.1.3)

Die Datengrundlage für die folgenden Analysen bildet die Hochschul-Personalstatistik des Statistischen Bundesamtes für den Zeitraum 1992-2002. Einige der hier verwendeten Daten sind nicht veröffentlicht. Sie wurden vom Statistischen Bundesamt angefordert und teilweise speziell für diesen Bericht aufbereitet.[1]

Innerhalb der Erziehungswissenschaft erlaubt das statistische Material

---

[1] Den Mitarbeitern des Statistischen Bundesamtes ist für die stets bereitwillige Unterstützung zu danken. Für die Aufbereitung und Zusammenstellung der Daten danken wir Steffen Pleßmann.

keine Differenzierung nach Subdisziplinen - wenn man von der Sonderpädagogik absieht, die in der Hochschulstatistik seit 1992 als eigenes Fach geführt wird. Über die Personalsituation der Sozialpädagogik/Sozialarbeit kann nur auf der Grundlage der Daten der Sonderauswertungen berichtet werden, sonst mussten diese Stellen unberücksichtigt bleiben.[2]

4.1.1 Professoren

Ein zentrales Ergebnis des ersten Datenreports war, dass die westdeutsche Erziehungswissenschaft in der Zeit zwischen 1982 und 1997 ein Viertel ihrer Professuren verloren hat. Dieser zunächst auf die Integration der Pädagogischen Hochschulen in die Universitäten zurückgeführte Rückbau der Erziehungswissenschaft setzte sich auch danach fort. Selbst die erziehungswissenschaftlichen Professuren in den neuen Ländern konnten diesen Rückgang nicht kompensieren. Er hat sich auch in den letzten Jahren fortgesetzt: gegenüber 1997 beträgt der (nun gesamtdeutsche) Rückgang bis 2002 nochmals 15 %. Noch einschneidender zeigt sich die Entwicklung, wenn Erziehungswissenschaft und Sonderpädagogik getrennt betrachtet werden. Während die Erziehungswissenschaft 2002 nur noch 696 Professuren aufweist und im Vergleich zu 1997 203 Professuren verliert (-22,5 %), nimmt die Zahl sonderpädagogischer Professuren im gleichen Zeitraum um 52 auf 158 Professuren zu (+ 49 %). Auch wenn allein die fachliche Ausrichtung der Professuren berücksichtigt wird und deren organisatorische Zuordnung unberücksichtigt bleibt (vgl. Tab. 4.2), ändert sich nicht der Befund, obwohl sich ergänzende Hinweise ergeben. Die Tabelle 4.2 macht vor allem deutlich, dass der Rückgang der Zahl der Professuren in der Erziehungswissenschaft (ohne Sonderpädagogik) mit dem Ausscheiden von C2-Professoren im Zusammenhang steht und nur knapp die Hälfte des Rückgangs C3- und C4-Professuren betrifft. Dabei ist aber eine Verschiebung zuungunsten der C4-Professuren zu beobachten. Dies ist insofern von besonderer Bedeutung, weil bereits in der Vergangenheit der Anteil von C4-Professuren in der Erziehungswissenschaft deutlich unter der durchschnittlichen Stellenrelation an Wissenschaftlichen Hochschulen lag. Die beschriebenen Tendenzen sind in der Sonderpädagogik (vgl. Tab 4.2) abgeschwächt ebenfalls erkennbar.

---

2 Die hier als Professuren für Sozialpädagogik/Sozialarbeit bezeichneten Stellen sind in der amtlichen Statistik unter dem Studienbereich Sozialwesen erfaßt. Sie werden hier nur berücksichtigt, soweit sie an Universitäten (ohne Gesamthochschulen) angesiedelt sind.

Tab. 4.1: Hauptberufliches wissenschaftliches Personal in der Erziehungswissenschaft (inkl. Sonderpädagogik) an Wissenschaftlichen Hochschulen 1992-2002

Jahr	Insgesamt	Professoren	Assistenten, Dozenten	wissensch. Mitarbeiter	Lehrkräfte für bes. Aufg.	Mitarbeiter[1] je Professor
1992	3.490	1.087	427	1.513	463	2,21
1993	3.328	1.119	337	1.558	314	1,97
1994	3.236	1.074	270	1.598	294	2,01
1995	3.199	1.076	312	1.529	282	1,97
1996	3.141	1.036	285	1.496	324	2,03
1997	3.066	1.005	273	1.504	284	2,05
1998	3.037	908	320	1.518	291	2,34
1999	2.988	961	259	1.499	268	2,11
2000	2.999	907	262	1.508	322	2,31
2001	3.030	862	292	1.554	322	2,52
2002	3.102	854	277	1.648	323	2,63

1 Als Mitarbeiter werden Assistenten etc., wissenschaftliche Mitarbeiter und Lehrkräfte für besondere Aufgaben zusammen bezeichnet.

Quelle: Statistisches Bundesamt, Bildung und Kultur, Fachserie 11, Reihe 4.4, verschiedene Jahrgänge; eigene Berechnungen

Im Ländervergleich[3] zeigt sich eine sehr uneinheitliche Stellenentwicklung (vgl. Tab. 4.3) sowohl hinsichtlich des Zeitpunkts des Personalabbaus als auch des Umfangs der Stellenreduzierungen.[4] Einige Länder bauten die Erziehungswissenschaft im letzten Jahrzehnt aus (Bayern, Sachsen-Anhalt, Nordrhein-Westfalen, Rheinland-Pfalz, Schleswig-Holstein und Thüringen), während andere einen zum Teil weitreichenden Stellenabbau zu verzeichnen haben (Berlin, Brandenburg, Hamburg, Niedersachsen, Sachsen). Zu vermuten sind Unterschiede zwischen den Ländern in den erziehungswissenschaftlichen Anforderungen der Prüfungsordnungen für die Lehramtsstudiengänge und hinsichtlich der Profilierung der Erziehungswissenschaft als Hauptfachstudiengang an einzelnen wissenschaftlichen Hochschulen. Teilweise mag auch die Änderung der statistischen Erfassung des Personals für die Entwicklungen verantwortlich sein: seit 2000 wird das Personal grundsätzlich nicht mehr nach der organisatorischen Zuordnung sondern der fachlichen Ausrichtung der Stelle erfasst. Innerhalb der Länder sind teilweise

---

3 Da das Saarland nur einen Hochschulstandort mit einer wenig ausgebauten Erziehungswissenschaft aufweist, werden Rheinland-Pfalz und das Saarland in den Ländertabellen stets zusammengefasst. Die gewählte Reihenfolge der Länder entspricht dem Vorgehen des Statistischen Bundesamtes.

4 Zu beachten ist, dass in der Tabelle 4.3 die Sozialpädagogik an Universitäten vollständig berücksichtigt ist und deshalb auch die Zahl der Stellen etwas über den anderen Tabellen liegt.

Verlagerungen von Studiengängen für Änderungen in der Zahl der Professuren zwischen den Hochschulen verantwortlich.

Nicht erklärungskräftig für die beobachtbaren Entwicklungen im Ländervergleich ist der unterschiedliche Ausbau der Erziehungswissenschaft gemessen am gesamten wissenschaftlichen Personal an wissenschaftlichen Hochschulen. Im Bundesdurchschnitt sind 5,2 Prozent der Professoren an wissenschaftlichen Hochschulen der Erziehungswissenschaft zuzurechnen (vgl. Tab. 4.4). Dieser Anteil variiert im Ländervergleich zwischen 10,3 Prozent in Bremen und 2,4 Prozent in Mecklenburg-Vorpommern. Auch die Unterschiede zwischen den großen Flächenstaaten können nur zum Teil auf den unterschiedlichen Ausbau der naturwissenschaftlichen Fächer und der Medizin im Ländervergleich zurückgeführt werden. Ähnliche Unterschiede zeigen sich beim erziehungswissenschaftlichen Mittelbau und dem erziehungswissenschaftlichen nebenberuflichen Personal im Vergleich zum hauptberuflichen wissenschaftlichen Personal an wissenschaftlichen Hochschulen. Beim nebenberuflichen Personal wird deutlich, dass die Erziehungswissenschaft nach wie vor überproportional auf diese Personalgruppe für die Sicherung des Lehrangebots zurückgreift.

Tab. 4.2: *Entwicklung der Professuren in der Erziehungswissenschaft und Sonderpädagogik 1992 -2002 nach der Bewertung der Stelle*[1]

Jahr	Insgesamt	darunter ... und entsprechende Besoldungsgruppen		
		C 4, W 3	C 3, W 2	C 2, W 1
Erziehungswissenschaft				
1992	995	458	273	239
1997	818	367	313	138
2002	722	341	290	91
Veränderung 1992-2002	72,6 %	74,5 %	106,2 %	38,1 %
Sonderpädagogik				
1992	143	69	41	33
1997	185	85	68	32
2002	174	81	69	24
Veränderung 1992-2002	121,7 %	117,4 %	168,3 %	72,7 %

1 Die Abweichungen in der Zahl der Stellen zu Tab. 4.1 ergeben sich daraus, dass hier die organisatorische Zuordnung der Stellen nicht berücksichtigt wurde sondern allein die fachliche Ausrichtung. Außerdem sind alle Hochschulen einbezogen.

Quelle: Statistisches Bundesamt, internes Material

Tab. 4.3: *Wissenschaftliches und künstlerisches Personal in der Erziehungswissenschaft, Sonderpädagogik und Sozialpädagogik (ohne Gesamthochschulen) 1992, 1997 und 2002 nach Ländern*

Bundesland	Hauptberufliches Personal						Zu- bzw. Abnahme des hauptberuflichen Personals 1992 bis 2002	
	1992		1997		2002			
	Profess.	Mitarb.[1]	Profess.	Mitarb.[1]	Profess.	Mitarb.[1]	Profess.	Mitarb.[1]
Schleswig-Holstein	19	25	24	22	28	47	9	22
Hamburg	142	112	63	49	62	65	-80	-47
Niedersachsen	151	318	114	292	110	303	-41	-15
Bremen	55	64	50	69	36	74	-19	10
Nordrhein-Westfalen	180	405	187	438	174	515	-6	110
Hessen	69	93	56	111	57	125	-12	32
Rheinland-Pfalz/Saarland	40	85	42	106	38	107	-2	22
Baden-Württemberg	148	146	131	172	115	216	-33	70
Bayern	104	206	110	227	105	275	1	69
Berlin	139	303	125	271	85	219	-54	-84
Brandenburg	4	184	18	97	14	54	10	-130
Mecklenburg-Vorpommern	12	41	16	26	9	24	-3	-17
Sachsen	35	351	40	119	34	136	-1	-215
Sachsen-Anhalt	17	94	28	106	32	117	15	23
Thüringen	13	50	24	70	19	67	6	17
BRD	1.128	2.477	1.028	2.175	918	2.344	-210	-133

1 Dozenten, Assistenten, wissenschaftliche und künstlerische Mitarbeiter, Lehrkräfte für besondere Aufgaben

Quelle: Sonderauswertung des Statistischen Bundesamtes, eigene Berechnungen

Tab. 4.4: *Anteil der Erziehungswissenschaft am gesamten wissenschaftlichen Personal an Wissenschaftlichen Hochschulen und Personalrelationen der Erziehungswissenschaft 2002 nach Ländern*

Bundesland	Anteil der Erziehungswissenschaft[1] an			Erziehungswissenschaft	
	Professoren	Mitarbeitern[2]	Nebenberuflichem wiss. Personal	Mitarbeiter je Professor	Hauptberufl. Personal je Lehrbeauftr.
Schleswig-Holstein	7,35	3,40	24,53	1,7	1,9
Hamburg	9,04	3,38	9,95	1,0	0,9
Niedersachsen	7,57	4,90	14,48	2,8	0,9
Bremen	10,34	4,84	4,82	2,1	9,2
Nordrhein-Westfalen	4,68	3,09	6,88	3,0	1,4
Hessen	3,84	2,28	9,31	2,2	0,7
Rheinland-Pfalz/ Saarland	4,58	2,65	4,72	2,8	1,3
Baden-Württemberg	5,18	1,81	3,81	1,9	1,5
Bayern	3,92	2,14	6,28	2,6	1,2
Berlin	6,06	3,90	4,51	2,6	1,6
Brandenburg	6,70	6,14	6,19	3,9	3,2
Mecklenburg-Vorpommern	2,36	1,72	10,81	2,7	1,0
Sachsen	3,68	3,14	8,67	4,0	1,1
Sachsen-Anhalt	6,91	5,44	5,26	3,7	6,2
Thüringen	5,34	4,77	12,35	3,5	1,1
BRD	5,24	3,01	7,11	2,6	1,3

1 einschließlich Sonderpädagogik und Sozialpädagogik (ohne Gesamthochschulen)
2 Als Mitarbeiter werden Assistenten etc., wissenschaftliche Mitarbeiter und Lehrkräfte für besondere Aufgaben zusammen bezeichnet.

Quelle: Sonderauswertung des Statistischen Bundesamtes, eigene Berechnungen

4.1.2 Mittelbau

Die rückläufige Entwicklung des Personalbestands bei den Mittelbaustellen (Assistenten, wiss. Mitarbeiter und Lehrkräfte für besondere Aufgaben) in der Erziehungswissenschaft, die bis Mitte der 90er Jahre noch zu beobachten war, hat sich in den letzten Jahren in einen leicht positiven Verlauf verändert. Insbesondere ist die Zahl wissenschaftlicher Mitarbeiter in den letzten Jahren um ca. 150 angestiegen. Dadurch hat sich die Relation der Mitarbeiter zu den Professoren erhöht (vgl. Tab. 4.1). Es wurde schon auf die großen Unterschiede zwischen den Ländern in der Personalentwicklung hingewiesen, die auch den Mittelbau betreffen. Auffällig ist nach wie vor die bessere Ausstattung der Professuren mit Mittelbaustellen in den neuen Ländern (vgl. Tab. 4.4).

Die Entwicklung der Struktur des Mittelbaus stellt Tab. 4.5 dar. Die Tabelle unterscheidet für die verschiedenen Mittelbaugruppen zwischen befristeten und unbefristeten Vollzeit-Stellen. Davon werden – fast ausschließlich befristete – Teilzeitstellen unterschieden. Für die Rekrutierung des Nachwuchses für Professuren sind Dozenten- und Assistentenstellen zentral. Dabei handelt es sich überwiegend um befristete Vollzeitstellen, die maximal sechs Jahre in Anspruch genommen werden können. Insgesamt ist die Zahl der Stellen in den letzten Jahren zwar konstant geblieben, doch ist durch die Umwandlung befristeter Stellen in Dauerstellen das Potential an Stellen für die Nachwuchsrekrutierung wieder beachtlich geschrumpft und insgesamt unzureichend.

Tab. 4.5: Struktur des Mittelbaus in der Erziehungswissenschaft und Sonderpädagogik 1992, 1997 und 2002, Hochschulen insgesamt

Dienstbezeichnung	1992		1997		2002	
	abs.	%	abs.	%	abs.	%
Dozenten und Assistenten						
Vollzeit auf Dauer	173	7,2	20	1,0	64	2,8
Vollzeit befristet	223	9,2	241	11,5	195	8,6
Teilzeitbeschäftigte	31	1,3	7	0,3	18	0,8
Wissenschaftliche Mitarbeiter						
Vollzeit auf Dauer	756	31,4	574	27,3	491	21,7
Vollzeit befristet	488	20,2	472	22,4	477	21,1
Teilzeitbeschäftigte	269	11,2	445	21,2	684	30,2
Lehrkräfte für besondere Aufgaben						
auf Dauer	373	15,5	194	9,2	169	7,5
auf Zeit	30	1,2	57	2,7	61	2,7
Teilzeitbeschäftigte	68	2,8	93	4,4	104	4,6
Insgesamt	2.411	100,0	2.103	100,0	2.263	100,0

Quelle: Statistisches Bundesamt, Fachserie 11, Reihe 4.4, verschiedene Jahrgänge 2002: nicht veröffentlichte Tabellen des Statistischen Bundesamtes; eigene Berechnungen

Erfreulich ist die Zunahme der Zahl der befristet angestellten wissenschaftlichen Mitarbeiter und der Rückgang der auf Dauer Beschäftigten. Inzwischen sind die Hälfte des Mittelbaus in der Erziehungswissenschaft befristet angestellte wissenschaftliche Mitarbeiter. Drei Fünftel von ihnen sind nur teilzeitbeschäftigt; eine durch die DFG praktizierte Form der Doktorandenförderung, die sich zunehmend auch bei der Besetzung von Mitarbeiterstellen an Universitäten durchsetzt. Auch die Zahl der auf Dauer eingestellten Lehrkräfte für besondere Aufgaben ist rückläufig.

Abzuwarten bleibt die Entwicklung des Mittelbaus, wenn verstärkt Juniorprofessuren eingerichtet werden. Außerdem werden die konsekutiven Studiengänge und die Maßnahmen der Lehrerbildungsreform Auswirkungen auf den universitären Mitelbau haben. Der erhöhte Betreuungsbedarf und die höheren Prüfungsanforderungen der konsekutiven Studiengänge können den Bedarf an unbefristeten Mittelbaustellen mit höherem Lehrdeputat wieder ansteigen lassen. Auch Bestrebungen, die Praxisanteile in der ersten Phase der Lehrerausbildung zu verstärken, führen zu zusätzlichem Personalbedarf im Mittelbau, der mit dem Bestreben konfligiert, mehr Qualifikationsstellen einzurichten.

4.1.3 Personalsituation im Fächervergleich

Um die Entwicklung der Erziehungswissenschaft nicht isoliert zu betrachten, wurden drei andere wirtschafts- und sozialwissenschaftliche Fächer (Psychologie, Politik- und Sozialwissenschaften, Wirtschaftswissenschaften) vergleichend herangezogen. Dadurch ist es möglich, die Veränderungen im Personalbestand und der Personalstruktur der Erziehungswissenschaft besser einzuschätzen und zu bewerten.

Im Vergleich zur Psychologie, den Sozial- und Wirtschaftswissenschaften ist die Erziehungswissenschaft das einzige Fach (vgl. Tab. 4.6), das im letzten Jahrzehnt Professuren verloren hat und auch eine rückläufige Entwicklung beim Mittelbau aufweist. Die sich ebenfalls stark über die Lehrerbildung definierenden Fächer Politik- und Sozialwissenschaften verzeichnen eine stagnierende Entwicklung bei den Professuren, aber eine Zunahme der Mitarbeiter im Mittelbau (um 21 %). Die Professuren in den Wirtschaftswissenschaften und der Psychologie expandierten demgegenüber um 20 bzw. 17 %. Noch stärker war die Zunahme des Mittelbaus zwischen 1992 und 2002 in diesen beiden Fächern um 26 % bzw. 36 %.

Die relativ schwache Unterstützung der Professuren in der Erziehungswissenschaft durch Mittelbaustellen bestätigt sich im Vergleich zwischen den ausgewählten Disziplinen. Ähnlich der Erziehungswissenschaft mit durchschnittlich 2,6 Mittelbaustellen ist die Situation in den Politik- und Sozialwissenschaften (2,5 Mittelbaustellen). In der Psychologie und den Wirtschaftswissenschaften konnte die Ausstattung der Professuren im untersuchten Zeitraum auf durchschnittlich 3,5 bzw. 3,4 Mitarbeiter verbessert werden.

Tab. 4.6: Entwicklung des wissenschaftlichen Personals im Fächervergleich 1992-2002

Jahr	Erziehungswissenschaft[1]		Psychologie		Politik-, Sozialwissenschaften		Wirtschaftswissenschaften	
	Professoren	Mitarbeiter[2]	Professoren	Mitarbeiter[2]	Professoren	Mitarbeiter[2]	Professoren	Mitarbeiter[2]
1992	1.087	2.403	474	1.440	732	1.556	1.185	3.867
1993	1.119	2.209	493	1.456	772	1.560	1.258	4.016
1994	1.074	2.162	494	1.471	777	1.603	1.271	4.201
1995	1.076	2.123	531	1.569	789	1.651	1.334	4.435
1996	1.036	2.105	515	1.619	766	1.725	1.348	4.609
1997	1.005	2.061	519	1.676	767	1.656	1.343	4.641
1998	908	2.129	517	1.789	734	1.681	1.326	4.596
1999	961	2.026	532	1.774	747	1.680	1.357	4.504
2000	907	2.092	524	1.794	746	1.811	1.356	4.552
2001	862	2.168	535	1.909	732	1.834	1.408	4.846
2002	854	2.248	554	1.960	742	1.883	1.416	4.863
	Professoren 1992 = 100	Mitarbeiter je Prof.	Professoren 1992 = 100	Mitarbeiter je Prof.	Professoren 1992 = 100	Mitarbeiter je Prof.	Professoren 1992 = 100	Mitarbeiter je Prof.
1992	100,0	2,21	100,0	3,04	100,0	2,13	100,0	3,26
1993	102,9	1,97	104,0	2,95	105,5	2,02	106,2	3,19
1994	98,8	2,01	104,2	2,98	106,1	2,06	107,3	3,31
1995	99,0	1,97	112,0	2,95	107,8	2,09	112,6	3,32
1996	95,3	2,03	108,6	3,14	104,6	2,25	113,8	3,42
1997	92,5	2,05	109,5	3,23	104,8	2,16	113,3	3,46
1998	83,5	2,34	109,1	3,46	100,3	2,29	112,5	3,47
1999	88,4	2,11	112,2	3,33	102,0	2,25	114,5	3,32
2000	83,4	2,31	110,5	3,42	101,9	2,43	114,4	3,36
2001	79,3	2,52	112,9	3,57	100,0	2,51	118,8	3,44
2002	78,6	2,63	116,9	3,54	101,4	2,54	119,5	3,43

1 einschließlich Sonderpäd.; 2 Als Mitarbeiter werden Assistenten etc., wiss. Mitarbeiter und Lehrkräfte für besondere Aufgaben zusammen bezeichnet.
Quelle: Statistisches Bundesamt, Bildung und Kultur, Fachserie 11, Reihe 4.4, verschiedene Jahrgänge; eigene Berechnungen

Diese Ausweitung der Zahl der Mitarbeiter zwischen 1997 und 2002 wurde in den Wirtschaftswissenschaften und der Psychologie nicht durch eine Erhöhung des Anteils teilzeitbeschäftiger wissenschaftlicher Mitarbeiter erreicht (vgl. Tab. 4.7 und Krüger/Weishaupt 2000, S. 86). In der Erziehungswissenschaft hat sich – darauf wurde bereits hingewiesen – der Anteil teilzeitbeschäftigter wissenschaftlicher Mitarbeiter am gesamten Mittelbau zwischen 1997 und 2002 um 10 % erhöht, in den Politik- und Sozialwissenschaften um 5 %.

Tab. 4.7: Struktur des Mittelbaus in der Erziehungswissenschaft und in anderen Disziplinen 2002 (Hochschulen insgesamt)

Dienstbezeichnung	Erziehungs-wissenschaft[1]		Psychologie		Politik- und Sozialwiss.		Wirtschafts-wissenschaften	
	abs.	%	abs.	%	abs.	%	abs.	%
Dozenten und Assistenten auf Zeit	195	8,6	258	13,1	261	13,7	527	9,8
Wiss. Mitarbeiter								
Vollzeit auf Dauer[2]	555	24,5	347	17,6	303	15,9	612	11,4
Vollzeit auf Zeit	477	21,1	399	20,2	499	26,2	2.369	44,3
Teilzeitbeschäftigte	702	31,0	910	46,0	767	40,3	1.634	30,5
Lehrkräfte für besondere Aufgaben	334	14,8	63	3,2	75	3,9	211	3,9
Insgesamt	2.263	100,0	1.977	100,0	1.905	100,0	5.353	100,0

1 Inkl. Sonderpädagogik
2 Einschließlich Dozenten und Assistenten auf Dauerstellen

Quelle: nicht veröffentlichte Tabellen des Statistischen Bundesamtes; eigene Berechnungen

Immer noch ist der Anteil von Lehrkräften für besondere Aufgaben in der Erziehungswissenschaft besonders hoch und auch bei den anderen Mittelbaustellen ist der Anteil von Mitarbeitern auf Dauerstellen höher als in den vergleichend herangezogenen Fächern (vgl. Tab. 4.7), auch ist der Anteil der Dozenten und Assistenten in der Erziehungswissenschaft am niedrigsten. Im Fächervergleich zeigt sich auch, dass die Erhöhung des Anteils der befristeten wissenschaftlichen Mitarbeiter in der Erziehungswissenschaft im letzten Jahrzehnt (vgl. Tab. 4.5) auf die Hälfte des gesamten Mittelbaus immer noch nicht ausreichend ist, um eine mit den anderen Fächern vergleichbare Nachwuchsförderung über Mittelbaustellen zu erreichen: Dort befinden sich zwei Drittel bis drei Viertel der Mitarbeiter des Mittelbaus auf Qualifikationsstellen!

Grundsätzlich hat sich an der prekären Situation der Nachwuchsförderung in der Erziehungswissenschaft nichts geändert: Der Mittelbau ist im Fächervergleich insgesamt nicht stark entwickelt und ein vergleichsweise hoher Anteil dieser Stellen wird für die Erfüllung von Lehrverpflichtungen über Dauerstellen mit höherem Lehrdeputat benötigt, die dann als Qualifikationsstellen nicht zur Verfügung stehen.

4.2 Lehr- und Prüfungsbelastung

In diesem Abschnitt wird die Personalsituation mit der Ausbildungssituation bezogen auf den Betreuungsaufwand sowie die Lehr- und Prüfungsbelastung des wissenschaftlichen Personals in der Erziehungswissenschaft in Beziehung gesetzt. Die Lehr- und Prüfungsbelastung läßt sich anhand der verfügbaren Daten über die Zahl der Studierenden bzw. Prüfungen in den einzelnen Studiengängen (Diplom, Magister, Lehrämter) je Wissenschaftlerstelle oder je Professor ermitteln.

4.2.1 Lehrbelastung

Die Entwicklung der Lehrbelastung im Zeitraum 1992-2002 zeigt Tabelle 4.8. Die Betreuungsrelationen, erfasst über das Verhältnis der Zahl der Studierenden zur Zahl der Professoren, haben sich im untersuchten Zeitraum kontinuierlich verschlechtert. Dies gilt sowohl für die Betreuung im Diplom- und Magisterstudiengang, als auch für die Lehramtsstudiengänge. 1992 kamen auf einen Professor noch 33,9 Hauptfachstudierende im Diplom- oder Magisterstudiengang; 2002 waren es 57,5. Ähnlich ist die Situation bei den Lehramtsstudierenden, von denen mittlerweile (ungewichtet) 235 auf die Stelle eines Hochschullehrers entfallen; 1992 waren es noch 180.

Bezogen auf das gesamte wissenschaftliche Personal sind seit Ende der 90er Jahre leichte Verbesserungen in der insgesamt belastenden Betreuungssituation erkennbar. 1992 entfielen auf jeden Angehörigen des wissenschaftlichen Personals in der Erziehungswissenschaft 10,6 Hauptfachstudierende (Diplom und Magister). Bis 1998 verschlechterte sich diese Relation auf 1 : 17,2. Bei den Lehramtsstudierenden stieg die (ungewichtete) Betreuungsrelation im gleichen Zeitraum von 1 : 56,0 (1992) auf 1 : 71 (1997) an, sie ging 1998 erstmals wieder leicht zurück. Zu berücksichtigen ist hierbei jedoch, dass sich der Betreuungsbedarf bei den Lehrämtern nach dem erziehungswissenschaftlichen Anteil in den Lehramtsstudiengängen richtet. Bekanntlich differieren die erziehungswissenschaftlichen Anteile bei den einzelnen Lehrämtern sowie zwischen einzelnen Bundesländern. Hinzu kommen unterschiedliche Regelungen für die Praktika und deren Betreuung.

Tab. 4.8: *Entwicklung der Lehrbelastung des hauptberuflichen wissenschaftlichen Personals und der Professoren in der Erziehungswissenschaft (inkl. Sonderpädagogik) 1992-2002*

Jahr	Diplom- und Magisterstud. je hauptberufl. wissenschaftl. Mitarbeiter und Professor	Lehramtsstudierende	Diplom- und Magisterstud. je Professor	Lehramtsstudierende je Professor	Gewichtete Studierendenzahlen[1] absolut	Gewichtete Studierendenzahlen[1] je hauptberufl. wiss. Mitarb./Prof.	Gewichtete Studierendenzahlen[1] je Professor	Anteil der Lehramtsstud. an den gew. Studierendenzahlen[1] (in %)
1992	10,6	56,0	33,9	179,8	69.442	19,9	63,9	46,9
1993	12,5	62,8	37,2	186,8	76.422	23,0	68,3	45,6
1994	13,0	67,5	39,3	203,4	78.618	24,3	73,2	46,3
1995	15,7	68,0	46,6	202,1	86.408	27,0	80,3	42,0
1996	16,7	70,4	50,7	213,3	89.304	28,4	86,2	41,2
1997	17,1	71,0	52,2	216,5	88.791	29,0	88,3	40,8
1998	17,2	67,5	57,7	225,9	82.193	27,1	90,5	41,6
1999	16,8	65,0	52,3	202,0	78.074	26,1	81,2	41,4
2000	16,5	62,6	54,5	206,9	76.029	25,4	83,8	41,1
2001	16,5	64,2	58,0	225,6	77.493	25,6	89,9	41,8
2002	15,8	64,7	57,5	235,0	77.657	25,0	90,9	43,1

1 Die Lehrbelastung errechnet sich, indem – im Vergleich zum Diplomanden – ein Magister mit 2/3 und ein Lehramtsstudierender mit 1/6 bewertet wird.

Quelle: Statistisches Bundesamt, Fachserie 11, Reihe 4.1 und 4.4; verschiedene Jahrgänge, eigene Berechnungen

Unter Berücksichtigung der bestehenden Unterschiede zwischen einzelnen Bundesländern liegt der erziehungswissenschaftliche Anteil, über alle Lehrämter hinweg betrachtet, bei rund einem Sechstel des Gesamtstundenvolumens. Im Folgenden wird deshalb davon ausgegangen, daß die erziehungswissenschaftliche Betreuungsnachfrage bei Lehramtsstudierenden ein Sechstel der Betreuungsnachfrage eines Diplomstudierenden in der Erziehungswissenschaft beträgt.

Im Vergleich zum Diplomstudierenden, der durchschnittlich etwa 120 Semesterwochenstunden in der Erziehungswissenschaft belegt, liegt die durch die Studienordnungen für den Magisterstudiengang vorgegebene Lehrbelastung im Hauptfach nur bei ca. zwei Drittel des Lehrumfangs im Diplomstudiengang.[5] Berücksichtigt man die gewichtete Lehrbelastung für alle Studiengänge der Erziehungswissenschaft, dann zeigt sich ebenfalls zwischen 1992 und 1997/98 eine deutliche Verschlechterung der Betreuungsverhältnisse an den wissenschaftlichen Hochschulen. In den folgenden Jahren stagniert die Belastungssituation der Professoren; bezogen auf das gesamte wissenschaftliche Personal geht die Lehrbelastung leicht zurück. Die Bedeutung der Hauptfachstudiengänge in der Erziehungswissenschaft wird dadurch unterstrichen, dass die gewichtete Lehrbelastung durch die Lehramtsstudiengänge nur gut 40 % der gesamten Lehrbelastung beträgt.

Ein Vergleich der Lehrbelastung nach Bundesländern (vgl. Tabelle 4.9) zeigt, daß insbesondere die Situation in Nordrhein-Westfalen, Hessen, Rheinland-Pfalz/Saarland angespannt ist. So beträgt in Hessen die gewichtete Lehrbelastung je Lehrperson 53,4, in Nordrhein-Westfalen und in Rheinland-Pfalz/Saarland 34,2.

Deutlich unter dem Bundesdurchschnitt von 26,1 liegen hinsichtlich der Lehrbelastung des erziehungswissenschaftlichen Personals neben den Stadtstaaten und Niedersachsen die neuen Bundesländer (mit Ausnahme von Mecklenburg-Vorpommern). Bemerkenswert ist, dass sich an der Belastungssituation im Ländervergleich in den letzten fünf Jahren wenig geändert hat (vgl. Weishaupt/Zedler 2000, S. 138-140).

---

5 Untersucht wurde auch die Lehr- und Prüfungsbelastung unter Berücksichtigung der Bachelor- und Masterstudenten die genau wie die Lehramtsstudenten mit einem Sechstel im Vergleich zu einem Diplomstudenten gewichtet wurden. Auf Bundesländerebene führt diese Berücksichtigung jedoch kaum zu Veränderungen in der Lehr- und Prüfungsbelastung. Aus diesem Grund werden im Folgenden nur die Diplom-, Magister- und Lehramtsstudierenden einbezogen. Für die im Kap. 5.4 durchgeführten standortspezifischen Analysen des Lehr- und Forschungsprofils werden die Bachelor- und Masterstudierenden selbstverständlich berücksichtigt, da sie für einzelne Hochschulen eine gewichtige Rolle spielen können.

Tab. 4.9: *Studierende und Lehrbelastung des wissenschaftlichen Personals und der Professoren an wissenschaftlichen Hochschulen in der Erziehungswissenschaft, Sonderpädagogik und Sozialpädagogik [1] 2002 nach Ländern*

Bundesländer	Studierende (Diplom/Magister)		Lehramtsstudierende		Gewichtete Lehrbelastung[2]		
	je Prof. u. Mitarbeiter	je Prof.	je Prof. u. Mitarbeiter	je Prof.	je Prof. u. Mitarbeiter	je Prof.	Anteil Lehramt an Lehrbel.
Schleswig-Holstein	13,9	37,4	74,3	199,1	25,1	67,2	49,4
Hamburg	11,8	24,2	52,0	106,5	19,8	40,5	43,8
Niedersachsen	12,3	46,3	52,8	198,4	20,4	76,4	43,3
Bremen	12,2	37,3	36,9	112,8	18,1	55,3	34,0
Nordrhein-Westfalen	24,7	97,9	90,8	359,5	37,9	150,0	39,9
Hessen	39,3	125,6	98,2	313,7	53,4	170,6	30,7
Rheinland-Pfalz/Saarland	21,3	81,3	84,7	323,4	34,2	130,6	41,3
Baden-Württemberg	8,4	24,3	97,6	281,0	23,8	68,5	68,4
Bayern	12,7	45,8	74,2	268,4	23,2	83,8	53,3
Berlin	9,4	33,6	49,5	177,1	16,6	59,5	49,6
Brandenburg	3,5	17,1	55,8	271,2	11,7	56,6	79,8
Mecklenburg-Vorpommern	14,2	52,2	84,4	309,4	27,3	100,3	51,4
Sachsen	11,1	55,5	45,6	227,8	16,0	80,0	47,5
Sachsen-Anhalt	9,6	44,7	21,7	101,1	11,9	55,6	30,3
Thüringen	14,9	67,5	50,0	226,3	19,8	89,8	42,0
BRD	16,0	56,7	70,0	248,6	26,1	92,8	44,6

1 Da in dieser Tabelle das Personal der Sozialpädagogik an Universitäten mitberücksichtigt, wurde (das als Zeitreihe nicht verfügbar war), weichen die Werte für die Bundesrepublik etwas von der Tab. 8.1 ab. Die den Berechnungen zugrunde liegenden Werte befinden sich im Tabellenanhang.
2 Die Lehr- u. Prüfungsbelastung errechnet sich, indem – im Vergl. zum Dipl. – ein Magister mit 2/3 und ein Lehramtsstud. mit 1/6 bewertet wird.

Quelle: unveröffentlichtes Material des Statistischen Bundesamtes, eigene Berechnungen

Zwischen den Bundesländern ist das Gewicht erziehungswissenschaftlicher Hauptfachstudiengänge im Vergleich zu den Lehramtsstudiengängen sehr unterschiedlich. An den Universitäten in Sachsen-Anhalt und Hessen sind fast 70 % der Lehrbelastung in der Erziehungswissenschaft durch Studierende eines erziehungswissenschaftlichen Fachstudiums bedingt, demgegenüber ist in Brandenburg die Lehre zu 80 % und in Baden-Württemberg zu etwa 70 % für Lehramtsstudierende[6] zu erbringen. Im Zusammenhang der Diskussion um eine forschungsbasierte Lehre in der Lehrerausbildung wird implizit das Verhältnis von Studierenden in einem erziehungswissenschaftlichen fachwissenschaftlichen Studium und Studierenden des Lehramts thematisiert. Reizvoll wäre es, sich über eine vertretbare Bandbreite des Verhältnisses beider Studiengänge zueinander Gedanken zu machen. Dieser Gesichtspunkt gewinnt dann an Bedeutung, wenn die Zahl der Lehramtsstudierenden in den nächsten Jahren wieder ansteigen sollte.

4.2.2 Prüfungsbelastung

Die Berechnung der Prüfungsbelastung kann natürlich nur zu Näherungswerten führen, weil die Prüfungsordnungen zwischen den Hochschulen und Bundesländern sehr unterschiedlich sind. Aus pragmatischen Gründen wurde das im ersten Datenreport ausführlich beschriebene Verfahren übernommen (vgl. Weishaupt/Zedler 2000, S. 140-142) und die Berechnungen um die Jahre bis 2002 ergänzt.

Die Entwicklung der Prüfungsbelastung zwischen 1992 und 2002 enthält Tabelle 4.10. Sie ist für die Diplom- und Magisterstudiengänge von durchschnittlich 1,8 Prüfungen je Professor 1992 auf 5,3 Prüfungen je Professor 2002 angestiegen. Bei den Lehramtsprüfungen ist die durchschnittliche Zahl der Prüfungen je Professor von 10,4 (1992) auf 31,1 (1998) angestiegen und seitdem bis 2002 wieder auf 27,5 zurückgegangen. Die gewichtete Prüfungsbelastung der Professoren hat sich zwischen 1992 und 2002 von 3,4 auf 9,6 fast verdreifacht.

Im Ländervergleich ergeben sich für 2002 beachtliche Unterschiede in der gewichteten Prüfungsbelastung des erziehungswissenschaftlichen Personals (vgl. Tab. 4.11). In großer Übereinstimmung mit der Lehrbelastung ist auch die Prüfungsbelastung in Hessen, Nordrhein-Westfalen und in Rheinland-Pfalz/Saarland am höchsten. Unter den Ländern mit niedriger Prüfungsbelastung befinden sich wieder die Stadtstaaten. Von den neuen Bundesländern weisen aber nur die Professoren der Erziehungswissenschaft an den

---

6 Zu beachten ist, dass in Baden-Württemberg die Situation zwischen den Pädagogischen Hochschulen und den Universitäten aufgrund ihrer unterschiedlichen Ausbildungsprofile höchst different ist.

Universitäten Brandenburgs eine vergleichsweise niedrige Prüfungsbelastung auf.

Tab. 4.10: Entwicklung der Prüfungsbelastung der Professoren in der Erziehungswissenschaft (inkl. Sonderpädagogik) 1992-2002

Jahr	Prüfungen je Professor		Gewichtete Prüfungen[1]		Anteil der Lehramtsprüf. an den gewichteten Prüf. (in %)
	Dipl. u. Mag.	Lehramt	Absolut	je Professor	
1992	1,76	10,42	3.711	3,4	51
1993	1,96	14,51	4.823	4,3	56
1994	1,87	22,10	5.886	5,5	67
1995	2,09	24,86	6.618	6,2	67
1996	2,79	27,17	7.476	7,2	63
1997	3,62	27,79	8.151	8,1	57
1998	4,26	31,12	8.385	9,2	56
1999	4,23	28,86	8.509	8,9	54
2000	4,86	29,70	8.690	9,6	52
2001	4,95	28,95	8.175	9,5	51
2002	5,31	27,52	8.203	9,6	48

1 Die Prüfungsbelastung errechnet sich, indem – im Vergleich zum Diplomanden – ein Magister mit 2/3 und ein Lehramtsstudierender mit 1/6 bewertet wird. Promotionen sind nicht berücksichtigt.

Quelle: Statistisches Bundesamt, Fachserie 11, Reihe 4.2 und 4.4; eigene Berechnungen

4.3 Personalentwicklung im Fach Erziehungswissenschaft im Spiegel ihrer Stellenausschreibungen

In diesem Abschnitt wird die Personalentwicklung im Fach Erziehungswissenschaft im Spiegel ihrer Stellenausschreibungen im Zeitraum zwischen 1998 und 2002 nachgezeichnet. Dabei beziehen wir uns auf eine vollständige Auswertung sämtlicher Ausschreibungen von erziehungswissenschaftlichen Professuren an wissenschaftlichen Hochschulen in diesem Zeitraum. Außerdem wurden die im gleichen Zeitraum ausgeschriebenen Professuren im Bereich Sozialwesen an Fachhochschulen mit berücksichtigt, da die Professuren an Fachhochschulen eine zusätzliche berufliche Chance für den promovierten erziehungswissenschaftlichen Nachwuchs mit einer dreijährigen Praxis außerhalb der Hochschule darstellen.

Tab. 4.11: *Prüfungsbelastung der Professoren an Wissenschaftlichen Hochschulen in der Erziehungswissenschaft, Sonder- und Sozialpädagogik (ohne Gesamthochschulen) 2002 [1] nach Ländern*

Bundesländer	Diplom je 100 Stud.	Magister je 100 Stud.	D+M je Professor	Promotionen Je 10 Professoren	Promotionen je 100 Stud (D+M)	Lehramt je Prof.	Gewichtete Prüfungsbel.[2] je Prof.	Durch Lehramt in %
Schleswig-Holstein	15,8	2,1	4,5	1,4	3,1	22,5	8,2	45,7
Hamburg	11,8	4,9	2,5	2,1	8,2	9,9	4,1	39,9
Niedersachsen	11,8	4,2	4,8	2,5	5,1	16,1	7,3	36,5
Bremen	6,9	9,9	2,7	5,0	18,8	9,9	4,2	39,1
Nordrhein-Westfalen	9,8	2,4	7,9	3,5	4,5	34,1	13,4	42,5
Hessen	8,2	2,5	9,0	3,9	4,3	28,2	13,5	34,7
Rheinland-Pfalz/Saarland	13,0	4,3	9,4	2,1	2,2	33,8	14,8	38,0
Baden-Württemberg	9,7	6,7	2,1	3,9	18,4	35,0	7,8	75,0
Bayern	13,1	9,3	5,3	5,0	9,4	40,5	11,4	59,3
Berlin	14,4	5,3	3,9	3,6	9,4	11,8	5,6	34,9
Brandenburg	/!	5,8	1,0	2,1	21,4	20,1	4,0	83,4
Mecklenburg-Vorpommern	22,7	9,5	10,4	6,7	6,4	16,4	12,9	21,3
Sachsen	19,4	9,9	6,9	2,9	4,3	18,4	8,7	35,4
Sachsen-Anhalt	13,2	5,3	4,5	3,8	8,3	12,0	6,2	32,3
Thüringen	27,4	3,3	7,4	1,6	2,1	17,2	9,7	29,5
BRD	11,1	5,1	5,3	3,4	6,4	25,3	9,3	45,5

1 Da in dieser Tabelle das Personal der Sozialpädagogik an Universitäten mitberücksichtigt wurde (das als Zeitreihe nicht verfügbar war), weichen die Werte für die Bundesrepublik etwas von der Tab. 8.3 ab. Die den Berechnungen zugrunde liegenden Werte befinden sich im Tabellenanhang.
2 Die Prüfungsbelastung errechnet sich, indem – im Vergleich zum Diplomanden – ein Magister mit 2/3 und ein Lehramtsstudierender mit 1/6 bewertet wird. Promotionen sind nicht berücksichtigt.

Quelle: unveröffentlichtes Material des Statistischen Bundesamtes; eigene Berechnungen

Durchgesehen und ausgewertet wurden dazu sämtliche Ausgaben der ‚Zeit' und der ‚Deutschen Universitätszeitung' (DUZ) zwischen Januar 1998 und Dezember 2002. Hierbei wurden Professuren, die erkennbar mehrfach ausgeschrieben wurden, selbstverständlich nur einmal gezählt.

Die hier vorgestellten Berechnungen knüpfen an die Arbeiten von Rauschenbach und Christ (1994) sowie von Krüger und Weishaupt (2000) an, die bereits Stellenausschreibungen im Fach Erziehungswissenschaft für die Zeiträume von Oktober 1990 bis September 1993 bzw. von Oktober 1993 bis Dezember 1998 untersucht haben. Durch Verknüpfung der Ergebnisse dieser Studien mit den eigenen Daten ist es möglich, den personellen und disziplinären Wandel der Erziehungswissenschaft – insoweit er sich an Stellenausschreibungen festmachen lässt – von Oktober 1990 bis Ende 2002, also über einen Zeitraum von knapp 12 Jahren, auch unter Berücksichtigung des personellen Neuaufbaus der Erziehungswissenschaft und des Sozialwesens in den neuen Bundesländern zu rekonstruieren.

4.3.1 Erziehungswissenschaftliche Professuren im Gesamtüberblick

Wie sehen die Ergebnisse nun im Einzelnen aus? Zunächst ganz allgemein zum Umfang (vgl. Tabelle 4.12): Im Zeitraum zwischen Januar 1998 und Dezember 2002, also in vier Jahren, wurden 271 Professuren im Fach Erziehungswissenschaft (ohne Fachdidaktik) an Wissenschaftlichen Hochschulen (davon 241 in den alten und 30 Stellen in den neuen Bundesländern) und 275 Professuren an Fachhochschulen (davon 232 in den alten und 43 Stellen in den neuen Bundesländern) im Bereich Sozialwesen ausgeschrieben.

Tab. 4.12: Ausgeschriebene Professuren in Erziehungswissenschaft (ohne Fachdidaktik) und Sozialwesen nach Art der Hochschule und alten und neuen Bundesländern (1999 bis 2002; N=546)

	Wiss. Hochschulen		Fachhochschulen		Hochschulen Insgesamt	
	abs.	%	abs.	%	abs.	%
Alte Bundesländer	241	44,1	232	42,5	473	86,6
Neue Bundesländer	30	5,5	43	7,9	73	13,4
Insgesamt	271	49,6	275	50,4	546	100

Quelle: Deutsche Universitätszeitung; Die Zeit; eigene Berechnungen

Damit liegt das Gesamtvolumen der im Zeitraum von vier Jahren (1998-2002) ausgeschriebenen 546 Stellen nur etwas unter dem Umfang von 557 ausgeschriebenen Stellen, den Krüger und Weishaupt (2000, S. 88) für den vorherigen Zeitraum von gut fünf Jahren (Oktober 1993 bis Dezember 1998) herausgearbeitet haben. Prozentual weiter zurückgegangen ist hingegen der Anteil an Ausschreibungen in den neuen Bundesländern, der sich im Vergleich zu den Ergebnissen von Krüger und Weishaupt (2000) in den Jahren 1998-2002 ungefähr halbiert hat. Diese Tendenz gilt für wissenschaftliche Hochschulen und Fachhochschulen in den neuen Bundesländern in gleicher Weise.

Fasst man nun die Ergebnisse unserer Erhebung mit denen von Rauschenbach/Christ (1994, S. 83) und Krüger/Weishaupt (2000, S. 88) zusammen, so ergibt sich ein Gesamtumfang von 1558 ausgeschriebenen Professuren an wissenschaftlichen Hochschulen und Fachhochschulen seit der deutschen Vereinigung, d. h. in einem Zeitraum von knapp 12 Jahren, der „Halbwertzeit" der Besetzung einer Professur (vgl. Tabelle 4.13).

Tab. 4.13: Ausgeschriebene Professuren in Erziehungswissenschaft (ohne Fachdidaktik) und Sozialwesen nach Art der Hochschule und alten und neuen Bundesländern (Oktober 1990 bis Ende 2002; N=1558)

	Wiss. Hochschulen		Fachhochschulen		Hochschulen Insgesamt	
	abs.	%	abs.	%	abs.	%
Alte Bundesländer	652	41,8	475	30,5	1127	72,3
Neue Bundesländer	227	14,6	204	13,1	431	27,7
Insgesamt	879	56,4	679	43,6	1558	100

Quelle: Deutsche Universitätszeitung; Die Zeit; Rauschenbach/Christ (1994); Krüger/ Weishaupt (2000); eigene Berechnungen

In dem Zeitraum von Oktober 1990 bis Dezember 2002 wurden 879 Stellenanzeigen für Professuren im Fach Erziehungswissenschaft (ohne Fachdidaktik) an wissenschaftlichen Hochschulen (652 in den alten und 227 in den neuen Bundesländern) sowie 679 Professuren an Fachhochschulen (475 in den alten und 204 in den neuen Bundesländern) erfasst. Von den Professuren an wissenschaftlichen Hochschulen in den neuen Bundesländern wurden weit über 60 Prozent (133 von 227 Stellen) in den Jahren zwischen 1990 und 1993 ausgeschrieben, während umgekehrt in den alten Bundesländern über 70 Prozent (494 von 652 Stellen) nach September 1993 ausgeschrieben wurde. Diese Entwicklung ist jedoch verständlich, wenn man berücksichtigt, dass der Neuaufbau der erziehungswissenschaftlichen Fachbereiche in den neuen Bundesländern vor allem forciert in den ersten Jahren nach der deutschen Vereinigung stattgefunden hat, während in den alten Bundesländern aufgrund von Pensionierungen ein kontinuierlicher Ersatzbedarf insbesondere seit 1994 feststellbar ist.

Vergleicht man dieses Ausschreibungsvolumen an wissenschaftlichen Hochschulen im Fach Erziehungswissenschaft mit den Daten der amtlichen Statistik, so ist das Ausschreibungsvolumen in knapp zwölf Jahren mit 90 Prozent der in der Statistik registrierten Stellen nur auf den ersten Blick überraschend hoch. Denn erstens muss mit berücksichtigt werden, dass der gesamte Neuaufbau der Erziehungswissenschaft in den neuen Bundesländern in diesem Zeitraum stattgefunden hat. Zweitens muss auch gesehen werden, das bei rund 1.100 in der Hochschulstatistik in Westdeutschland Anfang der 1990er Jahre registrierten Professorenstellen und einem durchschnittlichen Ersatzbedarf von 5 Prozent (mit der Annahme, dass Professoren durchschnittlich 20 Jahre im Amt sind) die Ausschreibungen in den alten Bundesländern unter dem Erwartungswert (von 660 Stellen) liegen, selbst wenn Stellenwechsel unberücksichtigt bleiben. Insofern spiegelt die Zahl der Stellenausschreibungen die Situation des faktischen Stellenabbaus in den alten Bundesländern wider. Aus der Perspektive der Nachwuchsförderung muss man trotz dieser einschränkenden Relativierung jedoch feststellen, dass die Chancen für den wissenschaftlichen Nachwuchs, im Fach Erziehungswissenschaft eine Professorenstelle zu bekommen, in den vergangenen knapp 12 Jahren ausgesprochen gut waren.

4.3.2 Erziehungswissenschaftliche Professuren in verschiedenen Subdisziplinen

Verlässt man die Blickrichtung auf das Gesamttableau der ausgeschriebenen Professuren und wendet sich dem Innenverhältnis zwischen den Teilgebieten zu, so zeigen sich in der Tabelle 4.14 bei den Professuren in Erziehungswissenschaft und Sozialwesen an allen Hochschulen der alten und neuen Bundesländer einschließlich der Fachhochschulen im Zeitraum zwischen 1998 und 2002 folgende Trends: Mit Blick auf die Verteilung der einzelnen Teilgebiete zwischen den alten und neuen Bundesländern fällt zunächst auf, dass vor allem in den Teildisziplinen Allgemeine Pädagogik und Schulpädagogik Unterschiede bestehen, da in den alten Bundesländern prozentual dreimal so viele Stellen in Allgemeiner Pädagogik und doppelt so viele Stellen in Didaktik/Schulpädagogik ausgeschrieben worden sind wie in den neuen Bundesländern.

Diese Differenzen sind jedoch leicht erklärbar, da in den neuen Bundesländern diese erziehungswissenschaftlichen Eckprofessuren bereits in der ersten Ausschreibungswelle mit berücksichtigt worden waren (vgl. Rauschenbach/Christ 1994, S. 86). Da in der Tabelle 4.14 noch die Professoren an Fachhochschulen mitberücksichtigt worden sind, ist es auch nicht überraschend, dass die Sozialpädagogik an allen Neuausschreibungen von Professuren mit 25 Prozent und auch die Soziologie bzw. Psychologie noch mit gut 11 Prozent beteiligt ist.

Tab. 4.14: Ausgeschriebene Professuren in Erziehungswissenschaft (ohne Fachdidaktik) und Sozialwesen an Hochschulen (einschl. Fachhochschulen) nach Fachgebieten und alten und neuen Bundesländern (1999 bis 2002; N=546)

Fachrichtungen/ Teilgebiete	Alte Bundesländer		Neue Bundesländer		Insgesamt	
	abs.	%	abs.	%	abs.	%
Insgesamt	473	86,6	73	13,4	546	100
Allgemeine Pädagogik	65	13,7	3	4,1	68	12,5
Didaktik/Schulpädagogik	64	13,5	5	6,8	69	12,6
Sonderpädagogik	43	9,1	9	12,3	52	9,5
Sozialpädagogik	104	22,0	28	38,4	132	24,2
Erwachsenenbildung	14	3,0	2	2,7	16	2,9
Berufs-/Wirtschaftspädagogik	18	3,8	2	2,7	20	3,7
Medienpädagogik	20	4,2	3	4,1	23	4,2
Kulturpädagogik	12	2,5	1	1,4	13	2,4
Pädagogik mit Soziologie/Psychologie	56	11,8	6	8,2	62	11,4
Pflegepädagogik/ Gesundheitserziehung	7	1,5	1	1,4	8	1,5
Recht/Verwaltung in Soz. Arbeit	39	8,2	4	5,5	43	7,9
Organisation/Management in Soz. Arbeit	19	4,0	6	8,2	25	4,6
Sonstige[1]	12	2,5	3	4,1	15	2,7
Gesamt	473	100	73	100	546	100

1 Diese Ausschreibungen konnten nicht eindeutig einer Fachrichtung zugeordnet werden.

Quellen: Deutsche Universitätszeitung; Die Zeit; eigene Berechnungen

Die Struktur der ausgeschriebenen Stellen sieht erwartungsgemäß anders aus, wenn man nur die Ausschreibungen von Professuren in Erziehungswissenschaft (ohne Fachdidaktik) an wissenschaftlichen Hochschulen betrachtet (vgl. Tabelle 4.15).

Tab. 4.15: Ausgeschriebene Professuren in Erziehungswissenschaft (ohne Fachdidaktik) an wissenschaftlichen Hochschulen nach Fachgebieten und alten und neuen Bundesländern (1999 bis 2002; N=271)

Fachrichtungen/ Teilgebiete	Alte Bundesländer		Neue Bundesländer		Insgesamt	
	abs.	%	abs.	%	abs.	%
Insgesamt	241	88,9	30	11,1	271	100
Allgemeine Pädagogik	55	22,8	2	6,7	57	21,0
Didaktik/Schulpädagogik	64	26,6	5	16,7	69	25,5
Davon:						
Allgemeine Didaktik/Schulpädagogik	43	-	2	-	45	-
Primarstufe	16	-	3	-	19	-
Sek 1	1	-	-	-	1	-
Sek 2	-	-	-	-	-	-
stufenübergreifend	3	-	-	-	3	-
Bildungsforschung	1	-	-	-	1	-
Sonderpädagogik	34	4,1	7	23,3	41	15,1
Sozialpädagogik	15	6,2	1	3,3	16	5,9
Erwachsenenbildung	12	5,0	2	6,7	14	5,2
Berufs- und Wirtschaftspädagogik	16	6,6	2	6,7	18	6,6
Medienpädagogik	10	4,1	3	10,0	13	4,8
Kulturpädagogik	1	0,4	-	-	1	0,4
Pädagogik mit Soziologie/Psychologie	31	12,9	4	13,3	35	12,9
Pflegepädagogik/Gesundheitserziehung	-	-	1	3,7	1	0,4
Recht/Verwaltung in Soz. Arbeit	-	-	-	-	-	-
Organisation/Management in Soz. Arbeit	-	-	1	3,7	1	0,4
Sonstige[1]	3	1,2	2	7,4	5	1,8
Gesamt	241	100	30	100	271	100

1 Diese Ausschreibungen konnten nicht eindeutig einer Fachrichtung zugeordnet werden.

Quellen: Deutsche Universitätszeitung; Die Zeit; eigene Berechnungen

So fällt der Anteil der Professorenstellen an wissenschaftlichen Hochschulen in den Teildisziplinen der Sozialpädagogik, der Pflegepädagogik/Gesundheitserziehung, Recht bzw. Verwaltung sowie Organisation und Management in der Sozialen Arbeit deutlich geringer aus. Die Allgemeine Pädagogik und die Schulpädagogik nehmen hingegen die beiden vorderen Plätze ein, wobei die bereits beschriebenen Differenzen zwischen den alten und neuen Bundesländern bestehen bleiben. Auf Platz drei und vier folgen die Sonderpädagogik und die Pädagogische Psychologie bzw. Bildungssoziologie (vgl. ähnliche Ergebnisse bei Krüger/Weishaupt 2000, S. 91). Gleichzeitig dokumentiert sich in dieser Tabelle jedoch auch der disziplinäre Ausdifferenzierungsprozess des Faches Erziehungswissenschaft, mit einer ausgefächerten Stellenstruktur in den verschiedenen Bereichen der außerschulischen Pädagogik.

Um analysieren zu können, wie sich das disziplinäre Profil der Erziehungswissenschaft seit den 1990er Jahren verändert hat, wird die Ausdifferenzierung des Faches, wie sie sich in der Erhebung von Baumert und Roeder im Jahr 1987 darstellt, mit der Verteilung der Gesamtheit der zwischen Oktober 1990 und Dezember 2002 an Wissenschaftlichen Hochschulen ausgeschriebenen Stellen auf die verschiedenen Fachgebiete verglichen (vgl. Tabelle 4.16).

Danach ergibt sich folgendes Bild: 1987 konnten jeweils rund 33 Prozent der Allgemeinen Pädagogik und Schulpädagogik, knapp 15 Prozent der Sonderpädagogik und zusammen nicht ganz 20 Prozent der außerschulischen Pädagogik institutionell zugeordnet werden (sofern man die Pädagogische Psychologie und Bildungssoziologie nicht mitberechnet). Vergleicht man die Gesamtverteilung der universitären Stellenstruktur, wie sie Baumert/Roeder (1994) festgestellt haben, mit der Situation Anfang des 21. Jahrhunderts, so fällt auf, dass in den vergangenen knapp 12 Jahren überdurchschnittlich viele Stellen in der Sonderpädagogik und der außerschulischen Pädagogik ausgeschrieben worden sind, während in der Allgemeinen Pädagogik und der Schulpädagogik in Relation zu den Ausgangsbeständen deutlich weniger Professuren ausgeschrieben wurden. Schrittmacher für diese Entwicklung sind vor allem die neuen Bundesländer, wo vom Neuaufbau der Erziehungswissenschaft vor allem die Sonderpädagogik und die außerschulische Pädagogik profitiert haben, während die Allgemeine Pädagogik und die Schulpädagogik eher unterdurchschnittlich vertreten sind.

Insgesamt dokumentiert sich in diesem Veränderungsprozess der universitären Stellenstruktur ein Trend zur verstärkten disziplinären Ausdifferenzierung. In Westdeutschland scheint die Erziehungswissenschaft in den traditionellen Kernbereichen der Allgemeinen Pädagogik und der Schulpädagogik Stellen verloren zu haben, während die Situation an den bisherigen

Rändern in der Sonderpädagogik bzw. der außerschulischen Pädagogik durch Stabilität bzw. Zugewinne gekennzeichnet ist. In Ostdeutschland zeigt sich in der Verteilung der ausgeschriebenen Professuren auf die Fachgebiete ein verändertes disziplinäres Profil, bei der die Professuren für die außerschulischen Pädagogiken von Anfang an stärker berücksichtigt worden sind. Insgesamt, so scheint es, hat das Fach Erziehungswissenschaft auf die Expansion der Studierendenzahlen in den erziehungswissenschaftlichen Hauptfachstudiengängen in den vergangenen zwölf Jahren mit einer allerdings nur vorsichtigen Profilveränderung der Stellen reagiert (vgl. auch Krüger/Weishaupt 2000, S. 94).

Tab. 4.16: Ausgeschriebene Professuren in Erziehungswissenschaft (ohne Fachdidaktik) an wissenschaftlichen Hochschulen nach Fächergruppen und alten und neuen Bundesländern (Oktober 1990 bis 2002; N=747)

Fächergruppen	Baumert/ Roeder	Alte Bundesländer		Neue Bundesländer		Insgesamt	
	%	abs.	%	abs.	%	abs.	%
Allg. Päd.[1]	32,3	133	23,6	34	18,5	167	22,4
Schulpäd.[2]	33,8	165	29,3	43	23,4	208	27,8
Sonderpäd.	14,4	105	18,7	47	25,5	152	20,3
Außerschulische Päd.[3]	19,4	160	28,4	60	32,6	220	29,5
Insgesamt[4]	100,0	207	100,0	24	100,0	231	100,0

1 Hierin enthalten sind Stellen der Allgemeinen, Historischen, Vergleichenden und Systematischen Pädagogik.
2 Hierin enthalten sind Stellen der Schulpädagogik und der Bildungsforschung.
3 Hierin enthalten sind Stellen der Sozialpädagogik (incl. Recht/Verwaltung und Management/Organisation in der Sozialen Arbeit), der Erwachsenenbildung, der Berufspädagogik, der Pflegepädagogik sowie der Medien- und Kulturpädagogik.
4 Hierin sind keine Stellen für Fachdidaktik, für Erziehungssoziologie, für Pädagogische Psychologie sowie fachlich nicht eindeutig zuzuordnende Ausschreibungen enthalten.

Quelle: Deutsche Universitätszeitung; Die Zeit; Baumert/Roeder (1994); Rauschenbach/Christ (1994); Krüger/Weishaupt (2000); eigene Berechnungen

4.3.3 Bilanz und Nachwuchschancen

Abschließend haben wir noch geprüft, wie sich das Stellenausschreibungsvolumen der Professuren für Erziehungswissenschaft (ohne Fachdidaktik) und Sozialwesen an wissenschaftlichen Hochschulen und Fachhochschulen auf der Zeitachse von 1991 bis 2002 entwickelt hat (vgl. Abbildung 4.1).

Abb. 4.1: Verlaufskurve der ausgeschriebenen Professuren in Erziehungswissenschaft (ohne Fachdidaktik) und Sozialwesen an bundesdeutschen Hochschulen nach alten und neuen Bundesländern (1991 bis 2002; N=1543)

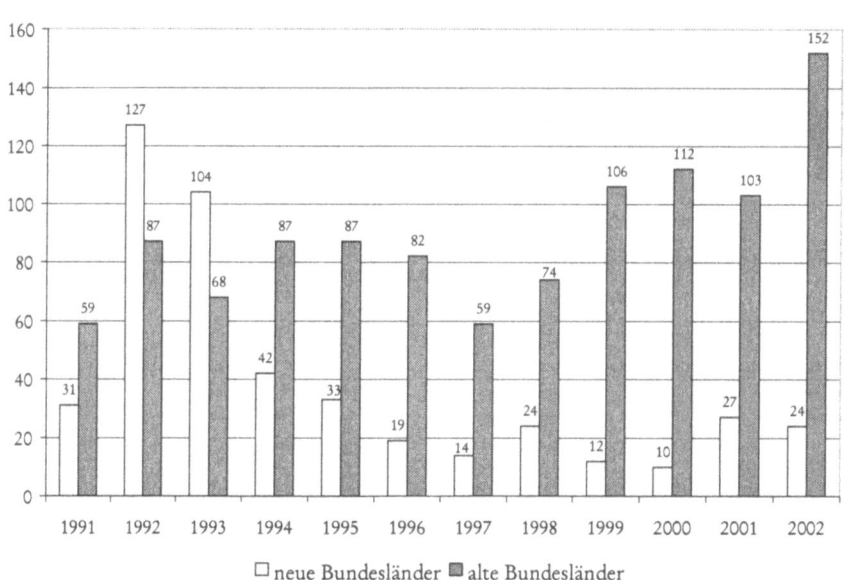

☐ neue Bundesländer ■ alte Bundesländer

Quelle: Rauschenbach/Christ (1994, S. 85); Krüger/Weishaupt 2000, S. 94; Deutsche Universitätszeitung; Die Zeit; eigene Berechnungen

Aus dieser Übersicht werden zwei gegenläufige Trends deutlich: Erstens zeigt sich, dass die Stellenmenge pro Jahr in den neuen Bundesländern seit 1994 deutlich rückläufig ist. Dies ist wenig überraschend, da der Neuaufbau der erziehungswissenschaftlichen Fachbereiche in den neuen Bundesländern in der ersten Hälfte der 1990er Jahre weitgehend realisiert worden ist. Zweitens wird deutlich, dass nach einem leichten Rückgang im Jahre 1997 das jährliche Ausschreibungsvolumen von Professorenstellen in den alten Bundesländern in den späten 1990er Jahren enorm angestiegen ist und mit 152 ausgeschriebenen Professorenstellen im Jahr 2002 einen vorläufigen Kulminationspunkt erreicht hat. Diese Befunde sind insofern nicht überraschend als aufgrund einer Prognose von Krüger/Weishaupt (2000, S. 86) bis zum Jahr 2007 rund die Hälfte aller C4 und C3 Professuren im Fach Erziehungswissenschaft an wissenschaftlichen Hochschulen vor allem in den alten Bundesländern aus Altersgründen frei werden. Wie die aktuelle Tabelle 4.17 zeigt, wird der Anteil wieder zu besetzender Professuren in den

Jahren bis 2011 auf fast 60 % der gegenwärtig besetzten Stellen ansteigen.

Tab 4.17: *Professuren in der Erziehungswissenschaft und Sonderpädagogik an Hochschulen insgesamt 2002 nach Art der Stelle und Zeitpunkt des Ausscheidens aus dem Hochschuldienst*

Professuren[1]	Insgesamt	Erziehungs-wissenschaft	Sonder-pädagogik
C4 – Professuren	376	300	76
C3 – Professuren	321	259	62
C2 – Professuren	101	81	20
Insgesamt[2]	798	640	158
Anteil C4 an allen Professoren	47,1	46,9	48,1
Anzahl der Professoren, die voraussichtlich vor 2012 aus dem Dienst ausscheidenden (Ruhestandsalter 65 Jahre):			
C4 – Professuren	223	183	40
C3 – Professuren	182	152	30
C2 – Professuren	74	64	10
Insgesamt	479	399	80
Anteil der Professoren, die voraussichtlich vor 2012 aus dem Dienst ausscheidenden (Ruhestandsalter 65 Jahre):			
C4 – Professuren	59,3	61,0	52,6
C3 – Professuren	56,7	58,7	48,4
C2 – Professuren	73,3	79,0	50,0
Insgesamt	60,0	62,3	50,6

1 hauptberuflich, auf Dauer
2 einschließlich C2 etc., ohne Zeitstellen

Quelle: nicht veröffentlichte Tabellen des Statistischen Bundesamtes; eigene Berechnungen

Selbst wenn man mit berücksichtigt, dass aufgrund von Haushaltsengpässen der Bundesländer rund 10 Prozent der in der amtlichen Statistik registrierten erziehungswissenschaftlichen Professorenstellen in den letzten Jahren abgebaut worden sind und somit auch zukünftig nicht mehr alle frei werdenden Stellen für eine Wiederbesetzung zur Verfügung stehen, sind dennoch die Chancen für den wissenschaftlichen Nachwuchs, im Fach Erziehungswissenschaft in den nächsten Jahren eine Professorenstelle zu bekommen, immer noch relativ gut. Auch durch die geplante Verlängerung der Beschäftigungszeit von Professoren auf 67 Jahre dürfte sich daran nichts ändern. Leider ist es uns nicht möglich, die über die Stellenausschreibungen erkennbare Angebotssituation mit der Nachfrage durch Habilitierte und deren

Fachgebiete zu vergleichen. Dann würde sich möglicherweise zeigen, dass in einzelnen Teilbereichen der Erziehungswissenschaft auch ohne Habilitation gute Berufungschancen bestehen, während in anderen Teildisziplinen auch für Habilitierte durch eine breitere Bewerberlage die Berufungschancen ungünstiger sind. Hier wäre eine bessere Datenlage für die Zukunft wünschenswert.

Ob die seit Anfang 2002 neu eingeführten Juniorprofessuren, von denen im Jahr 2002 19 Stellen im Fach Erziehungswissenschaft (ohne Fachdidaktik) an wissenschaftlichen Hochschulen ausgeschrieben wurden, zusätzlich neue Optionen für eine Hochschullehrerlaufbahn eröffnen oder sich nur als „Billigvariante" für abgestufte C4- und C3-Professuren bzw. für eingesparte C1-Assistentenstellen erweisen, wird erst die zukünftige Entwicklung zeigen

5 Forschung und wissenschaftlicher Nachwuchs

Margret Kraul/Ursula Schulzeck/Horst Weishaupt

Allgemein herrscht in vielen Geistes- und Sozialwissenschaften, so auch in der Erziehungswissenschaft, die Meinung vor, Forschung werde als Einzelforschung am Schreibtisch konzipiert, nicht aber in der Form, die heutzutage Punkte bei allen Rankings einbringt: der Drittmittelforschung. Diese Ansicht mag durchaus Entsprechungen in der besonderen Situation der Erziehungswissenschaft finden; indes ist es die Frage, inwieweit dieser Befund noch immer zutrifft. Schon Merkens und Weishaupt konnten in ihrer Zusammenstellung aus dem Jahre 2000 zeigen, dass sich in der Erziehungswissenschaft eine Tendenz abzeichnet, die sie als Disziplin mit zunehmender Drittmitteleinnahme erkennen lässt (vgl. Weishaupt/Merkens 2000, S. 117). Die in diesem Kapitel aktualisierten Analysen lassen einen weiteren Fortgang dieser Entwicklung erkennen. Dazu tragen auch hochschulpolitische Entwicklungen bei, die die Erfassung von Forschungsleistungen zu einem Instrument der Dauerbeobachtung der Wissenschaftsentwicklung haben werden lassen.

Um besondere publizistische Aufmerksamkeit ist stets das Centrum für Hochschulentwicklung (CHE) mit seinen regelmäßigen Rankings von Disziplinen bemüht, bei denen auch die Forschung ein wichtiger Teilbereich ist (Berghoff u. a. 2001; s. dazu kritisch: Hornbostel/Keiner 2002; Weishaupt/Preuschoff 2003). Daneben hat das CHE im Dezember 2003 ein spezielles Forschungsranking für insgesamt 11 Disziplinen – darunter auch die Erziehungswissenschaft – veröffentlicht, das aber weitgehend auf die Daten des allgemeinen Rankings zurückgreift (Berghoff u. a. 2003). Als Forschungsindikatoren werden Drittmittel, Promotionen und Publikationen berücksichtigt. Während das CHE selbst erhobene Daten verwendet, legt der Wissenschaftsrat regelmäßig Daten zur Entwicklung der Hochschulen auf der Basis der amtlichen Hochschulstatistik vor (Wissenschaftsrat 2002). Die Daten zur Forschung beschränken sich aber auf Promotionen, Habilitationen und verausgabte Drittmittel und gestatten keine Hochschulvergleiche.

Von diesen Fremdevaluationen zu unterscheiden ist die Evaluation der Forschungsförderung durch die Deutsche Forschungsgemeinschaft (DFG), die maßgeblich von dem Interesse bestimmt ist, die Förderungskriterien der DFG zu verbessern und die Effekte der Förderung zu überprüfen (Deutsche Forschungsgemeinschaft 2003). Natürlich stehen die Bewilligungen durch die DFG im Zentrum der in diesen Berichten enthaltenen Analysen.

Daneben werden aber auch berücksichtigt:

- Angaben über den Einsatz von DFG-Gutachtern,
- Daten der Hochschulstatistik (Personal, Finanzen),
- Daten des Deutschen Akademischen Austauschdienstes (DAAD) über das Fördervolumen je Mitgliedshochschule und die Zahl geförderter ausländischer Wissenschaftler/Studierender/Graduierter,
- Angaben der Alexander von Humboldt-Stiftung (AvH) über Stipendiaten und Preisträger und
- bibliometrische Befunde.

Die genannten Beispiele der Forschungsevaluation haben keine direkten Auswirkungen auf die einzelnen Hochschulen. Anders ist dies bei den Konzepten leistungs- und belastungsorientierter Mittelzuweisung, die zunehmend zwischen den Wissenschaftsministerien und den einzelnen Hochschulen bzw. innerhalb der Hochschulen zwischen den Fakultäten und Fächern bei der Verteilung der Forschungsmittel zur Anwendung kommen. Die dafür entwickelten Forschungsindikatoren sind oft mit einer frauenpolitischen Komponente verbunden (z. B. Drittmittel, Publikationen, Promotionen, Habilitationen, Frauenanteil an den Promotionen und Habilitationen).

Bei den Ansätzen zur Forschungsevaluation bildet sich zunehmend ein Standardrepertoire verfügbarer bzw. relativ leicht berechenbarer Indikatoren heraus, das sicher nicht immer den Besonderheiten der Forschung in den einzelnen Fächer gerecht wird. Dies trifft besonders auch auf die Erziehungswissenschaft zu (Weishaupt/Merkens 2000). Doch zwingen die Datenlage und die Möglichkeiten zu fächerübergreifenden Vergleichen dazu, sich auch in der Erziehungswissenschaft an diesen Indikatoren zu orientieren.

Es werden folglich – in Anlehnung an den ersten Datenreport – zunächst die Daten zur Forschungsförderung und den Drittmittelstellen für die Forschung dargestellt (5.1), dann auf Forschungsprojekte und Veröffentlichungen eingegangen (5.2). Im dritten Abschnitt (5.3) wird die Nachwuchsförderung über Promotionen und Habilitationen behandelt und in dem folgenden Abschnitt wird versucht, standortbezogene Forschungsprofile zu identifizieren und zu beschreiben (5.4). Dabei wird an eine entsprechende Typisierung im ersten Datenreport angeknüpft (Merkens/Weishaupt/Zedler 2000). Auf die Ergebnisse einer Erhebung durch den Vorstand der DGfE zu Drittmittelgebern, aus Drittmitteln geförderten Forschungsschwerpunkten und beteiligten Subdisziplinen wird abschließend eingegangen (5.5). Die Probleme und Engführungen, die mit dem hier gewählten Vorgehen zur

Beschreibung der Forschungssituation in der Erziehungswissenschaft verbunden sind, sind uns durchaus bewusst.

5.1 Finanzen und Drittmittelstellen für die Forschung

Tab. 5.1: Ausgaben der Wissenschaftlichen Hochschulen nach ausgewählten Lehr- und Forschungsbereichen 1992-2001 (in 1.000 DM bzw. €)

Jahr	Erziehungs-wissenschaft[1]	Psychologie	Politik- und Sozialwiss.	Wirtschafts-wissenschaften
1992	465.820	206.152	281.119	735.611
1993	471.814	220.044	287.726	744.119
1994	468.146	228.616	284.468	768.256
1995	460.671	247.017	296.297	832.149
1996	461.515	254.843	302.288	802.076
1997	446.659	265.135	303.439	805.343
1998	446.834	273.597	304.302	806.548
1999	440.178	285.926	325.418	863.481
1999 in €[2]	225.059	146.192	166.384	441.491
2000 (€)	234.334	154.279	170.564	454.337
2001 (€)	225.919	156.686	163.677	466.154
	Ausgaben je Professor (in Tausend DM bzw. €)			
1992	428,5	434,9	384,0	620,8
1993	421,6	446,3	372,7	591,5
1994	435,9	462,8	366,1	604,5
1995	428,1	456,6	375,5	623,8
1996	445,5	494,8	394,6	595,0
1997	444,3	510,9	395,6	599,7
1998	492,1	529,2	414,6	608,3
1999	458,0	537,5	435,6	636,3
1999 in €[2]	234,2	274,8	222,7	325,3
2000 (€)	258,4	294,4	228,6	335,1
2001 (€)	262,1	292,9	223,6	331,1
1 einschließlich Sonderpädagogik				
2 1 € = 1,95583 DM				

Quelle: Statistisches Bundesamt, Fachserie 11, Reihe 4.5; eigene Berechnungen

Im Hinblick auf die Forschungssituation werden zunächst die finanziellen Mittel für die Forschung beschrieben. Für den gesamten untersuchten Zeitraum 1992-2001/02 verfügbar sind die Grundausstattung der Erziehungswissenschaft mit laufenden, aus dem Landeshaushalt bereitgestellten Sach- und Personalmitteln (ohne die Mittel für pensionierte Hochschullehrer und ohne die Ausgabenanteile zentraler Einrichtungen) und Angaben über die eingeworbenen Drittmittel.[1]

Tab. 5.2: Drittmitteleinnahmen der Wissenschaftlichen Hochschulen nach ausgewählten Lehr- und Forschungsbereichen 1992-2001, in 1.000 DM bzw. €

Jahr	Erziehungswissenschaft[1]	Psychologie	Politik- und Sozialwissenschaft	Wirtschaftswissenschaften
1992	32.099	28.868	41.151	38.714
1993	35.327	33.675	49.011	40.997
1994	31.842	33.814	48.583	51.815
1995	37.611	37.164	50.435	59.960
1996	38.942	45.760	49.820	66.173
1997	41.764	51.869	55.686	77.325
1998	40.333	50.816	52.557	87.663
1999	42.078	57.546	58.375	104.692
1999 in €[2]	21.514	29.423	29.847	53.528
2000 (€)	26.043	28.477	33.147	61.151
2001 (€)	27.431	31.797	29.147	70.456
Drittmitteleinnahmen je Professor (in Tausend DM bzw. €)				
1992	29,5	60,9	56,2	32,7
1993	31,6	68,3	63,5	32,6
1994	29,6	68,4	62,5	40,8
1995	35,0	70,0	63,9	44,9
1996	37,6	88,9	65,0	49,1
1997	41,6	99,9	72,6	57,6
1998	44,4	98,3	71,6	66,1
1999	43,8	108,2	78,1	77,1
1999 in €[2]	22,4	55,3	39,9	39,4
2000 (€)	28,7	54,3	44,4	45,1
2001 (€)	31,8	59,4	39,8	50,0
1 einschließlich Sonderpädagogik 2 1 € = 1,95583 DM				

Quelle: Statistisches Bundesamt, Fachserie 11, Reihe 4.5, eigene Berechnungen

---

1 Die Kriterien der Abgrenzung der Erziehungswissenschaft und der fächervergleichenden und regional differenzierenden Ergebnisdarstellung entsprechen dem Kapitel 4. – Für die Unterstützung der Datenzusammenstellung und -aufbereitung danken wir Steffen Pleßmann.

Die in der Tabelle 5.1 dokumentierten Ausgaben der vier vergleichend betrachteten Lehr- und Forschungsbereiche (neben der Erziehungswissenschaft die Psychologie, Politik- und Sozialwissenschaften, Wirtschaftswissenschaften) zeigen, daß sich in der Erziehungswissenschaft seit 1992 die finanzielle Grundausstattung mehr verbessert hat als in den Wirtschaftswissenschaften und den Politik- und Sozialwissenschaften. Sie liegt über den Politik- und Sozialwissenschaften, aber noch deutlich unter der der Psychologie und erst recht unter der der Wirtschaftswissenschaften.

Tab. 5.3: *Aus Drittmitteln finanziertes hauptberufliches wissenschaftliches und künstlerisches Personal an Hochschulen 1992-2002 (inkl. Fachhochschulen)*

Jahr	Erziehungs-wissenschaft[1]	Psychologie	Politik- und Sozialwiss.	Wirtschafts-wissenschaften
1992	269	317	358	462
1993	278	334	353	411
1994	254	344	388	425
1995	302	419	407	571
1996	291	473	490	669
1997	346	547	472	759
1998	382	568	471	816
1999	342	536	468	825
2000	370	529	534	908
2001	446	579	489	1.070
2002	508	626	529	1.069
	Hauptberufliche Projektmitarbeiter aus Drittmitteln je Professor			
1992	0,247	0,669	0,489	0,390
1993	0,248	0,677	0,457	0,327
1994	0,236	0,696	0,499	0,334
1995	0,281	0,789	0,516	0,428
1996	0,281	0,918	0,640	0,496
1997	0,344	1,054	0,615	0,565
1998	0,421	1,099	0,642	0,615
1999	0,356	1,008	0,627	0,608
2000	0,408	1,010	0,716	0,670
2001	0,517	1,082	0,668	0,760
2002	0,595	1,130	0,713	0,755
1 einschließlich Sonderpädagogik				

Quelle: Statistisches Bundesamt: Fachserie 11, Reihe 4.4, ab 1992 unveröffentlichtes Material des Statistischen Bundesamtes; eigene Berechnungen

Durch den rückläufigen Stellenbestand ist dieser positiv erscheinende Befund aber zu relativieren, denn die nominalen Ausgaben sind in der Erziehungswissenschaft nach 1993 in der Tendenz rückläufig.

Die Förderung der erziehungswissenschaftlichen Forschung an den Wissenschaftlichen Hochschulen über die Grundfinanzierung wird zunehmend über Drittmittel ergänzt. Diese Entwicklung lässt sich auch als Reaktion auf die nominal stagnierenden, real tendenziell rückläufigen Grundmittel für die Forschung verstehen.[2]

Inzwischen geben fast alle Professoren an, zur Finanzierung von Forschungsprojekten über Drittmittel zu verfügen (Hornbostel/Keiner 2002, S. 646). Im Fächervergleich weist die Erziehungswissenschaft zwar das niedrigste Volumen je Professor auf (vgl. Tab. 5.2), nach den Wirtschaftswissenschaften jedoch die zweithöchste Steigerungsrate je Professor. Das Gesamtvolumen an Drittmitteln hat sich aber in den Wirtschaftswissenschaften und der Psychologie erheblich mehr erhöht als in der Erziehungswissenschaft.

Die bedeutendste Förderorganisation für die Finanzierung der Grundlagenforschung an den wissenschaftlichen Hochschulen ist die Deutsche Forschungsgemeinschaft (DFG). Zwischen 1999 und 2001 haben die Fachgutachterausschüsse für die Pädagogik insgesamt 18,128 Mio. € bewilligt, davon 16,956 Mio. € für Universitäten. Bezogen auf die gesamten Drittmittel der universitären Erziehungswissenschaft ist dies ein Anteil von 22,6 %. Dieser Anteil entspricht in etwa den Selbstangaben von Erziehungswissenschaftlern zu den Drittmitteln nach Drittmittelgebern (Hornbostel/Keiner 2002, S. 647; vgl. auch Abschnitt 5.5)[3]. Er bestätigt, dass für die Erziehungswissenschaft Bewilligungen durch die DFG einen geringeren Stellenwert haben, als in anderen Disziplinen, die ihre Forschung im Durchschnitt zu einem Drittel über die DFG finanzieren.

Auch wenn die aus Drittmitteln finanzierten Stellen in der Erziehungswissenschaft betrachtet werden (vgl. Tabelle 5.3), ist das Ergebnis unverän-

---

[2] In der Hochschulfinanzstatistik werden nur solche Drittmittel erfaßt, die in den Hochschulhaushalt eingestellt bzw. die von der Hochschule auf Verwahrkonten verwaltet werden. Von rechtlich selbständigen Instituten an Hochschulen oder von einzelnen Wissenschaftlern auf Sonderkonten verwaltete Mittel bleiben unberücksichtigt. Nicht als Drittmittel anzusehen sind u. a. Mittel der personenbezogenen Förderung (z. B. Doktoranden-, Habilitationsstipendien).

[3] Dies oberflächlich plausible Ergebnis verdeckt durchaus erhebliche Mängel des verwendeten Datenmaterials, auf die hier wenigstens hingewiesen werden soll. Einerseits zeigen sich in einer nach Hochschulen differenzierenden Analyse Lücken in der amtlichen Hochschul-Finanzstatistik. Andererseits werden aus den Mitteln der Fachgutachterausschüsse Erziehungswissenschaft der DFG auch Forschungen anderer Disziplinen gefördert und erziehungswissenschaftliche Forschung aus den Mitteln anderer DFG-Fachgutachterausschüsse. Eine fachliche und organisatorische Zuordnung der Bewilligungen gestattet bisher das Dokumentationssystem der DFG nicht; damit ist ein Vergleich der Bewilligungen der DFG mit den Daten der Hochschulstatistik nach Fachgebieten nicht möglich.

dert. Trotz einer relativ starken Zunahme der Drittmittelstellen liegt die Zahl der Stellen je Professor in der Erziehungswissenschaft noch deutlich unter den anderen zu Vergleichszwecken herangezogenen Disziplinen.

Die erhobenen Daten zur Forschungssituation erlauben auch eine Auswertung nach Ländern (vgl. Tab. 5.4). Der Ländervergleich soll darstellen, ob es nennenswerte Unterschiede in der Forschungsorientierung der Erziehungswissenschaft zwischen den Bundesländern gibt.

Eine Spitzenposition hinsichtlich der Höhe der Drittmittel und der aus Drittmitteln finanzierten Mitarbeiter je Professor nehmen die Universitäten in Bremen, Sachsen und Thüringen ein. Die Drittmitteleinnahmen je Professor sind noch in Nordrhein-Westfalen und dem Saarland auffallend hoch, die Zahl der Drittmittelstellen in Berlin und Sachsen-Anhalt.

5.2 Forschungsprojekte und Veröffentlichungen

Ergänzend zu den Daten der amtlichen Hochschulstatistik wurden noch weitere Datenquellen herangezogen, um die Forschung in der Erziehungswissenschaft zu erfassen. Zunächst bot sich dazu die vom InformationsZentrum Sozialwissenschaften (IZ) verwaltete Datenbank mit Forschungs- und Entwicklungsarbeiten in den Sozialwissenschaften (FORIS) an. Sie erfaßt auch Vorhaben mit sozialwissenschaftlichem Bezug aus anderen Fachbereichen und Arbeiten sowohl mit theoretischer als auch empirischer Ausrichtung. Ausgewertet wurden alle in der Datenbank gespeicherten und an erziehungswissenschaftlichen Instituten im Zeitraum von 1998-2002 durchgeführten Forschungsprojekte.[4]

Die Auswertung dieses Materials enthält einen unsystematischen Fehler, der sich aus dem unterschiedlichen Meldeverhalten der Institute und der einzelnen Hochschullehrer ergibt. Dadurch wird die Gesamtzahl der Forschungsprojekte nur zum Teil erfasst. Allerdings ist die Dokumentation von geförderten Projekten weniger lückenhaft als bei den übrigen Projektkategorien, da das IZ die Listen geförderter Vorhaben von Drittmittelgebern auswertet und auch Internet-Recherchen zur Ergänzung und Aktualisierung des Projektbestands durchführt.

Ein systematischer Fehler bei der Auswertung der IZ-Projekte entsteht durch die Stellung der Erziehungswissenschaft zwischen Geistes- und Sozialwissenschaften. Universitäten mit einem geisteswissenschaftlichen Forschungsprofil in der Erziehungswissenschaft werden vermutlich nicht zurei-

---

4 Dem IZ in Bonn und insbesondere Frau Annemarie Nase danken wir für die bereitwillige Unterstützung und die Bereitstellung des Materials.

chend mit ihren Forschungsbemühungen erfaßt. Dennoch halten wir das Material des IZ für aussagekräftig, wenn es im Kontext der anderen Forschungsindikatoren gesehen und interpretiert wird.

Tab. 5.4 Forschungsindikatoren in der Erziehungswissenschaft, Sonderpädagogik und Sozialpädagogik nach Bundesländern

Bundesland	Drittmitteleinnahmen[1] 2000 - 2001	Drittmittelstellen 2002 (hauptberufl.)	Drittmittelprojekte 1998-2002 (IZ)	Sonstige Projekte 1998-2002 (IZ)
Schleswig-Holstein	63	9	12	4
Hamburg	1811	19	49	19
Niedersachsen	4715	59	120	49
Bremen	3725	41	63	4
Nordrhein-Westfalen	19442	127	270	133
Hessen	2688	19	123	45
Rheinland-Pfalz/Saarland	1185	17	80	55
Baden-Württemberg	3775	46	108	48
Bayern	7004	26	152	96
Berlin	5403	66	98	29
Brandenburg	1286	6	24	14
Mecklenburg-Vorpommern	295	3	18	7
Sachsen	3868	52	114	56
Sachsen-Anhalt	1439	32	108	24
Thüringen	1886	15	45	20
BRD	58585	537	1384	603
Je Professor				
Schleswig-Holstein	2,25	0,32	0,43	0,14
Hamburg	29,21	0,31	0,79	0,31
Niedersachsen	42,86	0,54	1,09	0,45
Bremen	103,47	1,14	1,75	0,11
Nordrhein-Westfalen	111,74	0,73	1,55	0,76
Hessen	47,16	0,33	2,16	0,79
Rheinland-Pfalz/Saarland	31,18	0,45	2,11	1,45
Baden-Württemberg	32,83	0,40	0,94	0,42
Bayern	66,70	0,25	1,45	0,91
Berlin	63,56	0,78	1,15	0,34
Brandenburg	91,86	0,43	1,71	1,00
Mecklenburg-Vorpommern	32,78	0,33	2,00	0,78
Sachsen	113,76	1,53	3,35	1,65
Sachsen-Anhalt	44,97	1,00	3,38	0,75
Thüringen	99,26	0,79	2,37	1,05
BRD	63,82	0,58	1,51	0,66

1 in Tausend DM

Quelle: Statistisches Bundesamt, unveröffentlichtes Material; eigene Auswertungen der Daten des IZ (Bonn)

Die Projektauswahl erfolgte institutionell: Es wurden alle Forschungsprojekte der Disziplin Erziehungswissenschaft an wissenschaftlichen Hochschulen ausgewertet. Um eine weitgehende Übereinstimmung mit der Abgrenzung der Erziehungswissenschaft durch die Hochschulstatistik zu erlangen, wurden alle fachdidaktischen Institute - auch wenn sie an erziehungswissenschaftlichen Fakultäten angesiedelt sind - nicht berücksichtigt.

Die Projekte wurden nach einer hierarchischen Klassifikation danach unterschieden, ob sie eine Auftragsforschung, geförderte Forschung, Qualifikationsarbeit, ein eigenfinanziertes Projekt oder ein sonstiges Projekt sind, um bei Mehrfachnennungen (ca. 20 Prozent der Projekte) eine eindeutige Zuordnung zu erreichen.

Die Auswertung des Materials ergab insgesamt 1.987 Projekte von erziehungswissenschaftlichen Hochschuleinrichtungen (ohne Fachdidaktiken), die zu mehr als zwei Dritteln Auftragsforschung (416 Projekte, 21 Prozent) oder geförderte Forschung (968 Projekte, 49 Prozent) sind. Im Untersuchungszeitraum 1993-1997 betrug dieser Anteil nur etwa die Hälfte. Inwieweit diese Verschiebung auch auf ein unterschiedliches Meldeverhalten der Forscher oder eine teilweise bessere Erfassung durch das IZ zurückzuführen ist, kann nicht nachvollzogen werden. Auf eigenfinanzierte Forschung entfallen nur noch 25 Prozent der Projekte (488 Projekte), 6 % der Projekte sind als Qualifikationsarbeiten ausgewiesen (115 Projekte).

Der Ländervergleich der Anzahl der gemeldeten Projekte nach den unterschiedenen Kategorien (vgl. Tab. 5.4) zeigt deutliche Unterschiede im Verhältnis zwischen Drittmittel- und Eigenprojekten (inkl. Qualifikationsarbeiten). Relativiert auf die Zahl der Professoren in der Erziehungswissenschaft (Hochschulstatistik) ergeben sich auch deutliche Unterschiede in der erziehungswissenschaftlichen Forschungsproduktivität nach Ländern. Insgesamt hat sich die Zahl der Drittmittelprojekte je Professor im Vergleich zum letzten Untersuchungszeitraum fast verdoppelt, während die Zahl der sonstigen Projekte je Professor auf ca. drei Viertel gesunken ist. Zwischen der Zahl der Drittmittelprojekte und der Zahl der sonstigen Projekte je Professor besteht im Ländervergleich ein hoher Zusammenhang ($r=0.75$). Auch zeigt sich, wie bereits im vorigen Untersuchungszeitraum, der erwartete Zusammenhang zwischen Drittmittelstellen und Drittmittelprojekten ($r=.53$). Schließlich bestätigt es sich, daß die Grundausstattung mit Mittelbaustellen positiv mit der Drittmittelforschung in Beziehung steht ($r=.81$).[5]

Neben den Forschungsvorhaben wurden die Veröffentlichungen von

---

5 Auf der Ebene der einzelnen Hochschulstandorte bestätigen sich die Zusammenhänge zwischen Drittmittelprojekten je Professor und (auch jeweils je Professor) sonstigen Projekten ($r=0.48$), Drittmittelstellen ($r=.50$) und Mittelbaustellen ($r=.53$, das N ist jeweils 74).

Mitarbeitern und Professoren der Erziehungswissenschaft an Wissenschaftlichen Hochschulen von 1998-2002 für die Analyse der Forschungsproduktivität herangezogen. Damit soll auch der Typ der nicht projektförmig organisierten Einzelforschung berücksichtigt werden, der in der Erziehungswissenschaft noch verbreitet ist und über Drittmittelstellen und Projektdokumentationen nur unzureichend erfaßt wird. Von dieser Annahme ausgehend ist von der Analyse der Veröffentlichungen eine Korrektur des bisherigen Bildes zu erwarten, denn es ist zu vermuten, daß nun auch Hochschulen hohe Werte erreichen, die über die anderen Indikatoren in ihrer Forschungstätigkeit nicht angemessen erfaßt wurden.

Der Analyse der Publikationstätigkeit liegen die im Fachinformationssystem Bildung für die Jahre 1998 bis 2002 dokumentierten Veröffentlichungen zugrunde. Da alle Meldungen bis Oktober 2003 berücksichtigt wurden, kann davon ausgegangen werden, dass die Auswertung und Erfassung der in die Dokumentation aufzunehmenden Bücher, Zeitschriften- und Sammelbandbeiträge für die berücksichtigten Jahrgänge abgeschlossen war. Allerdings ist bezogen auf die gesamte Zahl der wissenschaftlichen Publikationen von Erziehungswissenschaftlern mit einer Untererfassung zu rechnen, die teilweise auf die lückenhafte Erschließung von Zeitschriften- und Sammelbandbeiträgen zurückzuführen ist. Hinzu kommt, dass Erziehungswissenschaftler auch in Sammelbänden und Periodika anderer Disziplinen und des Auslands veröffentlichen, die nicht erfaßt wurden. Da die Koordinierungsstelle des Fachinformationssystems Bildung auf die Zuarbeit einer größeren Zahl von Zulieferern des bibliographischen Materials angewiesen ist, kann auch nicht ausgeschlossen werden, dass verschiedene Teilgebiete der Erziehungswissenschaft unterschiedlich gut dokumentiert sind.[6] Neben der näher nicht spezifizierbaren Untererfassung von Veröffentlichungen sind nennenswerte systematische Verzerrungen insgesamt aber nicht zu erwarten. Erfasst wurden

- die als Autor verfassten Monographien,
- die Herausgeberschaft, Bearbeitung und Übersetzung von Monographien,
- Beiträge in Sammelbänden (Monographieauszüge) und

---

6 Beispielsweise scheint die Literatur zur Erwachsenenbildung systematischer erfasst zu werden als die zur Sozialpädagogik. Als ein weiteres Problem bei der Auswertung stellte sich die fehlende Korrektur und Vereinheitlichung der Autorennamen heraus. Bis zu fünf Schreibweisen eines Autorennamens erschweren die Zuordnung der Veröffentlichungen zu der bereits für die Auswertung der Projekte herangezogenen Datei der Erziehungswissenschaftler. Die nicht zuzuordnenden Dokumente betragen aber deutlich weniger als 5 Prozent.

Wir danken Alexander Botte von der Koordinierungsstelle im Deutschen Institut für Internationale Pädagogische Forschung in Frankfurt für die Bereitstellung der bibliographischen Daten.

- Zeitschriftenaufsätze
- sowie alle weiteren Autorenschaften (u. a. Themenhefte, graue Literatur, ca. 3% aller erfassten Veröffentlichungen).

Berücksichtigt wurde nur die Zahl der Veröffentlichungen. Veröffentlichungen mit mehreren Autoren erscheinen folglich mehrfach.[7] Absicht der Analyse ist es zu erfassen, in welchem Umfang Erziehungswissenschaftler mit Veröffentlichungen in Erscheinung treten. Kritische Einwände gegen dieses quantifizierende Vorgehen sind aus unserer Sicht nur bedingt berechtigt: „Auch wenn mit einigem Recht immer wieder das Argument „Masse ist nicht Klasse" zu bedenken gegeben wird, herrscht doch weitgehend Einigkeit darüber, dass für größere Untersuchungseinheiten – Institute, Einrichtungen, Disziplinen oder gar Länder (aber explizit nicht für einzelne Personen) – die Zahl der veröffentlichten wissenschaftlichen Schriften einen belastbaren Anhaltspunkt bezüglich der Produktivität dort tätiger Wissenschaftler gibt" (DFG 2003, S. 112).

Im Gegensatz zur Vorgehensweise bei der Auswertung der Forschungsdatendank des IZ, liefert das Material aus FIS-Bildung keine Informationen über die institutionelle Anbindung der publizierenden Personen. Als Brücke diente deshalb die Personendatei des Adressbuches der DGfE (Stand Oktober 2003)[8]. Nach Zuordnung der Autoren zu den Institutionen wurden, in Übereinstimmung mit der Vorgehensweise bei den anderen Indikatoren dieses Berichts, die Fachdidaktiker nicht berücksichtigt. Aus diesem Grund sind die folgenden Ergebnisse mit denen des ersten Datenreports, in dem

---

7 Durchschnittlich hatten die Veröffentlichungen 1,1 Autoren. Weniger als 2 % der Veröffentlichungen haben mehr als 2 Autoren (max. 12 Autoren). Es wurden keine Gewichtungen nach Art der Veröffentlichung oder der Zahl der Autoren vorgenommen.

8 Dieser Datensatz ist mit gewissen Unzulänglichkeiten behaftet, da die Informationen (bis auf die Mitglieder der DGfE) sowohl bezüglich eines Ersteintrages als auch der laufenden Aktualisierung (die hier nicht entscheidend ist, da die Auswertung der Veröffentlichungen ab 1998 erfolgt) auf dem Selbsteintrag der betreffenden Personen bzw. Institutionen beruhen. Über die Autorennamen wurden die in FIS-Bildung erfassten Veröffentlichungen den Personen und damit auch Institutionen der Adressdatei zugeordnet. Dieses Vorgehen (welches das einzig praktikable war, um die Daten überhaupt auswerten zu können) birgt in verschiedener Hinsicht Quellen für Unschärfen. Da die Personendatei nur einen Zeitpunkt (Oktober 2003) wiedergibt, aber die Veröffentlichungen über einen Zeitraum von fünf Jahren betrachtet werden, kann davon ausgegangen werden, dass ein Teil der Personen nicht den Institutionen zugeordnet wird, denen sie zum Zeitpunkt der Publikationen angehörten, sondern ihren derzeitigen Arbeitsorten. Bei der Bewertung des Datenmaterials muss man davon ausgehen, dass sich diese durch Ortswechsel entstehenden falschen Zuordnungen etwa ausgleichen. Weitestgehend ausgeschlossen werden kann durch intensivste Überprüfungen, dass durch unterschiedliche Schreibweisen von Namen oder Vornamen bzw. durch Abkürzungen des Vornamens Personen nicht zugeordnet werden konnten. Es bleibt ein – wegen der eigenen aufwändigen manuellen Nacharbeitung der Daten als gering einzuschätzender – Fehler, der z. B. durch erfolgte Namensänderung, doppelte Namen oder Tippfehler bedingt ist.

die Veröffentlichungen aller im Adressbuch der DGfE enthaltenen Personen berücksichtigt wurde, nur bedingt vergleichbar. Eine separate Untersuchung zeigte jedoch, dass insbesondere die Professoren in der Fachdidaktik im Vergleich zu den Erziehungswissenschaftlern weniger häufig publizieren. Desto gewichtiger erscheint die im Vergleich zum Untersuchungszeitraum 1992-1997 (vgl. Weishaupt/Merkens 2000) insgesamt gesunkene Publikationstätigkeit.

Die Auswertung des analysierten Materials in Tabelle 5.5 ergibt, dass etwa 80 Prozent der Professoren (einschließlich apl. Professoren) und mehr als die Hälfte der wissenschaftlichen Mitarbeiter (einschließlich Emeriti) 1998 bis 2002 mit Veröffentlichungen im Fachinformationssystem Bildung erscheinen. Zu den Mitarbeitern ohne Veröffentlichungen gehören neben solchen, die sich auf die Lehre konzentrieren (Studienräte im Hochschuldienst und LfbA) auch junge Mitarbeiter auf Qualifikationsstellen.

Tab. 5.5: *Im Fachinformationssystem Bildung verzeichnete publizierende Erziehungswissenschaftler 1998-2002*

	Professoren[1]		Mitarbeiter[2]	
	absolut	in %	absolut	in %
Personen insgesamt	918	100,0	1.560	100,0
Pers. mit Veröffentlichungen insgesamt	728	79,3	876	56,2
als Herausgeber oder Bearbeiter etc.	355	38,7	196	12,6
als Autor insgesamt	700	76,3	853	54,7
als Buchautor	353	38,5	367	23,5
in Sammelbänden	387	42,2	291	18,7
in pädagogischen Zeitschriften	590	64,3	680	43,6
1 Einschließlich apl. Professoren				
2 Einschließlich Emeriti				

Quelle: Datenbank der Koordinierungsstelle des FIS-Bildung, eigene Berechnungen

Die am meisten verbreitete Publikationsform ist der Zeitschriftenaufsatz. Er wurde von 64 Prozent der Professoren und 44 Prozent der wissenschaftlichen Mitarbeiter gewählt. Danach folgt bei Professoren nicht mehr - wie noch im Untersuchungszeitraum 1993-1997 die Veröffentlichung eines Buches als Autor (nur noch 39 % der Professoren), sondern von Sammelbandbeiträgen (42 %) (vgl. Tab 5.5). Die Autorenschaft von Büchern ging bei Professoren im Vergleich zum letzten Untersuchungszeitraum um fünf Prozent zurück.

Die Analyse des Materials nach der Zahl der Veröffentlichungen – auf der Basis von über 11.000 erfassten Verweisen über Veröffentlichungen in fünf

Jahren – verdeutlicht, dass die Erziehungswissenschaft eine immer noch sehr produktive Disziplin ist. Durchschnittlich entfallen 6,7 Veröffentlichungen auf einen Professor und 2,3 Veröffentlichungen auf einen Mitarbeiter. Allerdings sind im Vergleich zum vorigen Untersuchungszeitraum (vgl. Weishaupt/Merkens 2000) weniger Personen (vgl. auch Baumert/Roeder 1990b, S. 77) für das Gros der Veröffentlichungen verantwortlich. Nur knapp 12 Prozent der Professoren der Erziehungswissenschaft haben 50 Prozent der erfassten Veröffentlichungen verfasst. Die Professoren der Erziehungswissenschaft nach Art und Anzahl der Veröffentlichungen enthält Tabelle 5.6. Etwa die Hälfte aller Veröffentlichungen sind Zeitschriftenaufsätze, etwas mehr als 40 % davon sind Aufsätze in 40 berücksichtigten Fachzeitschriften der Erziehungswissenschaft (vgl. Tab. A 4). Beiträge in Sammelbänden sind etwas häufiger als Buchveröffentlichungen. Den geringsten Anteil hat die Herausgabe von Sammelbänden.

Die Darstellung der Veröffentlichungspraxis im Ländervergleich in Tabelle 5.7 zeigt sowohl deutliche Differenzen im Anteil des erziehungswissenschaftlichen Hochschulpersonals, das veröffentlicht, als auch Unterschiede in der Zahl der Veröffentlichungen. Es ist kaum zu entscheiden, ob landesspezifische Besonderheiten Ursache dieser Disparitäten sind. Auch Ost-West-Unterschiede sind nicht erkennbar, wenn man davon absieht, dass in vier der fünf neuen Länder der Anteil der publizierenden Professoren über dem Bundesdurchschnitt liegt. Die stets unter dem Mittel liegenden Werte Baden-Württembergs lassen sich den dort bestehenden Pädagogischen Hochschulen zuschreiben. Im Unterschied zum vorherigen Untersuchungszeitraum fällt auf, dass im Ländervergleich der Anteil der Professoren mit Veröffentlichungen mit dem Anteil der publizierenden Mitarbeiter in negativer Beziehung steht ($r = -0.39$), im Vergleich zwischen den Hochschulen lässt sich kein signifikanter Zusammenhang mehr feststellten ($r = -0.03$).

Mit den anderen Forschungsindikatoren steht die Publikationstätigkeit – wie erwartet – in einer Beziehung. An Hochschulen mit vielen Drittmittelprojekten und auch sonstigen Forschungsprojekten ist der Anteil der publizierenden Professoren höher ($r = .42$ bzw. $r = .30$, $N = 74$). Hochschulen mit Professoren, die viel publizieren, haben relativ viele Drittmittelstellen ($r = .29$). Als Ursache dieses Zusammenhangs ist die wissenschaftliche Produktivität und Reputation der Professoren an diesen Hochschulen anzunehmen.

Tab. 5.6: *Anzahl und Art der im Fachinformationssystem Bildung dokumentierten Veröffentlichungen von Professoren der Erziehungswissenschaft in den Publikationsjahren 1998-2002 - ohne Didaktiker*

Anzahl der Veröffentl.	Monographien		Monographiebeiträge		Zeitschriftenaufsätze		Herausgeberschaft		Autorenschaft insges.	
	absolut	in %	absolut	in %	absolut	in %	absolut	in %	absolut	in %
0	565	61,5	531	57,8	328	35,7	563	61,3	218	23,7
1	166	18,1	166	18,1	154	16,8	167	18,2	117	12,7
2	89	9,7	79	8,6	96	10,5	94	10,2	111	12,1
3	49	5,3	33	3,6	61	6,6	41	4,5	72	7,8
4	12	1,3	21	2,3	53	5,8	23	2,5	50	5,4
5	6	0,7	25	2,7	38	4,1	10	1,1	40	4,4
6	10	1,1	15	1,6	51	5,6	9	1,0	49	5,3
7	8	0,9	11	1,2	19	2,1	4	0,4	38	4,1
8	2	0,2	3	0,3	26	2,8	1	0,1	23	2,5
9	2	0,2	3	0,3	18	2,0	2	0,2	29	3,2
10	3	0,3	7	0,8	10	1,1	1	0,1	17	1,9
11	0	0,0	2	0,2	11	1,2	0	0,0	23	2,5
12	1	0,1	4	0,4	8	0,9	1	0,1	10	1,1
13	1	0,1	5	0,5	5	0,5	1	0,1	7	0,8
14	1	0,1	2	0,2	6	0,7	0	0,0	15	1,6
15	0	0,0	1	0,1	6	0,7	0	0,0	18	2,0
16-20	2	0,2	6	0,7	15	1,6	1	0,1	35	3,8
21-25	1	0,1	1	0,1	2	0,2	0	0,0	15	1,6
über 25	0	0,0	3	0,3	11	1,2	0	0,0	31	3,4

Quelle: Datenbank der Koordinierungsstelle des FIS-Bildung, eigene Berechnungen

Tab. 5.7: *Veröffentlichungen der Professoren und wissenschaftlichen Mitarbeiter 1998-2002 nach Ländern*

Bundesland	Professoren				Wissenschaftliche Mitarbeiter etc.			Insgesamt
	Veröff. Insgesamt	Anteil Prof. mit Veröff.	Veröff. je Prof.	Veröff. in ausgew. Fachzeitschriften je Prof	Veröff. wiss. Mitarbeiter	Anteil wiss. Mitarbeiter mit Veröff.	Veröff. je Mitarbeiter mit Veröff.	Anteil Zeitschriftenveröff.
Schleswig-Holstein	94	84,2	5,9	1,3	42	35,3	3,5	52,2
Hamburg	584	82,7	9,4	1,7	208	64,2	6,1	48,2
Niedersachsen	666	75,2	7,6	1,3	371	55,7	4,5	62,0
Bremen	158	69,6	9,9	1,4	57	77,8	4,1	46,5
Nordrhein-Westfalen	1274	75,9	9,0	1,4	809	60,2	4,1	49,4
Hessen	477	81,4	8,4	1,4	307	52,5	4,8	58,9
Rheinland-Pfalz/Saarland	381	88,9	9,5	1,9	242	57,0	4,0	51,8
Baden-Württemberg	441	68,8	5,7	1,0	328	48,3	4,0	58,9
Bayern	649	87,3	9,4	2,2	437	59,5	4,0	57,4
Berlin	522	73,7	9,3	1,2	323	58,2	4,1	47,1
Brandenburg	114	100,0	7,1	1,3	90	47,7	4,3	50,5
Mecklenburg-Vorpommern	29	71,4	5,8	0,7	37	55,6	3,7	40,0
Sachsen	274	86,5	8,6	1,3	107	58,2	3,3	50,7
Sachsen-Anhalt	269	96,8	9,0	1,3	152	56,6	3,5	56,3
Thüringen	214	91,7	9,7	1,8	129	52,2	3,6	36,4
BRD	6.146	79,3	8,4	1,4	3.639	56,2	4,2	53,0

Quelle: Datenbank der Koordinierungsstelle des FIS-Bildung, eigene Berechnungen

5.3 Förderung des wissenschaftlichen Nachwuchses

Forschung an Wissenschaftlichen Hochschulen ist eng mit der Qualifizierung des wissenschaftlichen Nachwuchses verbunden. Dafür sind neben den Stellen, die über Drittmittel finanziert werden, auch die Stellen für Assistenten und wissenschaftliche Mitarbeiter im Rahmen der personellen Grundausstattung der Wissenschaftlichen Hochschulen von großer Bedeutung. Die Darstellung der personellen Situation der Erziehungswissenschaft zeigte bereits, dass der Mittelbau in anderen Disziplinen besser ausgebaut ist und der Anteil der Qualifikationsstellen höher ist.

Tab. 5.8: Bestandene Promotionen von Deutschen und Ausländern nach Fachgebieten 1992-2002

Jahr	Erziehungs-wissenschaft[1]	Psychologie	Politik- und Sozialwissenschaft	Wirtschafts-wissenschaften
1992	229	186	311	726
1993	224	173	321	763
1994	254	204	352	856
1995	231	224	369	924
1996	262	224	392	1.022
1997	254	228	383	990
1998	266	218	372	1.041
1999	267	256	463	1.039
2000	295	301	500	1.024
2001	276	351	506	1.092
2002	296	317	421	995
Promotionen je 100 Professoren				
1992	21,1	39,2	42,5	61,3
1993	20,0	35,1	41,6	60,7
1994	23,6	41,3	45,3	67,3
1995	21,5	42,2	46,8	69,3
1996	25,3	43,5	51,2	75,8
1997	25,3	43,9	49,9	73,7
1998	29,3	42,2	50,7	78,5
1999	27,8	48,1	62,0	76,6
2000	32,5	57,4	67,0	75,5
2001	32,0	65,6	69,1	77,6
2002	34,7	57,2	56,7	70,3

1 einschließlich Sonderpädagogik

Quelle: Statistisches Bundesamt, Fachserie 11, Reihe 4.2 und 4.4; eigene Berechnungen

Nimmt man diesen Befund mit der niedrigen Quote der drittmittelfinanzierten Mitarbeiter zusammen, dann sind auch bei der Qualifizierung des wissenschaftlichen Nachwuchses in der Erziehungswissenschaft vergleichsweise niedrige Werte zu erwarten.

Tabelle 5.8 bestätigt diese Vermutung für die Promotionen. In der Erziehungswissenschaft hat sich zwar die relative Häufigkeit von Promotionen in den letzten Jahren erhöht, so daß inzwischen durchschnittlich je Professor nicht mehr alle fünf (1992), sondern bereits alle drei Jahre (2002) eine Promotion erfolgreich zum Abschluß gebracht wird. Die Erhöhung der Promotionsquote in der Erziehungswissenschaft ist aber weniger auf einen starken Anstieg der Doktoranden (er ist im Fächervergleich am geringsten) als auf den Rückgang der Professoren zurückzuführen. Die Ursachen dieser Situation sind sicher vielfältig und komplex.

Tab. 5.9: Habilitationen in der Erziehungswissenschaft 1992-2002

Jahr	Erziehungs-wissenschaft[1]	Psychologie	Politik- und Sozialwiss.[2]	Wirtschafts-wissenschaften
1992	30	35	39	40
1993	32	37	49	29
1994	26	36	46	52
1995	32	41	50	51
1996	30	38	50	68
1997	32	43	54	53
1998	39	44	60	66
1999	33	49	66	83
2000	35	47	68	116
2001	55	45	65	76
2002	43	50	64	84
Habilitationen auf 100 Professoren				
1992	2,8	7,4	5,3	3,4
1993	2,9	7,5	6,4	2,3
1994	2,4	7,3	5,9	4,1
1995	3,0	7,7	6,3	3,8
1996	2,9	7,4	6,5	5,0
1997	3,2	8,3	7,0	3,9
1998	4,3	8,5	8,2	5,0
1999	3,4	9,2	8,8	6,1
2000	3,9	9,0	9,1	8,6
2001	6,4	8,4	8,9	5,4
2002	5,0	9,0	8,6	5,9
1 einschließlich Sonderpädagogik				

Quelle: Statistisches Bundesamt, Fachserie 11, Reihe 4.4; eigene Berechnungen

Auf jeden Fall ist es bisher nicht gelungen, über die Hauptfachstudiengänge in ausreichendem Maße den eigenen wissenschaftlichen Nachwuchs heranzubilden (vgl. Krüger u. a. 2002). Dies bedeutet, dass auf diesen Gesichtspunkt in der Lehre kein ausreichendes Augenmerk gelegt wurde und den Studierenden beispielsweise das notwendige methodische Rüstzeug für eigenständiges wissenschaftliches Arbeiten nicht ausreichend vermittelt wurde. Auch scheinen Anreize zur wissenschaftlichen Qualifizierung über die Mitarbeit von Studierenden und Doktoranden in Forschungsprojekten im notwendigen Umfang zu fehlen. Ein weiteres Problem ergibt sich aus dem Fehlen spezifischer, durch entsprechende Lehrangebote unterstützte, Promotionsangebote für Lehrer, um sie für eine wissenschaftliche Laufbahn in der Schulpädagogik/(Fach)Didaktik oder die Tätigkeit in der zweiten und dritten Phase der Lehrerausbildung zu gewinnen.

Tabelle 5.9 dokumentiert die Zahl der Habilitationen in der Erziehungswissenschaft, deren Häufigkeit bezogen auf die Professorenschaft ebenfalls deutlich unter den verglichenen Fächern liegt. Ausgehend von dem durchschnittlichen Zeitpunkt der Erstberufung ist damit zu rechnen, dass eine Professur durchschnittlich 20 Jahre besetzt ist. Unter dieser Annahme muß von einem jährlichen Ersatzbedarf von mindestens 5 Prozent der Professorenstellen ausgegangen werden. Dieser Wert wurde in den letzten beiden Jahren erstmals erreicht.

Insgesamt zeigen sich für die Erziehungswissenschaft bei der Förderung des wissenschaftlichen Nachwuchses im Vergleich zu den anderen in die Auswertung einbezogenen Fächern beachtenswerte Differenzen. Trotz aller Bemühungen ist die Förderung des wissenschaftlichen Nachwuchses nicht ausreichend im Vergleich zu verwandten Fächern.

Für diese Bilanz sind als verursachende Faktoren sicherlich der schwache Mittelbau, ein geringes akademisches Interesse vieler Hauptfachstudierenden sowie die Tatsache verantwortlich, daß der Erziehungswissenschaft in den Lehramtsstudiengängen nur geringe Studienanteile zur Verfügung stehen. Zu beachten ist daneben, dass die Promotion als wissenschaftsexternes Qualifikations- und Statusmerkmal in vielen erziehungswissenschaftlichen Handlungsfeldern nicht bedeutsam ist, teilweise sogar als »Karrierehemmnis« angesehen wird. Diese Erklärungen reichen aber allein nicht aus, weil auch strukturelle Defizite bestehen, die sich vor allem auch im Vergleich zu anderen Fächern zeigen.

5.4 Lokale Forschungsprofile

In den vorangegangenen Abschnitten wurde auf die Unterschiede nicht eingegangen, die zwischen einzelnen Hochschulstandorten in Lehre und

Forschung bestehen. Für die Gesamtsituation in der Forschung aufschlussreich und mit den vorhandenen Daten zu leisten ist ein Vergleich von Hochschulstandorten im Hinblick auf die Lehr- und Prüfungsbelastung und die in den vorangegangenen Abschnitten dargestellten Forschungsindikatoren.

Betrachtet man die 76 universitären Standorte mit erziehungswissenschaftlichen Studiengängen (vgl. Kapitel 1), dann setzen sie sich folgendermaßen zusammen:

- 28 alte Universitäten und Technische Hochschulen mit und ohne PH-Integration,
- 17 Universitätsneugründungen (seit 1960), die unter Einbeziehung Pädagogischer Hochschulen entstanden sind,
- 14 sonstige Universitätsneugründungen,
- 6 Pädagogische Hochschulen und
- 11 Hochschulen in den neuen Bundesländern.

Im Kapitel über die Forschung in der Erziehungswissenschaft wurde bereits auf Unterschiede der Forschungsorientierung in der Erziehungswissenschaft hingewiesen, die aus einer eher philosophisch-historischen oder empirisch-sozialwissenschaftlichen Ausrichtung resultieren.

Aus diesen individuellen Forschungspräferenzen ergeben sich möglicherweise auch Profile der Erziehungswissenschaft an einzelnen Hochschulstandorten. Baumert/Roeder (1990a) ermittelten solche Profile u. a. anhand der Zahl der Publikationen und der Zitationen. Ihre Typenbeschreibungen verbanden sie mit Informationen über die Berufungspraxis, von Auslandskontakten usw. Sie unterschieden, noch beeinflußt von der Frage nach den Auswirkungen der Integration der Pädagogischen Hochschulen in die Universitäten, zwischen Forschungs- und Praxisorientierung der Hochschulinstitute.

Das uns verfügbare Material gestattet es, die Publikationstätigkeit über den Anteil der Professoren, die in den letzten fünf Jahren publiziert haben, und die Zahl der Veröffentlichungen in ausgewählten Fachzeitschriften je Professor zu erfassen. Daneben konnten wir als Indikatoren einer eher empirisch-sozialwissenschaftlichen Ausrichtung die Anzahl der Drittmittelprojekte und -stellen je Professor ermitteln.[9] Mit diesen vier Indikatoren wurden die erziehungswissenschaftlichen Hochschulorte über eine hierarchische

---

9 Eine Faktorenanalyse mit weiteren Indikatoren zur Forschung an den Hochschulen ergab eine Lösung mit zwei Faktoren, für die jeweils zwei „Leitvariablen" für die Typisierung ausgewählt wurden.

Clusteranalyse typisiert (Methode WARD mit z-transformierten Variablen). Der Verlauf der Distanzkoeffizienten führte zur Wahl einer Lösung mit vier Clustern (vgl. Tabelle 5.10).

Tab. 5.10: Ergebnis der hierarchischen Clusteranalyse

Cluster	N	Angaben je Professor			Anteil publizierender Professoren
		Drittmittel-projekte	Drittmittel-stellen	Veröffentlichungen in ausgewählten Fachzeitschriften	
1	33	2,03	0,60	1,81	91,6
2	33	1,07	0,48	0,98	68,5
3	4	3,60	0,52	5,42	100,0
4	4	3,63	3,92	1,49	97,2

Den Typ der drittmittelgestützen, forschungsproduktiven Hochschulinstitute repräsentiert Cluster 4. Dieser Gruppe stehen die Institute des Clusters 2 mit einem niedrigen Anteil publizierender Professoren und einer niedrigen Zahl von Drittmittelprojekten, Drittmittelstellen und Veröffentlichungen der publizierenden Professoren in ausgewählten Fachzeitschriften gegenüber. Im Anschluß an die Typisierung von Baumert/Roeder (1990b) lassen sich diese Standorte als praxisorientiert kennzeichnen, indem unterstellt wird, daß diese Aktivitäten an die Stelle forschungsorientierter Tätigkeiten treten. Im Cluster 3 ist die Anzahl der Veröffentlichungen je Professor weit höher als in den anderen Clustern, dort werden auch viele Drittmittelprojekte durchgeführt, aber mit wenigen aus Drittmitteln finanzierten Mitarbeitern. Cluster 1 gehören Hochschulen mit durchschnittlichen Forschungsleistungen an.

Die Lehr- und Prüfungsbelastung ist an den Hochschulen des Clusters 1 durchschnittlich etwas höher als an den Einrichtungen des Clusters 2. Weit höher ist aber die Lehr- und Prüfungsbelastung an den Hochschulen der Cluster 3 und 4. Die letzten beiden Gruppen zeichnen sich auch durch eine besonders hohe Quote von Promotionen je Professor aus.

Die wenigen forschungsintensiven Hochschulen der Standorttypen (Cluster 3 und 4) sind überwiegend alte Universitäten und Technische Hochschulen (vgl. Tab. 5.11). Die Hälfte dieser Gruppe von Hochschulen gehört aber in die Gruppe der wenig forschungsintensiven Hochschulen (Cluster 2). Auch die sechs Pädagogischen Hochschulen und die Mehrzahl der Universitäten mit PH-Tradition fallen in diese Gruppe. Von wenigen Ausnahmen abgesehen befinden sich die Universitätsneugründungen ohne PH-Tradition und die Universitätsstandorte in den neuen Ländern im Cluster 1, der Gruppe der eher forschungsorientierten Universitäten.

Tab 5.11: *Hochschultyp und Forschungsorientierung*

Hochschultyp	Cluster				insgesamt
	1	2	3	4	
Alte Universitäten und Technische Hochschulen	9	14	2	3	28
Universitätsneugründungen mit PH-Tradition	6	10	0	1	17
Sonstige Universitätsneugründungen	9	1	2	0	12
Pädagogische Hochschulen	0	6	0	0	6
Universitäten in den neuen Bundesländern	9	2	0	0	11
Insgesamt	33	33	4	4	74

Die Schlussfolgerungen sind gegenüber der ersten Analyse nicht zu verändern (Weishaupt/Merkens 2000, S. 151): Die PH-Tradition erziehungswissenschaftlicher Hochschulstandorte wirkt sich bis heute auf die Forschungsorientierung der Disziplin aus. Vor allem Universitätsneugründungen ohne PH-Tradition und Standorte in den neuen Ländern treiben die Entwicklung der Erziehungswissenschaft in Richtung einer projektgestützt forschenden sozialwissenschaftlichen Disziplin voran. Die alten Universitäten verlieren an diese Entwicklung zunehmend den Anschluss, obwohl die Erziehungswissenschaft gerade dort sich in der Konkurrenz mit den Naturwissenschaften behaupten muss. Es gibt aber einige traditionelle Hochschulstandorte, die sich trotz hoher Lehr- und Prüfungsbelastung auch durch besondere Leistungen in der Forschung auszeichnen.

5.5 Drittmittelgeförderte Projekte in der Erziehungswissenschaft: eigene Befragung

Mit den bisher dargestellten Analysen ist noch nichts gesagt über die Struktur der Drittmitteleinnahmen: weder über die Geldgeber noch über die Förderungsschwerpunkte. Diese Kenntnis ist aber notwendig, will man Bereiche identifizieren, in denen drittmittelfinanzierte Forschungen stattfinden, und Auskunft darüber erhalten, welche Institutionen einzelne Schwerpunkte in der Disziplin und die mit ihnen verbundenen Projekte besonders fördern. Wie schwierig es ist, detaillierte Daten über das Drittmittelaufkommen in einer Disziplin wie der Erziehungswissenschaft zu erhalten, weiß jeder, der sich einmal damit beschäftigt hat. Im Prinzip stehen für eine differenzierte Datenerhebung, die über die vom Statischen Bundesamt gemachten Angaben hinausgeht, nur zwei Möglichkeiten zur Verfügung. Zum einen kann man die einschlägigen öffentlichen und privaten Förderorganisationen als Geldgeber auf ihre Mittelvergabe im Bereich der Erziehungswissenschaft hin befragen: die DFG und die entsprechenden Ministerien als öffentliche Förderorganisationen und die halb-öffentlichen oder privaten Stiftungen. Einen anderen Weg kann man gehen, indem man sich direkt an die einzelnen pädagogischen Fachbereiche oder Institute wendet. Beide Wege sind an der Universität Göttingen für die folgende Erhebung beschritten worden.[10]

5.5.1 Datenerhebung

In einem ersten Schritt wurden 55 Institutionen angeschrieben[11], die Forschungsförderung betreiben. 34 von ihnen haben geantwortet, jedoch nur 20 Institutionen konnten Förderungsaktivitäten im Bereich der Erziehungswissenschaft benennen; in elf Fällen wurden keine erziehungswissenschaftlichen Projekte gefördert; drei weitere Förderinstitutionen verwiesen auf die entsprechenden Hochschuleinrichtungen des Landes bzw. deren Internetseiten. Die positiven Antworten waren zudem unterschiedlich strukturiert und stellten damit ein kaum zu vereinheitlichendes Material dar, das für weitergehende Aussagen keine ausreichende Basis bot.

In einem zweiten Schritt wurde daher der Weg eingeschlagen, die für die Disziplin einschlägigen Institute bzw. Fachbereiche um die folgenden Angaben für den Zeitraum von 1998 - 2003 zu bitten.[12]

- Titel des Projekts
- Projektverantwortlicher
- Drittmittelgeber
- Dauer
- Höhe der eingeworbenen Mittel

76 Institute bzw. Fachbereiche wurden angeschrieben (Adressenliste des CHE). 54 Institute antworteten in der Zeit; bei zweien waren die Angaben für unsere Fragestellung nicht verwertbar. Von 3 Instituten gingen die Angaben verspätet ein und konnten nicht mehr berücksichtigt werden, in 3

---

10 Für ihre Mitarbeit bei der Datenaufnahme und den Tabellen danke ich Frauke Lindloff, MA, und stud. paed. Petra Lindemann, Georg-August-Universität Göttingen.
11 Befragung Juli 2002.
12 Befragung September 2003.

weiteren Fällen sind zugesagte Erhebungen bis zum Ende der Datenaufnahme nicht angekommen. Aufgrund dieser Datenlage haben wir in 19 Fällen versucht, die Selbstdarstellungen über die jeweilige Homepage einzubeziehen; sechsmal waren sie für unsere Fragestellung nicht verwertbar. Insgesamt konnten mit diesen zusätzlichen Recherchen die Angaben von 64 Instituten in die Zusammenstellung aufgenommen werden.[13]

Tab. 5.12: Drittmittelforschung in der Erziehungswissenschaft

Nr.	Drittmittelgeber	Anzahl der Projekte	Fördermittel		Fördermittel in € pro Projekt (∅ der angegeb. Summen)
			Euro	k. A.	
1.	DFG	123	9.041.000	57	136.000
2.	Stiftungen	80	5.070.000 (+ 8 Stipendien)	28	97.000
3.	BMBF	69	10.118.000	31	266.000
4.	andere Bundesministerien	33	13.131.000	4	453.000
5.	BLK, Bund	23	2.780.000	14	309.000
6.	EU	40	4.024.000	18	183.000
7.	Landesministerien	171	12.939.000	65	122.000
8.	Institute	29	679.000	9	34.000
9.	Kommunale/ regionale Einrichtungen	49	955.000	21	34.000
10.	Wirtschaft	43	1.179.000 (+ Finanzierung von Lehraufträgen)	19	49.000
11.	DAAD	14	491.000 (+ projektbezog. Personalaustausch)	3	45.000
12.	Universitäten	46	453.000	31	30.000
13.	Sonstige	133	7.370.000	55	94.000
	Insgesamt	853	68.240.000	355	137.000

---

13 Ein Problem ergab sich bei der Wirtschaftspädagogik. In der Adressenliste des CHE werden die wirtschafts- und berufspädagogischen Institute, die wirtschaftswissenschaftlichen Fakultäten zugeordnet sind, nicht gesondert erfaßt. Als der Rücklauf zeigte, dass das erste Anschreiben in den meisten Fällen diese Institute nicht erreicht hatte, erging unsere Anfrage nachträglich an 13 Institute - telefonisch und schriftlich. 6 davon antworteten. Fehlende Antworten aus diesem Bereich sind vermutlich darauf zurückzuführen, dass das gesonderte Anschreiben erst relativ spät erfolgte. Das kann bedeuten, dass in dem Bereich der Wirtschaftspädagogik über die genannten Projekte hinaus weitere vorhanden sind, die hier aber nicht berücksichtigt werden konnten. Eine ähnliche Problematik könnte für die Sonderpädagogik gelten, soweit sie nicht in erziehungswissenschaftlichen Fachbereichen verankert ist.

5.5.2 Drittmittelgeber

Insgesamt wurden für den Zeitraum von 1998-2003 853 drittmittelgeförderte Projekte aus verschiedenen Bereichen angegeben, die von über 300 Drittmittelgebern Gelder erhielten. Dabei kristallisierten sich erwartungsgemäß einzelne Drittmittelgeber als besonders bedeutend für die Erziehungswissenschaft heraus (Tabelle 5.12).

Fasst man, wie hier geschehen, die vielen konkreten Drittmittelgeber in institutionell abgrenzbaren Gruppen zusammen, so zeigen sich erwartungsgemäß deutliche Unterschiede zwischen den Förderinstitutionen. Bezogen auf die Zahl der geförderten Projekte, gibt es ein Dutzend größere Förderer, die 85 % aller Projekte finanzieren, während über 50 "sonstige Institutionen" die restlichen 15 % (137 Projekte) fördern, im Durchschnitt weniger als 3 Projekte. Innerhalb der Klasse der 12 größeren Förderer zeigen sich ebenfalls deutliche Größenunterschiede:

- DFG (123) und Stiftungen (80): 24 %
- Landesministerien (171): 20 %
- Bundesministerien insgesamt, einschließlich BLK (125): 15 %

Eine andere Gewichtung tritt zutage, wenn wir nicht nach der Zahl der geförderten Projekte fragen, sondern nach der (durchschnittlich) aufgebrachten Fördersumme pro Projekt. Hier rangieren die von Bundesministerien geförderten Projekte deutlich an der Spitze; sie sind teurer, d.h. in der Regel personalintensiver als die Projektförderung durch die DFG sowie die Stiftungen. Die Landesministerien dagegen liegen interessanterweise mit ihrer Förderung zahlreicher Projekte "nur" auf der Höhe der DFG-Förderung pro Projekt. Dass es auch noch eine sehr viel kleiner dimensionierte Projektförderung gibt, zeigen die übrigen Projekte, hinter denen die heimischen Universitäten, die Wirtschaft, kommunale Einrichtungen u. a. stehen.

Insgesamt wird eine Fördersumme von knapp 70 Millionen € für 498 Projekte (= rund 60 % von 853 gemeldeten Projekten) berichtet. Die Größenordnung dieser Gesamtsumme erscheint plausibel, und zwar aus folgendem Grund: Die Drittmitteleinnahmen der Wissenschaftlichen Hochschulen betrugen für den Bereich der Erziehungswissenschaft 115 Millionen € für die fünf Jahre von 1997-2001 (vgl. Tab. 5.2). Davon könnten auf 60 % aller Projekte ungefähr 69 Millionen € entfallen sein, wenngleich es problematisch ist, aus dem uns vorliegenden Datensatz Berechnungen in Bezug auf die Gesamtfördersumme abzuleiten.[14] Dass die errechnete Summe iro-

---

14 Hochrechnungen lassen sich vor allem deshalb nicht anstellen, weil man nur darüber spekulieren kann, ob möglicherweise besonders hohe Fördersummen nicht angegeben worden sind oder die

nischer Weise nahezu mit der in der Finanzstatistik genannten Summe übereinstimmt, hat aber seinen Grund wohl in gegenläufigen Unschärfen: Zum einen fehlen in unserer Erhebung einzelne Institute (s. o. 5.5.1), zum anderen sind in den Drittmitteleinnahmen der Erziehungswissenschaft nicht flächendeckend die Mittel derjenigen Berufs- und Wirtschaftspädagogen enthalten, die wirtschaftswissenschaftlichen Fakultäten zugeordnet sind.

Größeres Interesse als diese Summenspiele dürfte allerdings die Frage beanspruchen, welche Forschungsgebiete und Schwerpunkte innerhalb der Erziehungswissenschaft besonders drittmittelintensiv sind und welche Förderer dahinter stehen.

5.5.3 Geförderte Schwerpunkte

Um Aussagen über die einzelnen Forschungsgebiete machen zu können, wurden die Projekte nach ihren Titeln klassifiziert und einzelnen Forschungsgebieten zugeordnet (Tabelle 5.13). Die über die Projekte identifizierten Forschungsgebiete stimmen zu weiten Teilen mit der Gliederung der Disziplin Erziehungswissenschaft überein, wie sie in der DGfE vorgenommen wird. Quer dazu liegen allerdings Forschungsgebiete wie Hochschulforschung und Sozialisationsforschung. Auch der Schwerpunkt der Beratung, hier vorrangig die Beratung von Institutionen, und die beiden auf Veränderungen im Handeln von Individuen zielenden Bereiche der politischen Bildung und der Umweltpädagogik lassen sich nicht unter das DgFE-Schema subsumieren. Sie stellen eigenständige Gegenstandsbereiche dar, die aus der Perspektive unterschiedlicher Sektionen wissenschaftlich erforscht werden können.

Geht man für eine erste Analyse von der Anzahl der Projekte aus, die jeweils einem Forschungsgebiet zuzurechnen sind, so fällt - wie auch bei den Geldgebern - zunächst einmal eine große Vielfalt der Schwerpunkte auf, für die drittmittelgeförderte Projekte benannt werden können. Allerdings sind die einzelnen Schwerpunkte höchst unterschiedlich besetzt. 7 der ermittelten Forschungsgebiete (gut ein Drittel) beziehen fast drei Viertel der Projekte ein (74 %); auf die restlichen 12 Schwerpunkte (zwei Drittel) entfällt ein Viertel der Projekte (26 %). Sie sind jeweils nur mit 3 % (einmal 4 %) und weniger der angegebenen Projekte bestückt. Ins Auge dagegen fallen vier herausragende Forschungsgebiete: die Schulforschung und Schulpädagogik (1) mit einem Anteil von 20 %, die Sozialpädagogik (2) mit einem Anteil 13

Auskunft über besonders kleine Summen hinter der Prestige-Angabe "Drittmittelprojekt" zurückgehalten wurde. Zudem sind die Förderungszeiträume nicht immer genau genannt, so dass möglicherweise Summen in den Erhebungszeitraum eingeflossen sind, die erst in den Jahren 2003ff ausgegeben werden.

%, die Berufs- und Wirtschaftspädagogik (3) mit 12 % und die Medienforschung (4) mit 9 %. Die Erwachsenenbildung (5), die Historische Bildungsforschung (6) und die Interkulturelle Pädagogik (7) liegen bei 6 % und 7 %. Die restlichen 26 % verteilen sich auf jene schwach besetzten Forschungsschwerpunkte, von denen bereits die Rede war. Dieser Befund zeigt, dass in der Erziehungswissenschaft ein breites Spektrum von Forschungsschwerpunkten (oder erziehungswissenschaftlichen Teilgebieten) gefördert wird, allerdings mit einer höchst ungleichen Verteilung.

Tab. 5.13: Drittmittelforschung in der Erziehungswissenschaft

Nr.	Forschungsgebiete	Anzahl der Projekte
1.	Schulforschung/Schulpädagogik	169
	darunter: Elementarbereich	9
	Primarbereich	42
	Lernforschung	19
	Wiss. Begleitung	17
2.	Sozialpädagogik	108
3.	Berufs- und Wirtschaftspädagogik	100
4.	Medienpädagogik/ Medienforschung[1]	81
5.	Erwachsenenbildung	61
6.	Historische Bildungsforschung	56
7.	Interkulturelle Erziehung[2]	55
8.	Hochschulforschung	35
9.	Sonderpädagogik	28
10.	Sozialisationsforschung	27
11.	Geschlechterforschung	27
12.	Lehrerbildung	24
13.	Beratung[3]	20
14.	Umweltbildung	18
15.	Allgemeine Pädagogik	16
16.	Pädagogische Psychologie	13
17.	Politische Bildung	8
18.	Didaktik	6
19.	Stipendien	1
Insgesamt		853

1 einschließlich E-Learning
2 einschließlich der Vergleichenden Bildungsforschung
3 Beratung von Institutionen unter pädagogischem Aspekt

5.5.4 Drittmittelgeber und geförderte Schwerpunkte

Wenn man den Katalog der 18 hier unterschiedenen Forschungsgebiete mit den einzelnen Drittmittelgebern und den von ihnen geförderten Projekten abgleicht, dann zeigen sich, wie nicht anders zu erwarten, Unterschiede in der Förderung. Einige der Institutionen fördern eine größere Anzahl unterschiedlicher Schwerpunkte, andere sind in einer geringeren Anzahl von Fördergebieten engagiert. Am weitesten reicht das Engagement der Landesministerien, die in allen Förderschwerpunkten vertreten sind, gefolgt von der DFG und den Stiftungen, bei denen Projekte aus 17 bzw. 15 Gebieten angesiedelt sind. Die meisten anderen - wichtigeren - Geldgeber sind durchschnittlich in 11 Gebieten aktiv.

Neben dieser rein quantitativen Darstellung ist eine gewisse Differenz in der Schwerpunktsetzung zu erkennen. Hier einige Beispiele:

- *DFG*: Historische Bildungsforschung: 31
  Schulforschung/Schulpädagogik: 26
  Sozialisationsforschung: 15
- *Stiftungen*: Schulforschung/Schulpädagogik: 23
  Sozialpädagogik: 13
- *BMBF*: Medienpädagogik/Medienforschung: 25
  Berufs- und Wirtschaftspädagogik: 16
  Interkulturelle Pädagogik: 14
  Erwachsenenbildung: 13
- *EU*: Berufs- und Wirtschaftspädagogik: 18
  Interkulturelle Pädagogik: 14
- *Landesministerien*: Schulforschung/Schulpädagogik: 65
  Sozialpädagogik: 33
  Berufs- und Wirtschaftspädagogik: 24
  Medienpädagogik/Medienforschung: 14
- *Universitäten*: Schulforschung: 12
  Medienforschung: 9
  Sozialpädagogik: 9
- *Wirtschaft*: Berufs- und Wirtschaftspädagogik: 12.

Diese Auflistung entbehrt nicht einer gewissen Plausibilität, wenn man einen lockeren Zusammenhang zwischen dem geförderten Forschungsgebiet und den Interessen des Drittmittelgebers unterstellt. Aber allzu weit gehende Schlüsse verbieten sich, decken doch die hier angeführten Beispiele (405 Projekte) nur knapp die Hälfte aller genannten Projekte ab. Damit ist neben einer Schwerpunktsetzung auch eine breite Streuung der Förderung zu verzeichnen.

Einen ähnlichen Eindruck gewinnt man, wenn man die Perspektive wechselt und fragt, welche Drittmittelgeber hinter den rein zahlenmäßig am häufigsten geförderten Forschungsprojekten stehen.

Hier die vier wichtigsten Beispiele:

- *Schulforschung/Schulpädagogik* (169 Projekte)
  Landesministerien: 62
  DFG und Stiftungen: 49 (Tabelle 5.14)
- *Berufs- und Wirtschaftspädagogik* (100 Projekte)
  Landesministerien: 24
  BMBF: 16
  Wirtschaft: 13 (Tabelle 5.15)
- *Sozialpädagogik* (108 Projekte)
  Landesministerien: 33
  Kommunale und regionale Einrichtungen: 28 (Tabelle 5.16)
- *Medienpädagogik/Medienforschung* (81 Projekte)
  BMBF : 25
  Landesministerien: 16 (Tabelle 5.17)[15]

Tab. 5.14: Drittmittelgeber der Kategorie Schulforschung/Schulpädagogik

Nr.	Drittmittelgeber	Anzahl der Projekte	Fördermittel	
			Euro	k. A.
1.	DFG	26	2.040.000	12
2.	BMBF	8	1.115.000	2
3.	Stiftungen	23	689.000	9
4.	andere Bundesministerien	1	910.000	
5.	BLK/Bund	1	550.000	
6.	Landesministerien	62	4.862.000	27
7.	Institute	1	k. A.	1
8.	kommunale/ regionale Einrichtungen	6	11.000	4
9.	Wirtschaft	9	754.000	2
10.	EU	3	k. A.	3
11.	DAAD	1	k. A.	1
12.	Universitäten	12	80.000	10
13.	Sonstige	16	336.000	8
Insgesamt		169	11.347.000	79

Eine geringfügig andere Gewichtung bekommen die hier aufgeführten Zuordnungen zwischen Drittmittelgebern und der Anzahl der jeweils geförderten Projekte aus einem Bereich, wenn man bei der Interpretation - trotz aller damit verbundenen Problematik (s. o. Anm. 5) - die Fördersummen mit

---

15 Bei den stärker forschungs- und weniger anwendungsorientierten Schwerpunkten wie der Historischen Bildungsforschung und der Sozialisationsforschung werden jeweils mehr als die Hälfte der Projekte von der DFG gefördert.

in Betracht zieht.

Tab. 5.15: Drittmittelgeber der Kategorie Berufs- und Wirtschaftspädagogik

Nr.	Drittmittelgeber	Anzahl der Projekte	Fördermittel Euro	k. A.
1.	DFG	7	524.000	1
2.	BMBF	16	661.000	6
3.	Stiftungen	-	-	-
4.	andere Bundesministerien	7	7.317.000	-
5.	BLK/ Bund	7	1.169.000	2
6.	Landesministerien	24	368.000	18
7.	Institute	5	170.000	2
8.	Kommunale/ regionale Einrichtungen	8	210.000	5
9.	Wirtschaft	12	24.000	8
10.	EU	8	997.000	2
11.	DAAD	1	-	1
12.	Universitäten	1	-	1
13.	sonstige	4	212.000	-
Insgesamt		100	11.652.000	46

Tab. 5.16: Drittmittelgeber der Kategorie Sozialpädagogik

Nr.	Drittmittelgeber	Anzahl der Projekte	Fördermittel Euro	k. A.
1.	DFG	2	1.079.000	
2.	BMBF	4	344.000	
3.	Stiftungen	13	275.000	5
4.	andere Bundesministerien	13	3.042.000	4
5.	BLK/Bund	1	k. A.	1
6.	Landesministerien	33	1.793.000	14
7.	Institute	2	17.000	
8.	kommunale/ regionale Einrichtungen	28	681.000	10
9.	Wirtschaft	2	10.000 (+Finanzierung von Lehraufträgen)	
10.	EU	3	664.000	2
11.	Universitäten	9	76.000	5
12.	Sonstige	8	540.000	
Insgesamt		107	8.521.000	41

Tab. 5.17: Drittmittelgeber der Kategorie Medienpädagogik/Medienforschung [16]

Nr.	Drittmittelgeber	Anzahl der Projekte	Fördermittel Euro	k. A.
1.	DFG	8	217.000	5
2.	BMBF	25	1.857.000	17
3.	Stiftungen	4	576.000	3
4.	andere Bundesministerien	1	k. A.	1
5.	BLK/Bund	1	k. A.	1
6.	Landesministerien	16	546.000	9
7.	Institute	6	79.000	2
8.	kommunale/regionale Einrichtungen	2	19.000	
9.	Wirtschaft	4	81.000	1
10.	EU	3	k. A.	3
11.	DAAD	1	k. A.	1
12.	Universitäten	9	369.000	2
13.	Sonstige	1	k. A.	1
Insgesamt		81	3.744.000	46

Dann erweist sich nämlich beispielweise für die Schulforschung neben den Landesministerien die Bedeutung der DFG; für die Berufs- und Wirtschaftspädagogik relativiert sich der Anteil der BMBF-Förderung, während das BMBF bei dem Schwerpunktbereich Medienforschung nicht nur von der Anzahl der geförderten Projekte, sondern auch von der Fördersumme her der wichtigste Träger ist. Diese Rolle nimmt in der Historischen Bildungsforschung eindeutig die DFG ein.

Die erkennbaren Unterschiede bei dem Zusammenhang von Drittmittelförderung und Schwerpunkten verwundern nicht, und natürlich lassen sie sich begründen: etwa mit Verweis auf die Zuständigkeit der Landesregierungen im Schulbereich, mit Blick auf naheliegende Interessen oder unter Rekurs auf die Rolle der DFG für die Förderung von Forschung ohne vordergründigen Anwendungsbezug. Gleichwohl gilt auch bei der hier an zweiter Stelle gewählten Betrachtungsrichtung (Tabelle 5.14-5.17), dass man die breite Streuung, also das Interesse ganz unterschiedlicher Drittmittelgeber an der Förderung ein und desselben Forschungsgebiets, nicht übersehen sollte.

---

[16] einschließlich E-Learning

6 Geschlechterverhältnisse

Hannelore Faulstich-Wieland

Frauen sind an den wissenschaftlichen Hochschulen mittlerweile selbstverständlich vertreten. Ihr Anteil ist auf allen Qualifikationsstufen ebenso wie auf allen Ebenen der Beschäftigung seit 1992 nahezu kontinuierlich gestiegen (vgl. Tab. 6.1). Allerdings bildet sich ihre Repräsentanz immer noch in Form einer Pyramide ab: Je höher die Qualifikation bzw. die Position, desto seltener der Frauenanteil. Selbst von den weiblichen Studienberechtigen nehmen noch weniger ein Studium auf als von den männlichen, bei den Promotionen und den Habilitationen liegt ihr Anteil auch 2002 noch erst bei einem guten Drittel bzw. einem guten Fünftel. Vom wissenschaftlichen Personal zu den C4-Professuren fällt der Anteil noch immer deutlich ab – von einem knappen Viertel auf 8 % bei den C4-Professuren.

Tab. 6.1: Frauenanteile in verschiedenen Stadien der akademischen Laufbahn 1992 bis 2002

Gegenstand der Nachweisung	1992	1994	1996	1998	2000	2002
Studienberechtigte	47,6	50,0	51,9	52,8	53,6	53,1
Studienanfänger	43,3	45,1	47,9	48,5	49,2	50,6
Studierende	39,7	40,8	42,6	44,5	46,1	47,4
Absolventen	38,6	40,6	40,7	42,2	44,8	46,9
Promotionen	28,9	31,2	31,1	33,1	34,3	36,4
Habilitationen	12,9	13,5	12,9	15,3	18,4	21,6
Hochschulpersonal insgesamt	49,5	49,4	50,0	50,4	50,8	51,2
Hauptb. wissenschaftl. und künstl. Personal	21,6	21,9	23,0	24,2	25,6	27,7
Wissenschaftliche und künstlerische Mitarbeiter	26,0	26,6	27,4	28,9	30,4	32,7
Professoren	6,5	7,5	8,5	9,5	10,5	11,9
C4-Professoren	3,8	4,3	5,1	5,9	7,1	8,0
Bevölkerung insgesamt	51,5	51,4	51,3	51,2	51,2	51,1

Quelle: http://www.destatis.de/presse/deutsch/pk/2003/hochschulstandort_2003i.pdf - S. 35, Tab. 18

Diese Pyramide findet sich auch in der Erziehungswissenschaft, wie an Hand der verfügbaren Daten im Folgenden gezeigt werden soll. Zugleich lässt sich aber nachweisen, dass die Gleichstellung von Frauen und Männern hier schon relativ weit vorangeschritten ist und sich immerhin auf dem Weg befindet. Vielfach allerdings fehlen genaue Daten, zum Teil sind sogar Differenzierungen, die bisher ausgewiesen wurden, nicht mehr verfügbar. Die Darstellung konzentriert sich auf die erziehungswissenschaftlichen Hauptfachstudiengänge Diplom und Magister sowie in einigen Fällen auf das Hauptfach Erziehungswissenschaft/Pädagogik bei Lehramtsstudierenden. Es werden zunächst die Zahlen der Studierenden und ihres Studienerfolgs analysiert, danach die Wege in eine Hochschullaufbahn anhand von Promotionen und Habilitationen geprüft, um schließlich die Repräsentanz von Frauen in Forschung und Lehre zu untersuchen. Als Vergleichsdaten werden – wie auch in den anderen Kapiteln – die Daten zu den Fächern Psychologie, Politik- und Sozialwissenschaften sowie Wirtschaftswissenschaften herangezogen.

Tab. 6.2: Von Frauen bevorzugte Studienbereiche an Universitäten im Vergleich – Wintersemester 2002/2003 [1]

Studienbereiche, geordnet nach der Zahl der immatrikulierten Frauen	Studierende			Studienanfänger		
	Männer	Frauen	Fr. in %	Männer	Frauen	Fr. in %
Wirtschaftswissenschaften[1]	103.365	70.937	40,7	19.133	16.407	46,2
Germanistik	22.416	65.556	74,5	4.321	15.031	77,7
Humanmedizin	41.049	52.327	56,0	4.122	7.304	63,9
Rechtswissenschaft	50.493	48.665	49,1	7.519	9.270	55,2
Erziehungswissenschaft[2]	13.182	39.732	75,1	2.585	7.790	75,1
Anglistik	12.836	33.226	72,1	2.500	7.518	75,1
Biologie	18.572	28.229	60,3	3.034	5.658	65,1
Mathematik	23.882	18.322	43,4	5.523	5.574	50,2
Nachrichtlich:						
Psychologie	8.645	25.273	74,5	980	3.650	78,8
Sozialwissenschaft	17.437	23.365	57,3	5.264	3.520	40,1
Geschichte	21.666	17.289	44,4	3.348	3.263	49,4
Studierende insgesamt	685.016	685.420	50,0	103.800	125.800	54,8

1 BWL, VWL, Wirtschaftswissenschaft
2 inkl. 1. Unterrichtsfach und berufliche Fachrichtungen, vgl. die Abgrenzung in Tab. 2.3

Quelle: Statistisches Bundesamt, Fachserie 11, Reihe 4.1, eigene Berechnungen

---

1 Der Vergleich der Fächer wurde auf Grundlage der amtlichen Statistik neu berechnet. Dabei wurden in den einzelnen Fächern sämtliche Studierende in den Diplom-, Magister- und Lehramtsstudiengängen aufsummiert. Das heißt, dass in Erziehungswissenschaft neben Diplom und Magister auch die pädagogischen Lehramtsfächer der Sekundarstufe II einbezogen wurden, während Lehramtsstudierende ohne ein pädagogisches Hauptfach nicht berücksichtigt wurden.

6.1 Studierende, Absolventinnen und Absolventen

Im Wintersemester 2002/2003 haben insgesamt 52.914 Studierende das Fach Erziehungswissenschaft entweder im Diplom- oder Magisterstudiengang oder als Lehramtsstudierende mit Sonderpädagogik, Sozialpädagogik oder Pädagogik als Hauptfach für die Sekundarstufe II an allgemein bildenden oder beruflichen Schulen belegt. 39.732 davon sind Frauen, d.h. 75,1% (vgl. Tab. 6.2). Den gleichen Anteil bilden die Frauen mit 7.790 an den Studienanfängern, d.h. Dreiviertel aller eingeschriebenen Studierenden in der Erziehungswissenschaft sind weiblich.

Tab. 6.3: Studierende, Absolventinnen und Absolventen erziehungswissenschaftlicher Diplom- und Magisterstudiengänge 1993 - 2002

Jahr	Studierende[1]			Absolventinnen und Absolventen		
	Männer	Frauen	Fr. in %	Männer	Frauen	Fr. in %
1993	12.392	29.193	70,2	586	1.609	73,3
1994	12.492	29.712	70,4	583	1.426	71,0
1995	14.402	35.726	71,2	618	1.629	72,5
1996	14.927	37.548	71,4	793	2.099	72,6
1997	13.757	38.003	73,2	947	2.691	74,0
1998	14.376	37.986	72,5	904	2.957	76,6
1999	14.572	39.168	72,9	1.188	2.877	70,8
2000	13.745	39.152	74,0	1.257	3.155	71,5
2001	13.500	39.387	74,5	990	3.278	76,8
2002	13.182	39.732	75,1	1.011	3.523	77,7

1 Die Zahlen weichen durch ein anderes Berechnungsverfahren für 1997-2002 von Tab. 2.2 ab.

Quelle: Statistisches Bundesamt, Fachserie 11, Reihe 4.1, verschiedene Jahrgänge; eigene Berechnungen – vgl. Tab. 2.2, Tab. 2.3

Erziehungswissenschaft gehört zusammen mit Psychologie sowie den Sprachenfächern Germanistik und Anglistik zu den weit überproportional von Frauen gewählten Studienfächern. Ebenfalls überproportional sind Frauen mittlerweile in der Humanmedizin und der Biologie vertreten. Bei den Rechtswissenschaften liegen sie entsprechend ihrem Anteil an den Studierenden insgesamt, während sie in Wirtschaftswissenschaften, Mathematik und Geschichte noch unterproportional vertreten sind. Absolut allerdings stellen die Wirtschaftswissenschaften das im Wintersemester 2002/03 von den meisten Frauen gewählte Fach dar, gefolgt von Germanistik, Jura und Medizin. In allen Fächern außer den Sozialwissenschaften sind Frauen unter den Studienanfängern gleich oder stärker vertreten als unter den Studierenden insgesamt. In Erziehungswissenschaft sind sie gleich stark in beiden Gruppen vertreten. In den Sozialwissenschaften dagegen sind Frauen bei den Studierenden insgesamt noch überproportional, bei den Studienanfängern dagegen unterproportional beteiligt.

Tab. 6.4: Modellrechnung zur Erhaltquote bei erziehungswissenschaftlichen Hauptfachstudierenden (Diplom und Magister; 1986-2002; ab 1993 inkl. neue Bundesländer)[1]

1. Studienjahr Studierende [2]				Abschlussjahr Absolventinnen und Absolventen				Erhaltquote	
	Frauen	Männer			Frauen	Männer		Frauen	Männer
Jahr	absolut			Jahr	absolut			in %	
1986	3.611	1.615	⇒	1992	1.345	564	=	37,2	34,9
1987	3.755	1.563	⇒	1993	1.419	556	=	37,8	35,6
1988	3.935	1.693	⇒	1994	1.421	583	=	36,1	34,4
1989	4.226	1.744	⇒	1995	1.601	608	=	37,9	34,9
1990	4.674	2.096	⇒	1996	1.873	734	=	40,1	35,0
1991	5.388	2.467	⇒	1997	2.342	863	=	43,5	35,0
1992	7.628	3.755	⇒	1998	2.545	795	=	33,4	21,2
1993	8.457	3.417	⇒	1999	2.877	1.188	=	34,0	34,8
1994	8.991	3.708	⇒	2000	3.155	1.257	=	35,1	33,9
1995	9.147	3.378	⇒	2001	3.278	990	=	35,8	29,3
1996	8.787	3.237	⇒	2002	3.523	1.011	=	40,1	31,2

1 Diese Modellrechnung muss als Vereinfachung verstanden werden. So können die Werte keinesfalls im Sinne eines personenbezogenen Ausbildungsverlaufs gelesen werden.
2 Die Angaben der Jahre 1997-2002 weichen durch ein anderes Berechnungsverfahren von den Zahlen in Tab. 2.2 ab.

Quelle: Statistisches Bundesamt, Fachserie 11, Reihe 4.1 und 4.2, verschiedene Jahrgänge; eigene Berechnungen; vgl. Tab. 2.1 u. 2.2

In den erziehungswissenschaftlichen Studiengängen liegt der Frauenanteil an den Absolvierenden jeweils über ihrem Anteil an den Studierenden (vgl. Tab. 6.3). Dies deutet darauf hin, dass Frauen erfolgreicher studieren als Männer. Zur Überprüfung dieser Annahme wird eine Modellrechnung der Erhaltquote bei erziehungswissenschaftlichen Hauptfachstudierenden durchgeführt. Berechnet man den Anteil der Absolventen eines Jahres an der Zahl derjenigen, die sechs Jahre vorher ihr Studium aufgenommen haben, so gibt dieser Wert annähernd Auskunft darüber, wie viele Personen ihr Studium nicht abgebrochen, sondern erfolgreich beendet haben.

Ein Vergleich der »Erhaltquoten« stärkt die Vermutung des größeren Studienerfolgs bei Frauen in der Erziehungswissenschaft. Mit Ausnahme des Jahres 1999 liegt die Erhaltquote der Frauen immer einige Prozentpunkte höher als die der Männer. Von den Anfängern aus dem Jahr 1996 haben 40

Prozent der Frauen, aber nur 31 Prozent der Männer 2002 ihr Studium der Erziehungswissenschaft erfolgreich abgeschlossen (vgl. Tab. 6.4).

Tab. 6.5: Von Frauen bevorzugte Studienbereiche und erreichte Abschlüsse an Wissenschaftlichen Hochschulen im Vergleich - Wintersemester 2002/03, Deutschland gesamt (Studierende aller Abschlussarten inkl. Prüfungen in den 1. Unterrichtsfächern und beruflichen Fachrichtungen)

Studienbereiche, geordnet nach der Zahl der von Frauen abgelegten Prüfungen	Studierende			Bestandene Prüfungen		
	Männer	Frauen	Fr. in %	Männer	Frauen	Fr. in %
Rechtswissenschaft	50.493	48.665	49,1	5.566	5.022	47,4
Humanmedizin	41.049	52.327	56,0	4.515	4.946	52,3
Germanistik	22.416	65.556	74,5	1.347	4.864	78,3
Wirtschaftswissenschaften[1]	103.365	70.937	40,7	7.927	4.414	35,8
Erziehungswissenschaft[2]	13.182	39.732	75,1	1.337	4.115	75,5
Biologie	18.572	28.229	60,3	1.613	2.499	60,8
Anglistik	12.836	33.226	72,1	742	2.281	75,5
Psychologie	8.645	25.273	74,5	720	2.124	74,7
Mathematik	23.882	18.322	43,4	1.666	1.039	38,4
Sozialwissenschaft	17.437	23.365	57,3	697	979	58,4

1 BWL, VWL, Wirtschaftswissenschaft
2 inkl. 1. Unterrichtsfach und beruflichen Fachrichtungen, vgl. die Abgrenzung in Tab. 2.3

Quelle: Statistisches Bundesamt, Fachserie 11, Reihe 4.2, eigene Berechnungen, Prüfungsjahr 2002

In den Studienfächern, in denen Frauen traditionell stark vertreten sind (Germanistik, Erziehungswissenschaft, Anglistik, Psychologie, Sozialwissenschaften), entspricht ihr Anteil an den bestandenen Prüfungen auch ihrem Studierendenanteil oder er liegt etwas darüber (vgl. Tab. 6.5). In den Studienfächern wie Jura oder Medizin, in denen Frauen erst in den letzten Jahren ihren Anteil an den Studierenden deutlich steigern konnten, liegen die aktuellen Absolventinnenzahlen verständlicherweise noch darunter. Auch dieser Vergleich zeigt jedoch, dass Frauen offensichtlich erfolgreicher studieren als Männer – und dies gilt wiederum auch für die Erziehungswissenschaft.

6.2 Promotionen und Habilitationen von Frauen

Die Promotion ist der erste und unabdingbare Schritt in eine Hochschulkarriere – für diese ist er notwendig, wenngleich nicht hinreichend. Andererseits bedeutet die Promotion keineswegs, dass sie für andere Arbeitsfelder keinen Wert besäße – insofern bedeutet ein Anstieg von Promotionen nicht zugleich einen Anstieg von Hochschullehrenden.

Für alle Studienbereiche ist – wie schon bei den Studienanfängern und bei den Studierenden – ein Anstieg des Frauenanteils an den Promotionen festzustellen (vgl. Tab. 6.6). Der durchschnittliche Frauenanteil für die Jahre 1993 bis 2002 liegt für alle Studienbereiche bei genau einem Drittel. In der Psychologie hat er mit 49,6 % fast die Hälfte erreicht, in der Erziehungswissenschaft liegt er bei 47,3 %, in den Politik- und Sozialwissenschaften bei 36,3 % und in den Wirtschaftswissenschaften bei 20,7 %. Im Verhältnis zu den Absolventinnen heißt das zwar nach wie vor, dass mehr Männer als Frauen eine wissenschaftliche Karriere einschlagen, aber der Frauenanteil steigt und ist keineswegs mehr zu vernachlässigen. Nimmt man nicht die Durchschnittswerte über zehn Jahre, sondern betrachtet nur die beiden letzten Jahre, dann hat der Frauenanteil an den Promotionen in der Erziehungswissenschaft die 50-Prozent-Marke bereits deutlich überschritten – 2002 waren 57,5 % der Promotionen von Frauen.

Habilitationen sind – anders als Promotionen – der erklärte Einstieg in eine Laufbahn als Hochschullehrerin. Zwar ist die Habilitation faktisch nicht immer Voraussetzung gewesen und auch rechtlich nicht mehr gefordert; sich ihr zu unterziehen beinhaltete aber in jedem Fall die persönliche Absicht, eine Professur anzustreben. Insofern gibt die Zahl der Habilitationen zwar nicht wieder, wie groß das Potential derjenigen ist, die auf eine Professur berufbar wären – m. E. ist der Anteil der Professoren ohne Habilitation größer als der mit, worüber es jedoch m.W. keine Daten gibt –, er zeigt aber, wie viele Personen männlichen und weiblichen Geschlechts explizit sich dem Ritual der Berufungsfähigkeit unterzogen haben.

In der Erziehungswissenschaft liegt der Frauenanteil an den Habilitierten für die Jahre von 1992 bis 2002 bei 35,2 % (vgl. Tab. 6.7). In der Psychologie beträgt er 26,5 %, in den Politik- und Sozialwissenschaften 20,6 %, in den Wirtschaftswissenschaften 10,2%. Insgesamt heißt das, dass im Vergleich dieser Fächer die Erziehungswissenschaft den höchsten Anteil an Frauen bei den Habilitationen zu verzeichnen hat.

Vergleicht man den Frauenanteil an den jeweiligen Abschlussjahrgängen und nimmt eine kontinuierliche Karriere an (vgl. Tab. 6.8), dann steigt er auf allen Qualifikationsstufen an. Aus der guten Hälfte der Diplom- und Magisterabsolventinnen in der ersten Hälfte der 1980er Jahre sind ein knappes Drittel fünf bzw. weitere acht Jahre später promoviert bzw. habilitiert. In der zweiten Hälfte der 1980er Jahre ist der Absolventinnenanteil der ersten Qualifikationsstufe auf knapp zwei Drittel, der auf der zweiten und dritten Stufe auf nahe 40 % gestiegen. An den Diplom- und Magisterabsolvierenden steigt der Frauenanteil auf bald Dreiviertel, bei den Promotionen klettert er in Richtung auf die Hälfte und mehr, bei den Habilitationen steigt er ebenfalls auf über 40 %. Wie sich diese Entwicklung durch die „Abschaffung" der Habilitation fortsetzt, bleibt zunächst einmal offen.

Tab. 6.7: *Habilitationen von Männern und Frauen im Fächervergleich 1992 - 2002*

Jahr	Erziehungs-wissenschaft[1]		Psychologie		Politik- und Sozial-wissenschaften		Wirtschafts-wissenschaften	
	Männer	Frauen	Männer	Frauen	Männer	Frauen	Männer	Frauen
1992	30	3	19	16	32	7	36	4
1993	26	8	31	6	38	11	26	3
1994	15	11	26	10	38	8	47	5
1995	22	14	32	9	43	7	44	7
1996	24	8	30	8	40	10	59	9
1997	23	13	30	13	40	14	49	4
1998	28	13	35	9	49	11	63	3
1999	17	18	32	17	55	12	71	12
2000	24	16	34	13	56	12	103	13
2001	37	22	34	11	48	17	73	3
2002	24	21	39	11	47	17	74	10

1 Anders als in Tab. 5.9 sind in dieser Spalte auch die Habilitationen in der Sozialpädagogik erfaßt.

Quelle: Statistisches Bundesamt, Fachserie 11, Reihe 4.4, eigene Berechnungen; vgl. Tab. 5.9

6.3 Frauen in Forschung und Lehre

Wie viele Frauen letztlich tatsächliche eine wissenschaftliche Karriere realisieren können, hängt nicht allein von den formalen Voraussetzungen ab. Betrachtet man den Frauenanteil an den Professuren in den vier Fächern, die auch für die bisherigen Vergleiche herangezogen wurden (vgl. Tab. 6.9), so finden wir in der Erziehungswissenschaft einen kontinuierlichen Anstieg des Frauenanteils an den Professuren von 15 % im Jahr 1992 auf mittlerweile 27 % im Jahr 2002. Auch die anderen drei Fächer haben eine Steigerung zu verzeichnen: Sie hatte jedoch ein niedrigeres Ausgangsniveau und verblieb auch deutlich unter den Prozentpunktanstiegen der Erziehungswissenschaft. In der Psychologie liegt der Anteil mittlerweile bei 19 %, in den Politik- und Sozialwissenschaften bei 17 % und in den Wirtschaftswissenschaften immer noch nur bei 6 %.

Tab. 6.6: *Bestandene Promotionen von Männern und Frauen nach Studienbereichen*

Jahr	Alle Studienbereiche			Erziehungswissenschaft[1]			Psychologie			Politik- und Sozialwissenschaften			Wirtschaftswissenschaften		
	Männer	Frauen	Fr. in %	Männer	Frauen	Fr. in %	Männer	Frauen	Fr. in %	Männer	Frauen	Fr. in %	Männer	Frauen	Fr. in %
1993	13.566	6.110	31,1	115	96	45,5	86	74	46,3	192	73	27,5	588	129	18,0
1994	14.250	6.628	31,7	132	105	44,3	97	100	50,8	221	96	30,3	635	169	21,0
1995	14.236	6.665	31,9	112	122	52,1	117	92	44,0	194	119	38,0	710	163	18,7
1996	14.610	6.683	31,4	144	101	41,2	113	96	45,9	232	111	32,4	789	187	19,2
1997	15.228	7.319	32,5	130	105	44,7	116	93	44,5	219	121	35,6	742	202	21,4
1998	15.483	7.729	33,3	142	105	42,5	105	102	49,3	208	111	34,8	806	179	18,2
1999	15.128	7.678	33,7	128	124	49,2	112	130	53,7	244	149	37,9	793	220	21,7
2000	15.626	8.228	34,5	158	122	43,6	149	134	47,3	264	173	39,6	770	218	22,1
2001	14.705	8.074	35,4	130	136	51,1	148	185	55,6	264	184	41,1	799	239	23,0
2002	13.817	7.939	36,5	116	157	57,5	140	158	53,0	223	149	40,1	732	215	22,7

1 Anders als in Tab. 7.7 enthält diese Spalte auch die Promotionen in der Sozialpädagogik

Quelle: Statistisches Bundesamt, Fachserie 11, Reihe 4.3, eigene Berechnungen; vgl. Tab. 7.8

Tab. 6.8: *Abschlüsse, Promotionen und Habilitationen von Männern und Frauen in der Erziehungswissenschaft (ab 1993 inkl. neue Bundesländer)*

Diplom + Magister			Promotionen				Habilitationen			
Jahr	m	w	% w	Jahr	m	w	% w	Jahr	m	w	% w
1981	1.120	1.164	51	1985	121	46	28	1993[1]	26	8	
1982	1.167	1.245	52	1986	117	50	30	1994	15	11	
1983	1.117	1.299	54	1987	127	47	27	1995	22	14	
1984	1.124	1.619	59	1988	123	64	34	1996	24	8	
Frauenanteil 81-84			54	Frauenanteil 85-88			30	Frauenanteil 93-96			32
1985	1.042	1.550	60	1989	139	86	38	1997	23	13	
1986	992	1.704	63	1990	127	73	37	1998	28	13	
1987	1.074	1.868	64	1991	98	81	45	1999	17	18	
1988	873	1.685	66	1992	134	83	38	2000	24	16	
Frauenanteil 85-88			63	Frauenanteil 89-92			39	Frauenanteil 97-00			40
1989	780	1.591	67	1993[1]	115	96	46	2001	37	22	
1990	575	1.424	71	1994	132	105	44	2002	21	19	
1991	562	1.401	71	1995	112	122	52				
1992	564	1.345	71	1996	144	101	41				
Frauenanteil 89-92			70	Frauenanteil 93-96			46	Frauenanteil 01-02			41,4
1993[1]	586	1.609	73	1997	130	105	45				
1994	583	1.426	71	1998	142	105	43				
1995	618	1.629	73	1999	128	124	49				
1996	793	2.099	73	2000	158	122	44				
Frauenanteil 93-96			72	Frauenanteil 97-00			45				
1997	947	2.691	74	2001	130	136	51,1				
1998	904	2.957	77	2002	116	157	57,5				
1999	1.188	2.877	71								
2000	1.257	3.155	72								
Frauenanteil 97-00			73	Frauenanteil 01-02			54,4				

Quelle: Statistisches Bundesamt, Fachserie 11, Reihe 4.1, 4.3 und 4.4, verschiedene Jahrgänge; eigene Berechnungen, vgl. Tab. 6.3, Tab. 6.6 und Tab. 6.7

Das Potential für Professuren – nimmt man den Mittelbau als Rekrutierungsfeld – ist durchaus vorhanden: In der Erziehungswissenschaft liegt er Frauenanteil seit 1992 deutlich über 40 %, hat 2002 die 51 %-Marke erreicht. Auch in der Psychologie sind die Frauen im Mittelbau mittlerweile mit 48 % vertreten, in den Politik- und Sozialwissenschaften übersteigt ihr Anteil seit 1995 ein Drittel, liegt 2002 bei 40 % und selbst in den Wirtschaftswissenschaften sind ein gutes Viertel des Mittelbaus weiblich.

Tab. 6.9: *Frauen und Männer auf Professuren und im Mittelbau im Fächervergleich 1992- 2002*

Jahr	Professorinnen und Professoren											
	Erziehungs-wissenschaft[1]			Psychologie			Politik- und Sozial-wissenschaften			Wirtschafts-wissenschaften		
	m	w	% w	m	w	% w	m	w	% w	m	w	% w
1992	920	167	15	411	63	13	667	65	9	1.148	37	3
1993	933	186	17	425	68	14	699	73	9	1.214	44	3
1994	883	191	18	427	67	14	697	80	10	1.227	44	3
1995	869	207	19	453	78	15	705	84	11	1.282	52	4
1996	828	208	20	444	71	14	675	91	12	1.293	55	4
1997	786	219	22	442	77	15	676	91	12	1.281	62	5
1998	701	207	23	437	80	15	637	97	13	1.265	61	5
1999	743	218	23	451	81	15	645	102	14	1.295	62	5
2000	685	222	24	434	90	17	638	108	14	1.283	73	5
2001	644	218	25	442	93	17	612	120	16	1.328	80	6
2002	625	229	27	451	103	19	615	127	17	1.330	86	6
Mittelbau													
1992	1.420	983	41	889	551	38	1.044	512	33	2.924	943	24
1993	1.274	935	42	924	532	37	1.049	511	33	3.044	972	24
1994	1.222	940	43	925	546	37	1.245	358	22	3.176	1.025	24
1995	1.187	936	44	936	633	40	1.080	571	35	3.354	1.081	24
1996	1.170	935	44	969	650	40	1.111	614	36	3.507	1.102	24
1997	1.104	957	46	979	697	42	1.055	601	36	3.524	1.117	24
1998	1.143	986	46	1.024	768	43	1.082	599	36	3.441	1.155	25
1999	1.052	974	48	1.000	774	44	1.073	607	36	3.370	1.134	25
2000	1.097	995	48	993	801	45	1.146	665	37	3.429	1.123	25
2001	1.097	1.071	49	1.005	904	47	1.116	718	39	3.567	1.279	26
2002	1.110	1.138	51	1.014	946	48	1.124	759	40	3.560	1.303	27

1 einschließlich Sonderpädagogik

Quelle: Statistisches Bundesamt, Fachserie 11, Reihe 4.4; verschiedene Jahrgänge, eigene Berechnungen; vgl. Tab. 4.6

Der Übergang von einer Promotionsstelle (wissenschaftliche Mitarbeiterin/ wissenschaftlicher Mitarbeiter) – soweit man angesichts der unterschiedlichen Hochschulgesetze diesen Vergleich überhaupt machen kann – auf eine Habilitationsstelle (Assistentur) scheint für Frauen kein Problem zu sein: Der Frauenanteil liegt bei den Assistenturen in etwa gleich oder über dem Anteil an den wissenschaftlichen Mitarbeitern. Die großen Diskrepanzen ergeben sich zwischen dem Anteil an den Diplom- bzw. Magisterabschlüssen und den Promotionsstellen sowie besonders deutlich bei den Professuren (vgl. Tab. 6.10).

Tab. 6.10: Frauenanteil am wissenschaftlichen Personal in der Erziehungswissenschaft an Wissenschaftlichen Hochschulen 1992 - 2002

Jahr	Professoren und Professorinnen			Hochschulassistenten und -assistentinnen			wissenschaftl. Mitarbeiter und Mitarbeiterinnen			Lehrkräfte für besondere Aufgaben			Absolventinnen/ Student.	
	m	w	% w	m	w	% w	m	w	% w	m	w	% w	Abs. in %	Stud. in %
1992	920	167	15	257	170	40	897	616	41	266	197	43	71	70
1993	933	186	16	195	142	42	886	672	43	193	121	39	73	70
1994	883	191	18	146	124	46	890	708	44	186	108	37	71	70
1995	869	207	19	159	153	49	845	684	45	183	99	35	73	71
1996	828	208	20	141	144	51	834	662	44	195	129	40	73	71
1997	786	219	22	140	133	49	796	708	47	168	116	41	74	72
1998	701	207	23	183	137	43	790	728	48	170	121	42	77	73
1999	743	218	23	130	129	50	772	727	48	150	118	44	71	73
2000	685	222	24	136	126	48	789	719	48	172	150	47	72	74
2001	644	218	25	144	148	51	768	786	51	185	137	43	77	75
2002	625	229	27	140	137	49	791	857	52	179	144	45	78	75

Quelle: Statistisches Bundesamt, Fachserie 11, Reihe 4.4, verschiedene Jahrgänge; eigene Berechnungen; vgl. Tab. 4.1, Tab. 6.3

Tab. 6.11: Professorinnen und Professoren in der Erziehungswissenschaft 1992-2002 [1]

Jahr	insgesamt			C4			C3			C2		
	Männer	Frauen	F. in %	Männer	Frauen	Fr. in %	Männer	Frauen	Fr. in %	Männer	Frauen	Fr. in %
1992	920	167	15,4	464	63	12,0	256	58	18,5	200	46	18,7
1993	933	186	16,6	426	60	12,3	324	80	19,8	183	46	20,1
1994	883	191	17,8	432	61	12,4	313	91	22,5	138	39	22,0
1995	869	207	19,2	419	68	14,0	280	96	25,5	170	43	20,2
1996	828	208	20,1	404	67	14,2	279	96	25,6	145	45	23,7
1997	786	219	21,8	377	75	16,6	275	106	27,8	134	38	22,1
1998	718	218	23,3	361	83	18,7	266	102	27,7	90	33	26,8
1999	731	224	23,5	357	79	18,1	266	102	27,7	107	43	28,7
2000	713	234	24,7	348	85	19,6	273	115	29,6	92	34	27,0
2001	669	229	25,5	338	88	20,7	255	111	30,3	76	30	28,3
2002	654	242[2]	27,0	328	94	22,3	245	114	31,8	81	31	27,7

[1] einschließlich Fachhochschulen; dadurch ergeben sich Abweichungen zu Tab. 6.10
[2] darunter 3 Juniorprofessuren

Quelle: unveröffentlichtes Material des Statistischen Bundesamtes, eigene Berechnungen

Die Steigerung des Frauenanteils an den Professuren (vgl. Tab. 6.11) ist vor allem der Berufung von Frauen auf C 3-Stellen geschuldet, hier stieg ihr Anteil von 1992 bis 2002 um 13,3 Prozentpunkte, während er bei den C 4-Professuren nur um 10,3 Prozentpunkt wuchs. C 2-Stellen werden seit einigen Jahren nicht mehr neubesetzt, so dass der relativ gleichbleibende Anteil hier vermuten lässt, dass die Inhaberinnen und Inhaber dieser Stellen ungefähr gleichen Alterskategorien angehören.

Setzt man das Jahr 1992 als Ausgangspunkt und berechnet die Zu- und Abgänge bei Frauen und Männern an den C 3- bzw. C 4-Professuren, so zeigt sich, dass die Frauen ihren Anteil an beiden Kategorien deutlich steigern konnten, während bei den Männern ein Abbau erfolgte. D.h. der Rückgang der Professuren in der Erziehungswissenschaft insgesamt ist vor allem zu Lasten von Männern gegangen, während durch Gleichstellungsmaßnahmen der Frauenanteil gesteigert werden konnte.

Abb. 6.1: Veränderungen des Frauen- und Männeranteils an den C 3- und C 4-Professuren von 1992 bis 2002 – 1992 = 100%

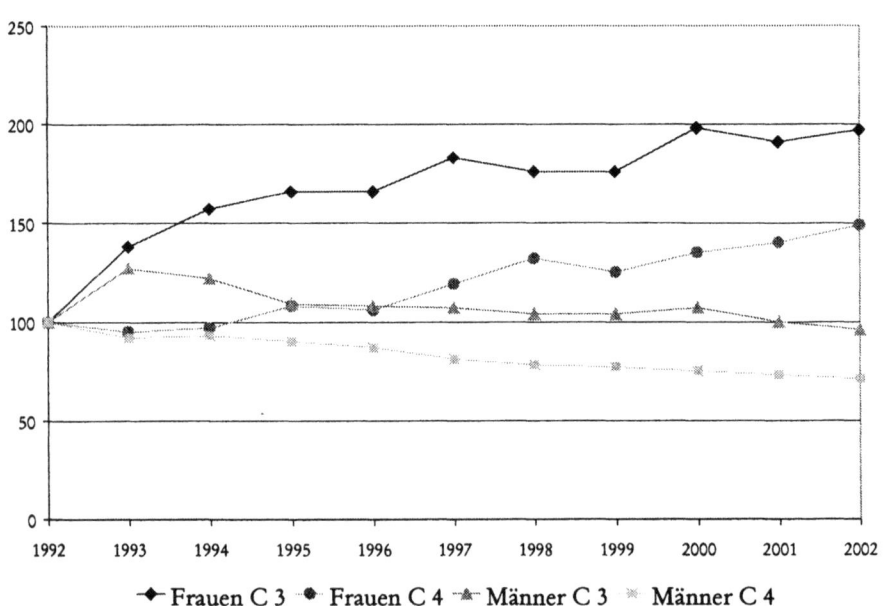

6.4 Feminisierung der Erziehungswissenschaft?

Für den Erziehungsbereich, insbesondere für die Schule wird diskutiert, ob wir es mit einer Feminisierung zu tun haben. Auch im Schulbereich lässt sich allerdings nicht ohne weiteres von einer Feminisierung sprechen, gilt es, genauer zu differenzieren: Der Frauenanteil ist zwar insgesamt bei den Lehrkräften sehr hoch und seit der Vereinigung der deutschen Staaten weiter gestiegen. Dies gilt aber keineswegs in allen Schultypen und schon gar nicht auf allen Hierarchieebenen.

Innerhalb des Lehrkörpers in der Erziehungswissenschaft an den Hochschulen lässt sich ebenfalls nicht von einer Feminisierung sprechen, wie die bisherigen Daten gezeigt haben. Der subjektive Eindruck vor allem von Erziehungswissenschaftlern, die neu zu besetzenden Stellen gingen fast alle an Männer, täuscht, wenn man sich die Daten genauer ansieht. Das Problem besteht allerdings im Fehlen verlässlicher Statistiken zu den Neuberufungen. Wir haben deshalb drei verschiedene Zugänge gewählt, um Antworten auf die Frage nach dem Geschlechterverhältnis bei den Berufungen zu erhalten:

- Zum einen wurden uns vom Statistischen Bundesamt Daten zu Erstberufungen zur Verfügung gestellt.
- Zweitens haben wir eine Auswertung des DGfE-Mitteilungsblattes Erziehungswissenschaft hinsichtlich der Personalnachrichten vorgenommen.
- Drittens nehmen wir den Fachbereich Erziehungswissenschaft der Universität Hamburg als exemplarischen Fall und prüfen dort die Besetzungen seit 1992.

Nimmt man die vom Statistischen Bundesamt übermittelten Daten zu den Erstberufungen, so werden nach wie vor mehr Männer als Frauen berufen. Prozentual beträgt der Frauenanteil an den Erstberufungen in den Jahren 1992 bis 2001 32 % mit deutlichen Schwankungen (vgl. Tab. 6.12) – nimmt man nur die letzten fünf Jahre, so steigt der Frauenanteil an den Erstberufungen auf 35 %.[2]

---

[2] Es kann nicht geklärt werden, ob in diese Daten alle Angaben von Hochschulen eingegangen sind. Auffällig ist jedoch die große Diskrepanz in den Gesamtzahlen der Erstberufungen zu den ausgeschriebenen Stellen, über die im Kapitel 4 berichtet wurde. Das gilt allerdings genauso für die Zahlen, die sich aus der Auswertung der Selbstmeldungen in der "Erziehungswissenschaft" ergeben – siehe nächste Fußnote.

Tab. 6.12: Erstberufungen zum Professor um Lehr- und Forschungsbereich „Erziehungswissenschaft" nach Geschlecht

	1992	1993	1994	1995	1996	1997	1998	1999	2000	2001
Männer	21	40	23	14	11	15	11	6	12	6
Frauen	10	17	9	8	4	6	10	2	4	5
Frauen in %	32	30	28	36	27	29	48	25	25	45

Quelle: Statistisches Bundesamt, VII C Brief vom 21.08.03

Als zweite Möglichkeit, genauere Angaben über die Berufungen von Frauen in der Erziehungswissenschaft zu erhalten, wurde auf die Personalnachrichten im DGfE-Mitteilungsblatt „Erziehungswissenschaft" zurückgegriffen. Hierfür wurden alle online verfügbaren Hefte seit 1999 (Heft 18-26) ausgewertet (vgl. Tab. 6.13).[3]

Tab. 6.13: Zahl der in der Zeitschrift Erziehungswissenschaft gemeldeten Rufe [4]

Jahr	C 4		C 3	
	Frauen	Männer	Frauen	Männer
1999	4	6	5	5
2000	5	7	0	4
2001	3	5	3	2
2002	2	1	2	2
2003	2	7	4	3
gesamt	16	26	14	16

Gegenüber den Erstberufungen ergibt sich eine etwas bessere Bilanz: Bei den Rufen auf C 4-Professuren waren die Frauen mit 38%, bei denen auf C 3-Professuren mit 47% beteiligt – insgesamt mit 42%. Dies ist eine erfreuliche Steigerung, erlaubt aber keineswegs, von einer Feminisierung zu sprechen.

Der dritte Zugang besteht in der Auswertung der Stellenbesetzungen am Fachbereich Erziehungswissenschaft der Universität Hamburg (vgl. Abb. 6.2). 1994 und 1996 wurden mehr Frauen als Männer auf Professuren berufen, 1998, 1999, 2001 und 2002 waren die Besetzungen paritätisch. In den anderen Jahren finden wir immer mehr Berufungen von Männern als von

---

[3] Es kann sich hierbei nur um ein Näherungsverfahren handeln, da weder alle Ruferteilungen und -annahmen unbedingt verzeichnet sind noch in jedem Fall eindeutig klar war, um welche Stellenkategorie es sich handelt.
[4] Rufe an ausländische Hochschulen (vor allem Österreich) sowie an Pädagogische Hochschulen bleiben unberücksichtigt.

Frauen, in den beiden Jahren 1993 und 2003 wurden sogar nur Männer berufen. Im Schnitt wurden über die Jahre 1992 bis 2003 36 % Frauen berufen – nimmt man nur die letzten fünf Jahre, dann waren es sogar nur 25 %. Der Hamburger Fachbereich beinhaltet in der Erziehungswissenschaft auch die Fachdidaktiken, berücksichtigt man diese bei den Berufungen nicht mit, so wurden von 1992 bis 2003 elf Frauen und 22 Männer berufen, d.h. ein Prozentanteil der Frauen von einem Drittel. Auch hier sinkt der Anteil für die letzten fünf Jahre auf 27 %.

6.5 Schlussbilanz

Versucht man ein Resümee aus den vorgestellten Daten zu ziehen, so zeigen sie in der Erziehungswissenschaft zunächst einmal eine klare Erfolgsbilanz für Frauen. Ihr Anteil ist auf allen Ebenen in den letzten zehn Jahren gestiegen. Dennoch ist das Geschlechterverhältnis keineswegs ausgewogen:

Dreiviertel der Studierenden in den erziehungswissenschaftlichen Hauptfächern sind weiblich. Auch wenn damit die Erziehungswissenschaft hervorragende Studienmöglichkeiten für junge Frauen bietet, handelt es sich unter Gleichstellungsaspekten hierbei um eine klare Ungleichheit zuungunsten von Männern. Professionspolitisch bedeutet dies zum einen, Maßnahmen zu überlegen, wie der Anteil der Männer an den Studierenden erhöht werden könnte – ohne damit die Studienchancen von Frauen zu beeinträchtigen.

Eine zweite Ungleichheit finden wir beim Studienerfolg: Frauen studieren in der Erziehungswissenschaft erfolgreicher als Männer, wenngleich der Studienerfolg nach sechs Jahren für beide Geschlechter weit unter 50 % liegt.

Hier käme es also darauf an, Gründe und Ursachen dafür zu finden, warum die Erfolgsquote nicht größer ist bzw. Maßnahmen zu ergreifen, die beiden Geschlechtern ermöglicht, ihr Studium innerhalb vertretbarer Zeit erfolgreich abschließen zu können.

Bei der wissenschaftlichen Fortsetzung des Studiums in Form einer Promotion bzw. danach einer Habilitation kehrt sich das Geschlechterverhältnis auch in der Erziehungswissenschaft wieder zuungunsten der Frauen um. Frauen sind in den letzten Jahren im Schnitt mit 73% an den Absolventen des Diplom- und Magisterstudiums der Erziehungswissenschaft beteiligt, an den Promotionen sinkt ihr Anteil auf etwa die Hälfte und bei den Habilitationen auf gute 40%. Das heißt umgekehrt, die Männer sind mit nur 27% am Diplom oder Magister beteiligt, aber mit der Hälfte an den Promotionen und mit etwa 60% an den Habilitationen.

Abb. 6.2: *Neubesetzungen von Professuren am Fachbereich Erziehungswissenschaft der Universität Hamburg*

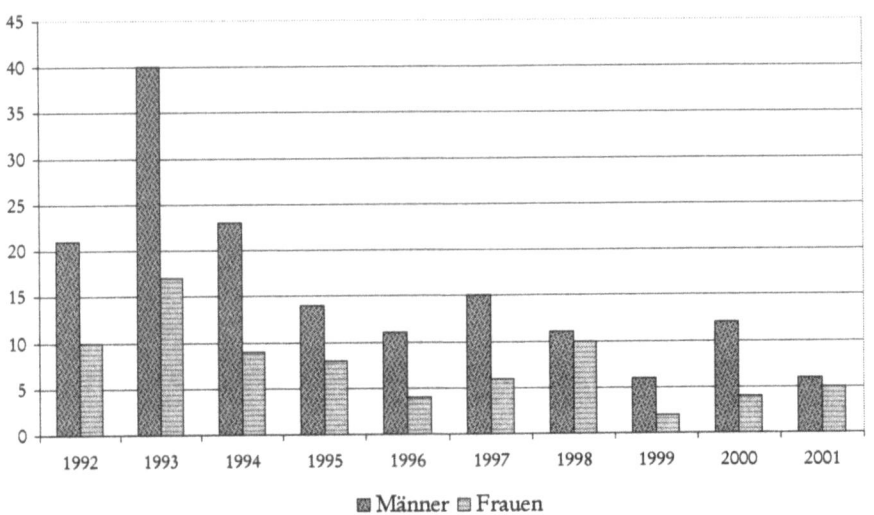

Betrachtet man die Repräsentanz der Geschlechter in Forschung und Lehre, so ergeben sich hier eventuell Hinweise auf Ursachen dieser Ungleichheit: Bei den Mittelbaustellen, die zu Promotionen führen, sind beide Geschlechter gleich vertreten. Das heißt jedoch, von den wenigen männlichen Absolventen kommen genauso viele auf Promotionsstellen wie von den vielen weiblichen Absolventinnen. Im Vergleich der Daten über alle Studiengänge ebenso wie im Vergleich mit den Fächern Psychologie, Sozial- und Wirtschaftswissenschaften steht die Erziehungswissenschaft im Blick auf die Steigerung des Frauenanteils sowohl bei den Promotionen wie bei den Habilitationen allerdings ausgesprochen gut dar.

Auf der Ebene der Professuren existiert ebenfalls nach wie vor eine deutliche Ungleichheit. Zwar sind Frauen in der Erziehungswissenschaft mittlerweile mit einem guten Viertel an den Professuren vertreten und damit auch hier deutlich mehr als an den Universitäten insgesamt wie auch an anderen Fächern. Sie haben ihren Anteil in den letzten zehn Jahren trotz des Stellenabbaus in der Erziehungswissenschaft sowohl bei den C 4- wie bei den C 3-Stellen z.T. erheblich steigern können. Dennoch sind sie noch weit von einer Gleichverteilung entfernt. Versucht man herauszufinden, inwieweit die Berufungspraxis der letzten Jahre hier eine Änderung erbringt, so zeigt sich zwar einerseits als erfreuliche Tatsache, dass der Frauenanteil an den Erstberufungen bzw. an den Berufungen überhaupt zwischen 35 % und 42 % liegt und damit deutlich gestiegen ist, ein überdurchschnittlicher Anteil spiegelt sich aber nicht wider. Das exemplarische Beispiel der Universität Hamburg zeigt darüber hinaus, dass es sich keineswegs um einen eindeutigen und kontinuierlichen Anstieg handelt. Insofern ist mit solchen Zahlen eine Gleichverteilung noch nicht erreichbar, sondern wird weiterhin die Überrepräsentanz von Männern unter den Professoren bekräftigt. Gleichstellungspolitisch ist also trotz aller Erfolge der bisherigen Anstrengungen und des bewirkten Anstiegs des Frauenanteils auch in der Erziehungswissenschaft nach wie vor eine verstärkte Berufung von Frauen notwendig.

7 Evaluationsverfahren in der Erziehungswissenschaft

Karin Böllert/Rudolf Tippelt

Die Erziehungswissenschaft ist - wie andere akademische Fächer - verstärkt aufgefordert über ihre Qualität und ihre spezifischen Potenziale Auskunft zu geben (vgl. Hornbostel/Keiner 2002). Dies war Anlass für den Erziehungswissenschaftlichen Fakultätentag einerseits eine Bestandsaufnahme bisheriger Evaluationsverfahren in der Erziehungswissenschaft vorzulegen, andererseits einen Leitfaden für die Selbstevaluation der Erziehungswissenschaft zu entwickeln. Im ersten Teil des folgenden Artikels wird ein Überblick zu den bislang durchgeführten Evaluationsverfahren gegeben. Im zweiten Teil werden (ohne Anspruch auf Vollständigkeit) zentrale Bewertungskriterien für Forschung, Lehre und Struktur der Erziehungswissenschaft benannt, wie sie sich langsam, aber zunehmend in der Evaluationspraxis durchsetzen.

7.1 Bestandsaufnahme der Evaluationsverfahren erziehungswissenschaftlicher Studiengänge

Nachdem mit der Evaluation erziehungswissenschaftlicher Studiengänge in den 1980er bis 1990er Jahren zunächst sehr zögerlich begonnen wurde und dabei überwiegend die Evaluation der Lehre im Mittelpunkt stand, ist mittlerweile zu beobachten, dass aufgrund einer entsprechenden Verankerung von Evaluationen in Landeshochschulgesetzen und in Hochschulverfassungen sich sowohl die Anzahl der Verfahren als auch deren Breite enorm vervielfältigt hat. Dabei setzt sich immer mehr ein Trend landesweiter Evaluationen der Erziehungswissenschaft durch. So existieren gegenwärtig landesweite Evaluationen bzw. Evaluationsverbünde

- im Kontext des Verbundes Norddeutscher Universitäten (www.uni-nordverbund.de);
- im Rahmen von Verfahren der zentralen Evaluationsagentur des Landes Niedersachsen (ZEvA) (www.zeva.uni-hannover.de);
- im Kontext des Evaluationsverfahrens Erziehungswissenschaft in Baden-Württemberg mit einer landesweiten Evaluationsagentur (evalag) (www.evalag.de);

- in Hinblick auf zwei Evaluationsverfahren an den bayerischen Hochschulen im Auftrag des bayerischen Staatsministeriums für Wissenschaft, Forschung und Kunst (www.stmwfk.bayern.de).

Hinzu kommt, dass durch neue Anforderungen an die Lehrerbildung, durch die Neustrukturierung von Studiengängen im Rahmen des Bolognaprozesses sowie durch die Einführung neuer hochschulinterner Kriterien der Mittelvergabe die Erziehungswissenschaft zunehmend dazu gezwungen ist, mehr als in der Vergangenheit Auskunft über ihre Qualität und ihr Profil geben zu können.

Vor dem Hintergrund einer insgesamt deutlichen Zunahme der Evaluationsverfahren in der Erziehungswissenschaft ist gleichermaßen eine Zunahme der Unübersichtlichkeit der Evaluationssituation des Faches zu beobachten. Diese betrifft sowohl das quantitative Ausmaß der Evaluationen der erziehungswissenschaftlichen Studiengänge als auch das Wissen über die Inhalte und zentralen Strukturen der entsprechenden Evaluationsverfahren.

7.1.1 Datenlage

Um in dieser Situation zu einer ersten Bestandsaufnahme der Evaluationsverfahren der Erziehungswissenschaft zu gelangen, sind zunächst die Delegierten des Erziehungswissenschaftlichen Fakultätentages (EWFT) gebeten worden, ihre Erfahrungen mitzuteilen und einer Arbeitsgruppe des Präsidiums des EWFT entsprechende Materialien zur Verfügung zu stellen. In einem zweiten Schritt sind mittels eines standardisierten Fragebogens wiederum die Delegierten des EWFT befragt worden. Die nachfolgenden Ausführungen beziehen sich auf die Ergebnisse dieser Befragungen und geben insofern die Antworten der Delegierten des EWFT wieder. Damit kann zwar nicht der Anspruch erhoben werden, ein vollständiges Bild über alle erziehungswissenschaftlichen Evaluationsverfahren entwickeln zu können, die Anzahl der erfassten Hochschulstandorte (n= 60) und die Vielfalt der erfassten Evaluationsverfahren (n= 63) lassen aber den Schluss zu, dass die nachfolgende Bestandsaufnahme einen durchaus repräsentativen Blick auf die erziehungswissenschaftlichen Evaluationsverfahren erlaubt. Angemerkt werden muss allerdings, dass von einem einheitlichen Evaluationsverständnis oder vergleichbaren Standards der Evaluation in der Erziehungswissenschaft bislang noch nicht ausgegangen werden kann. Nicht nur die Reichweite, der forschungsmethodische Zugang und die Zielperspektiven der Evaluationsverfahren differieren zum Teil erheblich, auch die Frage, was als Evaluationsverfahren gelten kann, wird unterschiedlich beantwortet. Von daher sind in die weiteren Auswertungen weder das Verfahren des nordrhein-westfälischen Expertenrates eingegangen, da dieses in Hinblick auf eine Erfassung als Evaluation bzw. ‚Nicht-Evaluation' sehr different eingeschätzt worden ist, noch sind solche Verfahren berücksichtigt worden, mit denen nicht systematisiert, häufig einmalig einzelne Lehrveranstaltungen evaluiert werden. Insgesamt ergibt sich somit die in Tabelle 7.1 zusammengefasste Situation.

7.1.2 Strukturelle Rahmenbedingungen

An einer deutlichen Mehrheit der Hochschulen (73 %) sind bereits Evaluationen der erziehungswissenschaftlichen Studiengänge durchgeführt worden, bei weiteren 10 % der Standorte sind innerhalb des nächsten Jahres Evaluationen geplant. Lediglich an 17 % der Hochschulen mit erziehungswissenschaftlichen Studiengängen haben Evaluationen weder stattgefunden, noch sind solche für das kommende Jahr vorgesehen. Die Evaluation erziehungswissenschaftlicher Studiengänge ist somit konstitutives Merkmal an immer mehr Hochschulen.

Die Verstetigung der Evaluationsverfahren kommt schließlich auch darin zum Ausdruck, dass es sich bei der größeren Gruppe der Hochschulen, an denen bereits Evaluationen stattgefunden haben, um wiederholte Evaluationsverfahren handelt (vgl. Tab. 7.2), woraus allerdings nicht geschlussfolgert werden kann, dass die verschiedenen Evaluationen auch zueinander in Beziehung gesetzt werden. Von den 26 Mehrfachevaluationen sind lediglich 4 gänzlich und weitere 6 teilweise aufeinander bezogen worden. Bei acht Fällen war dies in keiner Weise der Fall und bei weiteren 9 Fällen bleibt noch abzuwarten, inwieweit hier die spezifischen Potenziale von Mehrfachevaluationen auch ausgeschöpft werden.

Reine Verfahren der Selbstevaluation spielen bei der Evaluation Erziehungswissenschaftlicher Studiengänge eine eher untergeordnete Rolle (17 %); mehrheitlich sind die Evaluationen durch Mischformen von Selbst- und Fremdevaluation geprägt. Für ein knappes Drittel der Evaluationsverfahren gilt allerdings, dass es sich hierbei um ausschließliche Verfahren der Fremdevaluation handelt, d.h. eine Rückkoppelung zwischen Evaluierten, Evaluierenden und den Schlussfolgerungen der Evaluation hat nicht stattgefunden, was von den Evaluierten als sehr unbefriedigend empfunden wird und die Akzeptanz der Evaluationsergebnisse und daraus geschlussfolgerter Empfehlungen deutlich abschwächt.

Tab. 7.1: Bestandsaufnahme von Evaluationsverfahren erziehungswissenschaftlicher Studiengänge (Stand 1.12.2003) [1]

Hochschule	Evaluationsverfahren
U Augsburg	Evaluationen i.A. des bayer. Staatsministeriums für Wiss., Forschung Kunst[2]
Otto-Friedrich-U Bamberg	Evaluationen im Auftrag des bayerischen Staatsministeriums für Wissenschaft, Forschung und Kunst
U Bayreuth	Evaluationen i.A. des bayer. Staatsministeriums für Wiss., Forschung u. Kunst
FU Berlin	Fachbereichsinterne Evaluation[3]; hochschulinterne Evaluation[4]
U Bielefeld	keine Evaluation
U Bonn	keine Evaluation
TU Braunschweig	Evaluation durch ZevA5
TU Chemnitz	keine Evaluation
TU Darmstadt	Fachbereichsinterne Evaluation
U Dortmund	Hochschulinterne Evaluation
TU Dresden	Fachbereichsinterne Evaluation
U Düsseldorf	keine Evaluation
U Duisburg-Essen, Standort Duisburg	keine Evaluation
U Duisburg-Essen, Standort Essen	Hochschulinterne Evaluation
Kath. U Eichstätt	keine Evaluation
U Erfurt	Hochschulinterne Evaluation; Evaluation durch den Wissenschaftsrat
U Erlangen-Nürnberg	Evaluationen i.A. des bayer. Staatsministeriums für Wiss., Forschung u. Kunst
U Flensburg	Evaluation im Auftrag der Landesrektorenkonferenz Schleswig-Holstein
U Frankfurt a. M.	Hochschulinterne Evaluation
PH Freiburg	Fachbereichsinterne Evaluation; Evaluation durch evalag6
Georg-August-U Göttingen	Evaluation durch die Wissenschaftliche Kommission Niedersachsen; Evaluation durch ZevA
U Greifswald	keine Evaluation
U Halle-Wittenberg	geplante Evaluation im Verbund mit Jena und Leipzig
U der BW Hamburg	Evaluation im Auftrag des Wissenschaftssenators
U Hamburg	Evaluation im Verbund Norddeutschen U; fachbereichsinterne Evaluation
U Hannover	Evaluation durch ZEvA; Evaluation durch Wiss. Kommission Niedersachsen
PH Heidelberg	Fachbereichsinterne Evaluation; Evaluation durch evalag
U Heidelberg	Evaluation durch evalag
U Hildesheim	Evaluation durch ZevA
U Jena	geplante Evaluation im Verbund mit Halle und Leipzig
U Kaiserslautern	keine Evaluation
PH Karlsruhe	Evaluation durch evalag

Hochschule	Evaluationsverfahren
TU Karlsruhe	Evaluation durch evalag
U Kassel	Hochschulinterne Evaluation; fachbereichsinterne Evaluation
Christian Albrecht U zu Kiel	Fachbereichsinterne Evaluation; Evaluation im Verbund Norddeutscher U
U Koblenz-Landau Abteilung Landau	keine Evaluation
U zu Köln	Evaluation geplant
U Leipzig	geplante Evaluation im Verbund mit Halle und Jena
U Lüneburg	Evaluation durch ZEvA; Evaluation durch Wiss. Kommission Niedersachsen
U Magdeburg	Fachbereichsinterne Evaluation
U Mainz	Fachbereichsinterne Evaluation
U Mannheim	Evaluation durch evalag
U Marburg	Hochschulinterne Evaluation
Ludwig-Maximilians-U München	Evaluationen i. A. des bayer. Staatsministeriums für Wiss., Forschung u Kunst
U Münster	Evaluation geplant
U Oldenburg	Evaluation durch ZEvA
U Osnabrück	Evaluation durch ZEvA; Evaluation durch Wiss. Kommission Niedersachsen
U Paderborn	Hochschulinterne Evaluation
U Passau	Evaluationen i. A. des bayer. Staatsministeriums für Wiss., Forschung u. Kunst
U Potsdam	Evaluation durch Wissenschaftsrat
U Regensburg	Evaluationen i. A. des bayer. Staatsministeriums für Wiss., Forschung u. Kunst
U Rostock	Evaluation im Verbund Norddeutscher Universitäten
PH Schwäbisch-Gmünd	Evaluation durch evalag
U GH Siegen	Evaluation geplant
U Trier	Fachbereichsinterne Evaluation
U Tübingen	Fachbereichsinterne Evaluation; Evaluation durch evalag
U Ulm	Evaluation durch evalag
Hochschule Vechta	Evaluation durch ZEvA
U Würzburg	Evaluationen i. A. des bayer. Staatsministeriums für Wiss., Forschung u. Kunst
U Wuppertal	keine Evaluation

1 Datengrundlage sind die zweimaligen Befragungen der Delegierten des EWFT. In einer ersten Runde sind diese gebeten worden, Evaluationserfahrungen mitzuteilen und entsprechende Materialien zur Verfügung zu stellen. In einer zweiten Runde sind die Delegierten per standardisierten Fragebogen befragt worden. In den Auswertungen nicht erfasst sind einmalige und nicht systematische Evaluationen einzelner Lehrveranstaltungen. Des weiteren haben die ‚Evaluationen' des Expertenrates NRW keine Berücksichtigung gefunden, da diese von den Delegierten des EWFT sehr unterschiedlich in Hinblick auf ihre Erfassung als Evaluation bzw. als Verfahren, die nicht als Evaluation gewertet werden können, eingeschätzt wurden.
2 sog. Speck-Kommission und sog. Baumert-Kommission
3 fachbereichsinterne. Evaluation = institut. Verfahren der (Lehr-)Evaluation auf Fachbereichs-/Fakultätsebene
4 hochschulinterne Evaluation = Evaluationsverfahren im Auftrag der Hochschulleitung bzw. Senat der HS
5 Zentrale Evaluations- und Akkreditierungsagentur des Landes Niedersachsen
6 Evaluationsverfahren Erz.wiss. in Baden-Württemberg mit einer landeseigenen Evaluationsagentur (evalag)

Tab. 7.2:   Verhältnis Erst- und Mehrfachevaluation [1]

Umfang der Evaluation	N =
Erstevaluation	15
Zweimalige Evaluation [2]	20
Regelmäßige Evaluation (jedes Semester, jährlich) [2]	4
Viermalige Evaluation [2]	1
Fünfmalige Evaluation [3]	1
Keine Angaben	3

1 n = 44 Hochschulen, an denen Evaluationsverfahren stattgefunden haben.
2 Hierbei handelt es sich überwiegend um die zweimalige Evaluation desselben Studiengangs.
3 Hierbei handelt es sich auch um die Evaluation unterschiedlicher erziehungswissenschaftlicher Studiengänge einer Hochschule.

Die strukturellen Rahmenbedingungen haben sich in den letzten Jahren entscheidend gewandelt. Waren Auftraggeber der ersten Evaluationsverfahren entweder die betroffenen Institute/Fachbereiche/Fakultäten selbst bzw. wurden die Evaluationsverfahren durch Beschlüsse der Hochschulleitung, der Präsidien oder des Senats initiiert, zeigt sich in den letzten Jahren eine überaus deutliche Tendenz dahingehend, dass die Ministerien sowohl in ihrer Funktion als Auftraggeber als auch in Bezug auf die Festlegung der inhaltlichen Kriterien der Evaluation und bei der Auswahl der Gutachter eine überaus bedeutende Rolle spielen. Zwar haben die Hochschulen in einigen Bundesländern ein Vorschlagsrecht hinsichtlich der Gutachter, dies bedeutet aber noch lange nicht, dass diese Vorschläge bei der entsprechenden Auswahl dann auch umgesetzt werden. Die Funktionen der Gutachter werden im übrigen in nahezu allen Verfahren durch Fachkollegen ausgefüllt, der Auswahl der Gutachter in den Fällen landesweiter Evaluationen fehlt aber häufig eine demokratische Legitimation durch die Hochschulen oder die Disziplin.

7.1.3   Evaluationsebenen und beteiligte Personengruppen

In dem Maße, wie länderspezifische Regelungen von immer größerer Relevanz bei Evaluationsverfahren sind, in dem Maße verändert sich auch die Gewichtung der verschiedenen Evaluationsebenen. Stand ursprünglich eindeutig die Lehrevaluation im Zentrum des Interesses und wurde diese dann später ergänzt durch eine Strukturevaluation, so zeigt sich seit 2000 eine erheblich stärkere Berücksichtigung auch der Forschungsevaluation, was insgesamt nahezu zu einer gleichgewichtigen Bedeutung der Ebenen der Evaluation führt.

Tab. 7.3: Strukturelle Rahmenbedingungen der Evaluationen, Angaben in % [1]

	Auftrag-geber der Evaluation	Festlegung inhaltlicher Kriterien	Auswahl der Gutachter
Fachbereich/Fakultät/Institut/Dekanat	17 %	14 %	3 %
Hochschulleitung/Präsidium/Senat	17 %	22 % [2]	11 % [3]
Ministerien/Wissenschaftsrat/landeseigene Evaluationsagenturen und -kommissionen	66 %	64 %	64 %
Selbstevaluation ohne externe Gutachter	-	-	14 %
Keine Angaben	-	-	8 %

1 n = 63 Evaluationsverfahren
2 Hier spielen an einigen Universitäten Evaluationskommissionen auf Hochschulebene eine zusätzliche Rolle.
3 Hier spielen Evaluationskommissionen auf Hochschulebene und die Landesrektorenkonferenz vereinzelt eine zusätzliche Rolle.

In 68 % der erfassten Verfahren fand eine Struktur-, in 52 % der Fälle eine Lehr- und in 62 % der Evaluationen eine Forschungsevaluation statt. Diese Entwicklung spiegelt aber noch nicht angemessen die Vielfältigkeit der Evaluationen in der Erziehungswissenschaft wider. Diese bildet sich schließlich in den unterschiedlichsten Mischformen der verschiedenen Evaluationsebenen ab.

Abb. 7.1: Ebenen der Evaluation erziehungswissenschaftlicher Einrichtungen, in %

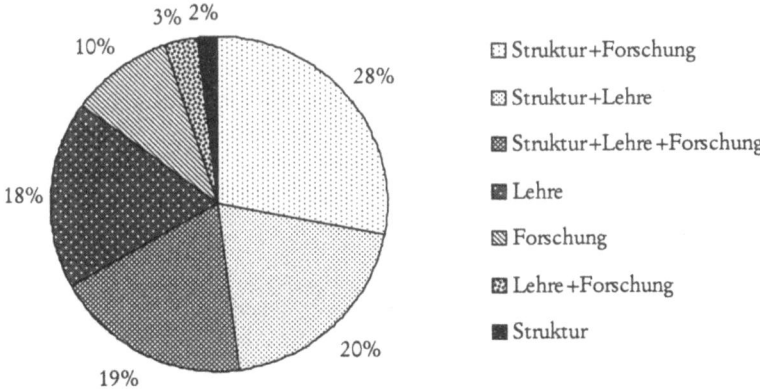

Die Kombinationen der Ebenen Struktur- und Forschungsevaluation bzw. Struktur- und Lehrevaluation machen zusammen zwar knapp die Hälfte der

Evaluationsverfahren aus (vgl. Abb. 7.1). Von einer verallgemeinerbaren Form der Evaluationen in der Erziehungswissenschaft kann aber dennoch nicht die Rede sein, da jenseits dieser beiden Typen auch andere Formen in einem nicht unbeträchtlichen Umfang realisiert werden.

Abb. 7.2: An Evaluationsverfahren beteiligte Gruppen (Mehrfachnennungen)

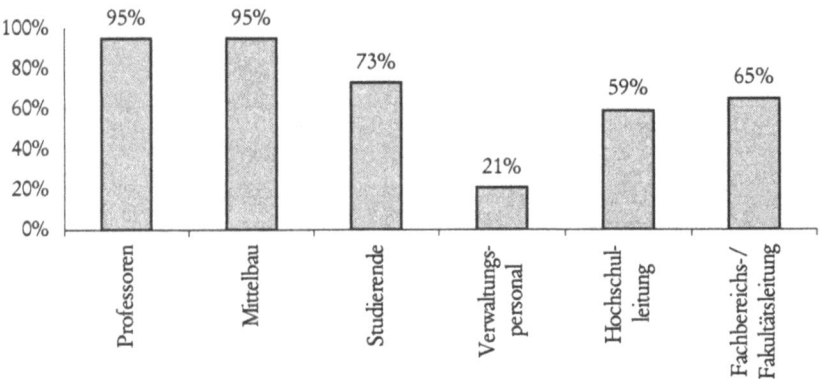

Bei den Antworten auf die Frage danach, wer an den Evaluationsverfahren beteiligt gewesen ist (vgl. Abb. 7.2), zeigt sich die deutliche Repräsentanz der Professoren und des Mittelbaus. Etwas weniger stark werden Studierende involviert, was wiederum auf den Bedeutungszuwachs der Forschungsevaluation zurückgeführt werden kann. Hochschul- und Fachbereichs- bzw. Fakultätsleitung sind zwar nicht unbedeutend, spielen aber eine nicht so entscheidende Rolle in den Evaluationsverfahren, wie die Lehrenden, was insofern überrascht, als diese Personengruppen wesentlich mit der späteren Umsetzung der Evaluationsempfehlungen befasst sind. Das Verwaltungspersonal wird schließlich eher selten und wenn, dann vor allem vertreten durch das Bibliothekspersonal, in die Evaluationsverfahren integriert.

7.1.4 Grundlagen der Evaluation

Der auf der Grundlage einer vorgegebenen Gliederung und durch die Beantwortung vorformulierter Fragen erstellte Selbstreport sowie die unterschiedlich umfängliche Begehung vor Ort sind die zentralen Charakteristika der Evaluationsverfahren in der Erziehungswissenschaft (vgl. Tab. 7.4). Insbesondere die Struktur der Selbstreporte bestimmt dann auch die Datenbasis, auf die in den Verfahren zurückgegriffen wird (vgl. Tab. 7.5).

Tab. 7.4: Grundlagen der Evaluationen [1]

	N =
Selbstreport	36
Begehungen vor Ort	36
Ausschließliche Befragung der Studierenden	5
Anhörungen	4
Befragung von Personen stellvertretend für den Fachbereich/die Statusgruppe, Dokumentenanalyse, Diskussionsforen, Evaluation auf der Basis von Strukturdaten [2]	je 2
Fragebogenerhebung, Auswertung des Institutsbericht, Lehrveranstaltungsbesuche, beobachtende Teilnahme an Lehrveranstaltungen, Begutachtung von Forschungsleistungen, Lektüre von Prüfungsarbeiten [2]	je 1
Keine Angaben	7
1 Aussagen beziehen sich auf die 63 erfassten Evaluationsverfahren, Mehrfachnennungen waren möglich. 2 soweit nicht in Selbstreport oder Begehungen vor Ort enthalten.	

Tab. 7.5: Datengrundlagen der Evaluationen [1]

	N =
Strukturdaten/Statistiken der Hochschule	31
Ergänzende Daten zum Selbstreport	16
Angaben zu Drittmitteln, Forschungsberichte	13
Befragung der Studierenden	12
Selbstdarstellungen, Profilpapiere	7
Befragung der Professoren	5
Daten der Prüfungsämter	4
Qualitative Interviews mit Vertretern der Statusgruppen, gesonderte Datenerhebungen für die Evaluation	je 2
Vorlesungsverzeichnisse, Lehrveranstaltungsplanung, Daten des akademischen Auslandsamtes, Kapazitätsberechnungen und Auslastungszahlen, Lehrberichte	je 1
Keine Angaben	6
1 Aussagen beziehen sich auf die 63 erfassten Evaluationsverfahren, Mehrfachnennungen waren möglich. Von Zeile drei an (Angaben zu Drittmitteln, ...) handelt es sich um Angaben zu der Datenbasis in den Fällen, in denen kein vorstrukturierter Selbstreport angefertigt wurde.	

Entsprechend der Dominanz länderspezifischer Evaluationsverfahren werden diese Daten in der Regel durch die Evaluationskommissionen der Länder bzw. die Kommissionen der landeseigenen Evaluationsagenturen ausgewertet (60 %). Ein Evaluationsbeauftragter, eine Arbeitsgruppe des Dekanates, der Fakultät, des Fachbereiches bzw. des Institutes ist in 22 % aller Evaluationsverfahren hierfür zuständig. Ein Evaluationsbeauftragter bzw. eine Kommission der Hochschulleitung hat dies in 8 % der Fälle getan. Zu 10 % der Evaluationsverfahren liegen in Bezug auf die Datenauswertung keine Angaben vor.

7.1.5 Schlussfolgerungen aus Evaluationsverfahren

Die Empfehlungen, die auf der Grundlage der Evaluationsverfahren formuliert worden sind, sind so vielfältig, wie die Evaluationsverfahren selbst.

Tab. 7.6: Evaluationsempfehlungen [1]

	N =
Detaillierter Maßnahmenkatalog	12
Profilbildung/Weiterentwicklung	4
Neustrukturierung von Studiengangselementen	3
Einführung von BA/MA-Studiengängen	3
Unverbindliche Empfehlungen, die Lehrenden überlassen bleiben	2
Verstärkung von Forschungsaktivitäten, Aufbau eines Zentrums für Bildungsforschung/wissenschaftliche Weiterbildung, Akkreditierung eines MA-Studiengangs, Überprüfung der Prüfungspraxis, Vernetzung von Studiengängen, Infragestellung der dreijährigen Schulpraxis als Einstellungsvoraussetzung, Freigabe von Stellen für Professuren	je 1
Liegen noch nicht vor	12
Keine Angaben	22
[1] Aussagen beziehen sich auf die 63 erfassten Evaluationsverfahren, Mehrfachnennungen waren möglich.	

Die Chancen der fachlichen Akzeptanz von Evaluationsempfehlungen wachsen mit dem Einfluss, den die Evaluierten auf deren Ausgestaltung nehmen können. Von daher ist wesentlich, dass in 46 % der Evaluationsverfahren eine Diskussion der Empfehlungen mit den Evaluierten stattgefunden hat. Bei weiteren 17 % ist dies geplant, aber immerhin bei 27 % der Evaluationsverfahren hat eine solche Diskussion nicht stattgefunden (keine Angaben: 10 %).

Entscheidend ist aber letztendlich, ob die formulierten Empfehlungen auch tatsächlich umgesetzt werden. Vollständig umgesetzt wurden die Empfehlungen in 25 % der Fälle, teilweise umgesetzt in 30 %. Insbesondere für

Empfehlungen, die in den Strukturplan der Hochschule eingeflossen sind oder die in Zielvereinbarungen mit dem Land bzw. dem Rektorat ihren Ausdruck gefunden haben, kann nicht zwingend davon ausgegangen werden, dass diese dann auch entsprechend umgesetzt wurden. Schließlich konnte mit der Bestandsaufnahme der Evaluationsverfahren in der Erziehungswissenschaft nicht in allen diesen Fällen überprüft werden, ob es tatsächlich zu einer solchen Umsetzung gekommen ist. In weiteren 27 % der Evaluationsverfahren hat sogar keine Umsetzung stattgefunden (keine Angaben: 17,5 %).

Dies zeigt zwar insgesamt, dass die Evaluationen erziehungswissenschaftlicher Studiengänge einerseits alles andere als folgenlos bleiben. Die Ergebnisse der Befragung sowie die Stellungnahmen der Evaluierten machen andererseits aber auch deutlich, dass in zahlreichen Fällen dem enormen Aufwand, der für die Evaluierten mit den Verfahren verbunden ist, der Ertrag in keiner Weise entspricht. Vor allem für die aktuelleren Evaluationsverfahren wird davon berichtet, dass Evaluationsempfehlungen überlagert werden von Stellenstreichungen und anderen Sparmaßnahmen, mit denen die Empfehlungen außer Kraft gesetzt bzw. bagatellisiert werden. Dies führt bei den Betroffenen zu einer eher abwartenden Haltung weiterer Evaluationsverfahren gegenüber, was in einer Situation, in der innerhalb der Erziehungswissenschaft Verfahren der Evaluation an der Schwelle stehen, sich zu einem kontinuierlichen Instrument der Qualitätsentwicklung erziehungswissenschaftlicher Studiengänge zu entwickeln, sicherlich nicht dazu führen wird, diesen Prozess zu beschleunigen – und dies trotz aller Einsicht in die Notwendigkeit von Evaluationen.

7.2 Bewertungskriterien für erziehungswissenschaftliche Evaluationen

Es wurde darauf hingewiesen, dass die bisherigen Evaluationen der Erziehungswissenschaft äußerst verschiedene Bewertungskriterien anlegten. Durch die zunehmende Erfahrung mit Evaluationen und den Erfahrungsaustausch im Rahmen des Faches kristallisieren sich allerdings deutlich drei große Bereiche erziehungswissenschaftlicher Evaluation heraus: Die *Strukturevaluation* analysiert die organisatorischen Rahmenbedingungen und die Weiterentwicklung des Faches, die *Lehrevaluation* bewertet erziehungswissenschaftliche Studiengänge und die *Forschungsevaluation* beurteilt das wissenschaftliche Profil der Erziehungswissenschaft an einem Hochschulstandort (vgl. EWFT 2003).

Bei einer *Strukturevaluation* soll die Integration der Erziehungswissenschaft in verschiedenen Studiengängen und das Bemühen um die disziplinäre Identität der Erziehungswissenschaft analysiert werden und zwar gerade in solchen Konstellationen, in denen überwiegend Dienstleistungen zu erbringen sind, z. B. in Studiengängen zur Lehrerausbildung und auch in neugestalteten konsekutiven Studiengängen nach dem angelsächsischen Modell. Bei Strukturevaluationen geht es u. a. um die Bestandsaufnahme des Faches mit Blick auf die Entwicklungs- und Personalplanung in den nächsten Jahren. Die Entwicklung des Faches und die Position innerhalb der Hochschule werden dabei erfasst, internationale und nationale Vernetzungen werden beschrieben, die Verankerung von klar definierten Ausbildungs- und Studienzielen im Curriculum sowie auch Ausstattungs- und Ressourcenfragen (Mittel für die Lehre, Kapazitäts- und Auslastungssituation, räumliche und personelle Situation, EDV, Bibliothek, Planungen zum Ausbau der Ressourcen, Mängel der Ausstattungssituation) werden systematisch erfasst. Die sachliche und die personelle Ausstattung werden im Hinblick auf Forschungs- und Lehraufgaben kritisch eingeschätzt. Bei der Bewertung der personellen Ausstattung werden beispielsweise die qualitative Relation von Lehrenden zu Studierenden, die Angemessenheit des Umfanges und der Kompetenzen des akademischen Personals als Voraussetzung des Studienangebots, die Verteilung von Lehrbeauftragten, Tutorenstellen, Verwaltungs- und Büropersonal oder auch technischem Personal berücksichtigt. Die hier auch zu erfassende curriculare Struktur berücksichtigt die Unterscheidungen von Grund- und Hauptstudium, analysiert bei einer BA/MA-Struktur die Modularisierung und Klarheit der Angebote, nimmt zur methodischen Grundlegung des Fachs und die Vermittlung von Selbstständigkeit und forschendem Lernen Stellung, analysiert die Qualität von Praktika und das Training berufsbezogener Kompetenzen. Letztlich geht es darum einzuschätzen, inwieweit die Angebotsstruktur und das Curriculum Innovationen fördern und internationale Anschluss- und Konkurrenzfähigkeit implizieren. Auch die Organisation des Programms und die Qualität der Studienberatung werden in umfassenden Strukturevaluationen kritisch berücksichtigt.

Forschungsevaluationen in der Erziehungswissenschaft richten sich vor allem auf das innovative Potential und den Beitrag zur Weiterentwicklung des pädagogischen Forschungsfeldes auch im internationalen Maßstab. Forschungsevaluation geht auf die Kumulativität und Kohärenz der pädagogischen Forschung ein und berücksichtigt auch die wissenschaftliche Anerkennung (das Auftreten bei internationalen und nationalen Konferenzen, die Mitgliedschaft in Herausgebergremien von führenden wissenschaftlichen Zeitschriften und Buchreihen, DFG-Gutachtertätigkeit, Vorstands- und

Gutachtertätigkeit in internationalen Forschungsorganisationen, Gutachtertätigkeit für referierte pädagogische Zeitschriften etc.) – also den „scientific impact". Zur Forschungsproduktivität der Erziehungswissenschaft an einem Hochschulstandort gehört die Anzahl und Qualität der Publikationen, wobei zunehmend zwischen referierten und nichtreferierten Publikationen unterschieden wird. Gerade in pädagogischen Arbeitsfeldern sind wissenschaftliche Monographien und Buchkapitel in inhaltlich einschlägigen Readern – beispielsweise im Unterschied zu eher naturwissenschaftlichen Bereichen – von großer Bedeutung. Zur Produktivität gehören auch die Zahl der Dissertationen oder professionsbezogene Publikationen für Praxisfelder, politische und andere öffentliche Bereiche. Die wissenschaftliche Produktivität wird in professionellen Evaluationen immer auch in Relation zum vorhandenen wissenschaftlichen Personal gesehen und berücksichtigt den institutionellen Kontext eines Hochschulstandorts. Die Relevanz für pädagogische oder bildungspolitische Praxis ist besonders in der Erziehungswissenschaft eine wichtige Dimension der Beurteilung. Selbstverständlich gehen in erziehungswissenschaftliche Evaluationen die drittmittelgeförderten Projekte ein, wobei in der Erziehungswissenschaft die Pluralität der Drittmittelgeber (DFG, Bundesministerium, Landesministerien, EU-Fördermittel, Stiftungen, kommunale Mittel, private und betriebliche Mittel etc.) bedeutsam ist. Zunehmend wird zwischen Drittmitteln, die kompetetiv eingeworben sind, und sonstigen Drittmitteln unterschieden. In mehreren erziehungswissenschaftlichen Subdisziplinen wird es notwendig sein, Drittmittel im Kontext von praxisbegleitenden Maßnahmen bei Evaluationen ebenfalls zu berücksichtigen.

Zur Forschungsevaluation gehören auch noch verschiedene Aspekte der Nachwuchsförderung: die geregelte Betreuung von Nachwuchswissenschaftlern, die Anzahl der Promovenden und Habilitanden, die Vernetzung von Qualifikationsarbeiten in Forschungsprojekte, die Beteiligung von Nachwuchswissenschaftlern bei nationalen und internationalen Konferenzen mit eigenen Beiträgen, Workshops oder Summerschools für besondere Methoden oder Theorieprobleme, gemeinsames Publizieren mit senior scientists u. a.

Die Bedeutung von *Lehr- und Ausbildungsevaluationen* sind offenkundig. Strukturevaluationen der Erziehungswissenschaft erreichen eher selten die didaktische und methodische Ebene der Lehr- und Lernformen, andererseits spielt gerade die regelmäßige und systematische Lehrevaluation für eine kontrollierte interne Qualitätssicherung eine wichtige Rolle. Professionelle Evaluationen von Veranstaltungen, die Nutzung entsprechender Ergebnisse zur Verbesserung der akademischen Lehre, Investitionen in die Prozessqualität der Hochschullehre durch Fortbildungsmaßnahmen des lehrenden Personals, aber auch output-Faktoren wie die Studiendauer oder die Absolventenquote sind daher wichtige Indikatoren für die Beurteilung der Lehrqualität. Die Prüfung der längerfristigen outcome-Qualität eines Studiengangs durch Verbleibsstudien von Absolventen ist bei konkreten Lehrevaluationen an einzelnen Hochschulorten auch heute noch ein Desiderat. Die Analyse des beruflichen Verbleibs von Absolventen beinhaltet wichtige Informationen zur Innovation und Reform der Lehre (vgl. hierzu Krüger/Rauschenbach 2001).

Unbestritten ist, dass die Evaluation der Erziehungswissenschaft in Zukunft ein noch größeres Gewicht erhalten wird, so dass die Überlegungen des EWFT zum Leitfaden einer Selbstevaluation der Erziehungswissenschaft und die Zieldefinitionen der DGfE in den nächsten Jahren noch größere Bedeutung haben werden. Es ist wichtig darauf hinzuweisen, dass Evaluation auch zeitliche, personelle und finanzielle Ressourcen benötigt, wenn die erhobenen Daten und Informationen eine verlässliche Basis für ein Stärken- und Schwächenprofil eines Faches sein sollen. Die Dreiteilung des Evaluationsprogramms in Struktur-, Forschungs- und Lehrevaluation beinhaltet dabei die Möglichkeit, jeweils spezifische Schwerpunkte zu setzen, die entsprechende Datenbasis am Hochschulort detailliert zu diskutieren und - dies wird leider häufig übersehen - notwendige Konsequenzen zur Verbesserung der Prozessqualität der erziehungswissenschaftlichen Forschung und Lehre zu begründen und zu realisieren.

8 Wissenschaftliche Weiterbildung als bildungswissenschaftliche Aufgabe

Peter Faulstich/Gernot Graeßner/Rudolf Tippelt

Es hat sich – allen Unkenrufen zum Trotz – ein expandierendes Spektrum von Aktivitäten der Hochschulen in der Weiterbildung herausgebildet. Dies ist u. a. auf den gesetzlichen Auftrag nach dem HRG §2 Abs.1 zurückzuführen. In zahlreichen Hochschulen wird die wissenschaftliche Weiterbildung von speziellen pädagogisch besetzten Stabsstellen organisiert. Die Durchführung selbst ist zwar einerseits eine Aufgabe der Fachwissenschaften, andererseits sind damit immer schon Fragen der Didaktik und der Organisation verbunden, welche von der Erziehungs- und Bildungswissenschaft behandelt werden. Darüber hinaus besteht für Lernvermittlungsaufgaben selbst ein Bedarf an Fort- und Weiterbildung. Es sollte deshalb erstens geklärt werden, welcher Weiterbildungsbedarf sich an die Hochschulen richtet (Teil 1), zweitens welche Angebote entwickelt worden sind (Teil 2) und drittens welche spezifischen Aktivitäten wissenschaftlicher Weiterbildung für schulische, sozialpädagogische und erwachsenbildnerische Lehraufgaben bestehen (Teil 3).

Für alle drei Ebenen liegen eigene Recherchen vor, welche allerdings nur partielle Antworten erlauben. Eine hinreichende Statistik über „wissenschaftliche Weiterbildung" besteht nach wie vor nicht. Wenn also beabsichtigt ist, wenigstens Basis-Daten für den Bereich der Weiterbildung an und durch Hochschulen zusammenzustellen, stößt man auf Schwierigkeiten. Wissenschaftliche Weiterbildung ist bislang weder in einer der im Bereich der Erwachsenenbildung und Weiterbildung bestehenden, noch in den für den Hochschulbereich regelmäßig erhobenen statistischen Datensammlungen systematisch vertreten. Es gibt nur Partialstatistiken:

- Die Aktivitäten der Hochschulen werden z. B. im Berichtssystem Weiterbildung nur an wenigen Stellen und allenfalls pauschal erfasst. So wird im Berichtsystem VIII (Kuwan u. a. 2003) ausgewiesen, dass bezogen auf Trägerschaft 4% aller Teilnahmefälle an Hochschulen stattfanden.
- Auch in den vom Bundesministerium für Bildung und Forschung regelmäßig veröffentlichten „Grund- und Strukturdaten" fehlt im Kapitel „Hochschulen" die Ausweisung eines Abschnittes „Weiterbildung", lediglich im Abschnitt über „Gasthörer" finden sich einige Hinweise.

- Aber auch die Hochschulen selbst haben bislang noch kein System entwickelt, welches sie in die Lage versetzen würde, zuverlässige Aussagen über die Datenlage im Bereich ihres Weiterbildungsengagements zu treffen. Insofern wird eine Trägerstatistik „Wissenschaftliche Weiterbildung" derzeit noch vermisst. Einige Daten insbesondere zu Studiengängen lassen sich durch die Datenbank „Weiterführendes Studium" der Hochschulrektorenkonferenz rekonstruieren. Zur wissenschaftlichen Weiterbildung erlaubt der „Hochschulkompass" der HRK (www.hochschulkompass.hrk.de) einen Überblick über die curricular angelegten Angebote der Hochschulen.
- Hinweise zur Situation der Weiterbildung an Hochschulen finden sich ebenfalls in den jeweils aktuellen Materialien der „Deutschen Gesellschaft für wissenschaftliche Weiterbildung und Fernstudium" DGWF (vormals Arbeitskreis Universitäre Erwachsenenbildung – AUE), aus denen sich Informationen zu den Einrichtungen für Weiterbildung an Hochschulen, zum Fernstudium und zum Seniorenstudium ablesen lassen.
- Einige Informationen zum Seniorenstudium finden sich überdies im „Studienführer für Senioren", herausgegeben vom Bundesministerium für Bildung und Forschung.

Insofern ist man, um ein Mindestmaß an Informationen zu schaffen, auf ergänzende Recherchen, Schätzungen und Hochrechnungen angewiesen. Angesichts der Vielfalt der Aktivitäten der Hochschulen in der wissenschaftlichen Weiterbildung ist es nichtsdestoweniger sinnvoll, sich zunächst wenigstens ansatzweise einen Überblick über die Ausgangslage zu verschaffen. Zwar ist immer noch die Klage berechtigt, dass die Hochschulen dieses Aktivitätsspektrum nicht hinreichend aufgenommen haben. Trotzdem ist kaum zu übersehen, dass in den letzten Jahren doch einiges in Gang gekommen ist.

Es kann also nur ein erster Anlauf unternommen werden, um höhere Transparenz herzustellen. Dazu können die folgenden, eigenen Recherchen herangezogen werden:

- Sonderauswertung der Gruppe Akademiker im Rahmen der Studie zu sozialen Milieus und Weiterbildung (Tippelt u. a. 2003; Barz/Tippelt 2004);
- Recherche über wissenschaftliche Weiterbildung an Hochschulen (Bade-Becker/Graeßner 2003);
- Recherche über Angebote wissenschaftlicher Weiterbildung im Bereich Erwachsenenbildung/Weiterbildung (Faulstich/Graeßner 2003).

Entsprechend gliedert sich der Bericht, der – das muss vorausgeschickt werden – eine Übergangsphase erfasst. Die gegenwärtige Umbruchsituation im Rahmen des „Bologna-Prozesses" wird auch für die Weiterbildungsstruktur an den Hochschulen weitreichende Folgen haben, wenn neben die wissenschaftliche Ausbildung im Rahmen des „konsekutiven Modells" der BA- und MA-Abschlüsse neue Weiterbildungszertifzierungen und -graduierungen treten.

Darüber hinaus sieht sich die Weiterbildung an den Hochschulen neuen Herausforderungen im Rahmen „lebenslangen Lernens" gegenüber. Ein weiterer, wesentlicher Faktor für die Entwicklung wissenschaftlicher Weiterbildung liegt auch in den hochschulinternen Steuerungsoptionen angesichts teilweise drastisch knapper werdender öffentlicher Mittel für die Bewältigung der gesetzlichen Aufgaben der Hochschulen. Die gegenwärtige Umbruchsituation wird sich bis hin auf die Begriffsfassung wissenschaftlicher Weiterbildung auswirken.

Unter wissenschaftlicher Weiterbildung wird mit der KMK „die Fortsetzung oder Wiederaufnahme organisierten Lernens nach Abschluss einer ersten Bildungsphase und in der Regel nach Aufnahme einer Erwerbs- oder Familientätigkeit" verstanden und dann auf Hochschulen bezogen, "wobei das wahrgenommene Weiterbildungsangebot dem fachlichen und didaktischen Niveau der Hochschule entspricht" (KMK 2001, 2).
Dies umfasst verschiedene Angebotstypen:

- Ergänzungsstudien vermitteln Qualifikationen in einer zusätzlichen Fachrichtung (z. B. Betriebswirtschaftslehre für Mediziner).
- Aufbaustudien vermitteln in der Regel vertiefende oder erweiterte Qualifikationen auch in anderen Fachrichtungen (z. B. Weiterbildungstudium Geragogik für Psychologen).
- „Weiterbildende Studiengänge", „Weiterbildendes Studium" und „Weiterbildende Programme" richten sich an Personen mit abgeschlossenem Hochschulstudium oder an Personen, die durch berufliche oder andere Tätigkeit qualifiziert sind und an spezifische Zielgruppen (z. B. Personalentwicklung für Führungskräfte).

„Weiterbildende Studiengänge" sind curricular verfasst und unterliegen einer Prüfungsordnung. Je nach Länderregelungen kann ein akademischer Grad verliehen werden. Auch ein „weiterbildendes Studium" unterliegt in der Regel einer curricularen Ordnung und einer Prüfungsordnung, zielt jedoch auf ein spezifisches Zertifikat, ggf. verbunden mit einem von der Hochschule vergebenen Titel ab. Eine akademische Graduierung ist jedoch damit nicht gegeben. Ein „weiterbildendes Programm" stellt ein Studium ohne förmliche Abschlussmöglichkeit dar, gliedert sich jedoch gewöhnlich in einzelne, aufeinander bezogene Module. Schließlich finden sich in der wissenschaftlichen Weiterbildung Einzelveranstaltungen (Vorträge, Tagungen, Workshops), für die allenfalls die Teilnahme bescheinigt wird.

Zusatz-, Ergänzungs- und Aufbaustudien können an ein grundständiges Studium direkt anschließen. Weiterbildende Studiengänge / Studien / Programme setzen nach abgeschlossenem Studium eine berufliche Tätigkeit voraus und stellen somit den Kern der Aktivitäten dar, mit denen Hochschulen auf dem „Markt der Weiterbildung" auftreten.

Nach dem Push des „Bologna-Prozesses", welcher bis 2010 einen einheitlichen europäischen Hochschulraum schaffen soll, sind „konsekutive" Modelle von weiterbildenden Studien zu unterscheiden: Im Rahmen des „konsekutiven Modells" kann auf einen für eine akademisch ausgerichtete berufliche Tätigkeit befähigenden, grundständigen Bachelor-Abschluss (BA) ein Master-Studium für jenen Teil der Absolventen folgen, der für ein weiteres forschungsbezogenes Studium geeignet ist und daran Interesse hat. Im Rahmen von „weiterbildenden Studien" dagegen können die Teilnehmenden nach Aufnahme einer beruflichen Tätigkeit auch zu einem späteren Zeitpunkt ein BA- oder MA-Studium („Weiterbildungs-Bachelor" bzw. „Weiterbildungs-Master") aufnehmen. Darüber hinaus ist es möglich, weiterbildende Programme wie bisher punktuell anzubieten. Unklar sind bislang allerdings sowohl die Durchlässigkeits- und Verzahnungsmöglichkeiten der unterschiedlichen Angebote (etwa durch Anerkennungsverfahren; Erwerb von Credit points innerhalb und außerhalb der Weiterbildung an Hochschulen etc.) als auch die Zugangsmöglichkeiten von Personen, die nicht über die nach dem neuen System erforderlichen formalen Qualifikationen verfügen, aber die entsprechenden Kompetenzen anderweitig erworben haben.

Diese Entwicklungen zu berücksichtigen, ist wichtig, da sich in den statistischen Daten der Hochschulrektorenkonferenz wie auch den eigenen Erhebungen die gegenwärtige Übergangsphase bereits spiegelt.

8.1 Weiterbildungsbedarfe im akademischen Bereich

Hochschulabsolventen haben im Vergleich zu anderen Bildungsgruppen eine deutlich stärkere Beteiligung an „allgemeiner" (1.2) ebenso wie „beruflicher" Weiterbildung (1.3) vorzuweisen. Es werden dabei deutlich kürzere Angebotsformen präferiert und auch aus den Informationsquellen, die zur Weiterbildungsteilnahme anregten, können Rückschlüsse für die

Marketingstrategien der Hochschulen entwickelt werden (1.4).

8.1.1 Weiterbildungsverhalten Hochqualifizierter - Ergebnisse von zwei empirischen Untersuchungen

Aktuelle Trends über das Verhalten und die Erwartungen hinsichtlich der Weiterbildung von Personengruppen, die über einen Hochschulabschluss verfügen – nachfolgend als potenzielle Teilnehmer wissenschaftlicher Weiterbildung betrachtet, wobei der Kreis sich faktisch erweitert durch Personen, welche über andere Zugangswege an die Hochschulen kommen – können aus den Teilauswertungen der Untersuchung über das "Weiterbildungsverhalten und Weiterbildungsinteressen der Münchner Bevölkerung" (Tippelt u. a. 2003) und der BMBF-Studie "Soziale und regionale Differenzierung von Weiterbildungsverhalten und Weiterbildungsinteressen in Ost- und Westdeutschland"(Barz/Tippelt 2003) entnommen werden. Die Daten dieser für Deutschland repräsentativen Untersuchung basieren auf einer telefonischen Befragung, die im Juli 2001 computergestützt als CATI-Interview (Computer Assisted Telefone Interview) durchgeführt wurde (N=3008). Die Ergebnisse der Untersuchung wurden neben zahlreichen anderen Indikatoren auch nach Schulabschluss und beruflichem Abschluss der Befragten differenziert. Die Gruppe der Hochschulabsolventen kann folglich mit der Gruppe Meister/Fachschule, Lehre /Berufsfachschule, anderer Abschluss, respektive in oder ohne Ausbildung, verglichen werden.

Beide empirische Studien haben zum Ziel, Konturen und Konfigurationen der Nachfrageseite im Bereich der Weiterbildung zu erheben. Vorab ist festzuhalten, dass die empirischen Daten erneut den engen Zusammenhang zwischen schulischem und beruflichem Erfolg und der Nutzung von Weiterbildungsangeboten sowie ökonomischen Parametern, beispielsweise der beruflichen Position und der Höhe des Einkommens, verdeutlichen (vgl. a. Berichtssystem VIII). Höherqualifizierte partizipieren insgesamt deutlich mehr in der Weiterbildung.

8.1.2 Teilnahme an „allgemeiner" Weiterbildung

Bekanntermaßen ist es problematisch, die Themenfelder der Weiterbildungsteilnahme nach „beruflich" und „allgemein" zu gliedern, weil dahinter vielfältige Verwendungsbezüge der Lernenden stehen. Da aber die offiziellen Statistiken wie das „Berichtssystem Weiterbildung" aufgrund von juristischen Trennungen der Zuständigkeiten zwischen Bund und Ländern weiter diese Kategorisierung vornehmen, greifen wir doch wieder darauf zurück. Diese Problematik der Desintegration wird jedoch durch die Recher-

Abb. 8.1: Themen der zuletzt besuchten Veranstaltung zur „allgemeinen Weiterbildung" von Hochschulabsolventen in den vergangenen 12 Monaten (in %)

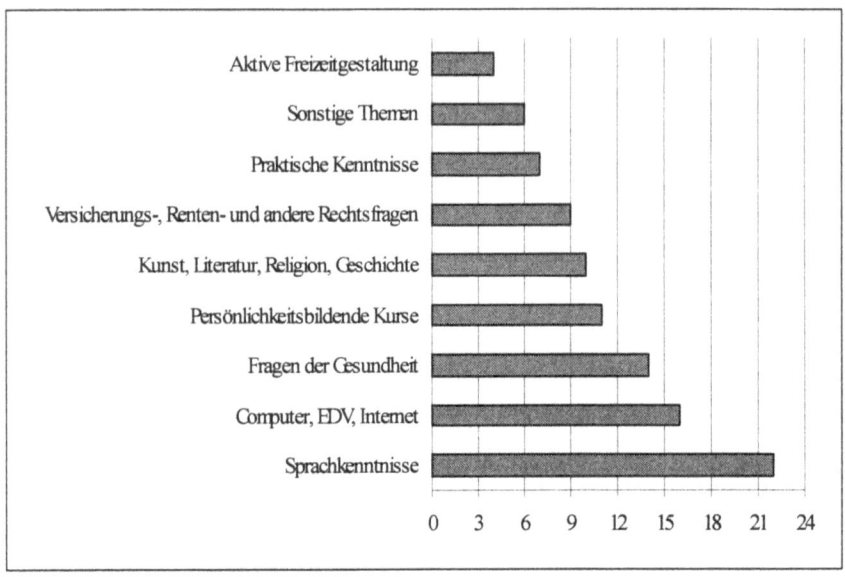

Teilnehmer an allgemeiner Weiterbildung (N gesamt=1204, Hochschulabsolventen n=212)

Hochschulabsolventen besuchten im Bereich der „allgemeinen" Weiterbildung (vgl. Abb. 8.1) am häufigsten Sprachkurse (22%) und Kurse im EDV-Bereich (16%). Diese Kenntnisse können sie aber eben auch in ihrem beruflichen Umfeld einsetzen. Absolviert wurden solche „allgemeinbildenden" Kurse sehr häufig bei privaten Weiterbildungseinrichtungen, also meist nicht an den Universitäten, weil diese auf diesen Bedarf noch wenig reagieren.
Die derzeitige Erwerbstätigkeit von Hochschulabsolventen, in Voll- oder Teilzeit, verlangt von ihnen in sehr großem Umfang (signifikante Unterschiede zu anderen Bildungsgruppen: *=.05; **=.01):

- Informationen sinnvoll zu gliedern und zu strukturieren (**)
- Informationen verständlich darstellen zu können (**)
- EDV-Kenntnisse (**)
- die Fähigkeit zur elektronischen Kommunikation im Internet (**)
- die Fähigkeit zur Beschaffung von Informationen im Internet (**)
- sehr spezielles Fachwissen (**)
- die Fähigkeit, eine Gruppe von Mitarbeitern zu leiten (**)

- die Fähigkeit, eine Gruppe von Mitarbeitern zu leiten (**)
- die Fähigkeit, neue Ideen zu entwickeln und verbesserte Lösungen zu finden (**)
- andere von eigenen Vorschlägen überzeugen zu können (**)
- schwierige berufliche Aufgaben zu lösen (**)
- mit Konflikten, die im beruflichen Alltag entstehen, gut umgehen zu können (**)
- die Fähigkeit, sich schnell in immer neue Aufgabenstellungen einzuarbeiten (**)
- die Zusammenarbeit in interdisziplinären Teams (**)
- selbständig entscheiden zu können (**)
- die Persönlichkeit weiterzuentwickeln (*).

Die Vielfalt der genannten Anforderungen zeigt, dass sich hochschulische Weiterbildung auch im Kontext dessen, was als „allgemeine" Weiterbildung läuft, stärker positionieren könnte.

8.1.3 Themen der „beruflichen" Weiterbildung

Die Übersicht über die Themen der zuletzt besuchten Kurse im Rahmen der stärker berufsbezogenen Weiterbildung zeigt, dass sich jeder dritte Hochschulabsolvent/in im EDV-Bereich (27%; vgl. Abb. 8.2) weitergebildet hat. Dabei partizipierten 12% in Kursen über Allgemeine EDV-Anwendung (z. B. MS-Office), 4% in Kursen des kaufmännischen Anwendungsbereichs (z. B. SAP), je 3% besuchten Kurse in den Bereichen EDV-Programmierung oder gewerblich-technische Anwendungen (auch CNC). Sonstige EDV-Themen wurden von 5% der Befragten genannt. Durchgeführt wurden die zuletzt besuchten Kurse der beruflichen Weiterbildung der Hochschulabsolventen vor allem vom Arbeitgeber oder den Betrieben.

Von Hochschulabsolventen wurde es, nach den Daten der Erhebung, als wichtiger erachtet, Kenntnisse zu aktualisieren als Chancen des beruflichen Aufstiegs zu erhöhen. Als sehr wichtig – die folgenden Aussagen waren hochsignifikant – wurden als Grund für die Teilnahme an beruflicher Weiterbildung die Sicherung des Arbeitsplatzes und die Erhöhung der Chancen, bei Arbeitsplatzverlust einen neuen zu finden, genannt.

8.1.4 Dauer der zuletzt besuchten beruflichen Weiterbildung und Informationsquellen

Wie bereits in der Münchner Studie kommt auch in der bundesweiten Befragung zum Ausdruck, dass kurze kompakte Weiterbildungskurse bevorzugt werden (vgl. Abb. 8.3). 64% der befragten Hochschulabsolventen besuchten Kurse von weniger als einer Woche Dauer.

Abb. 8.2: Themen der zuletzt besuchten „beruflichen Weiterbildung" von Hochschulabsolventen innerhalb der vergangenen 12 Monate (in %)

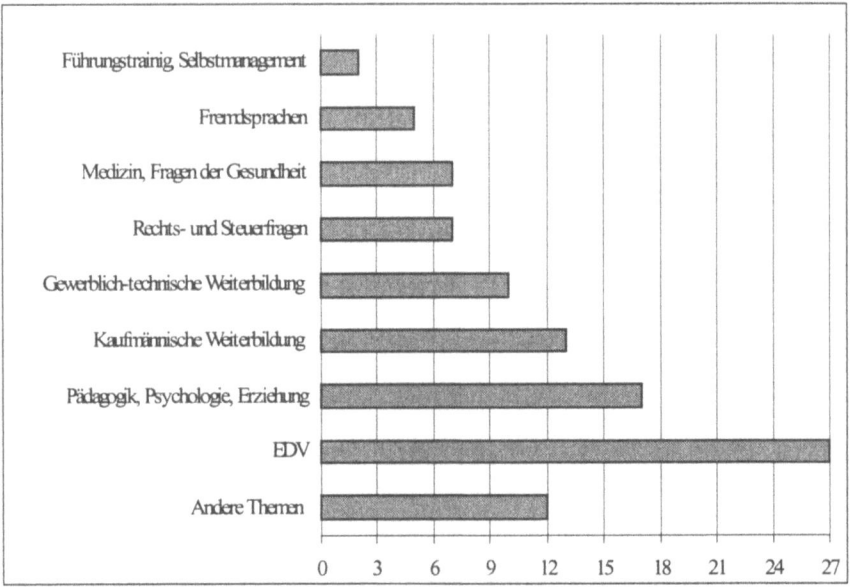

Teilnehmer an beruflicher Weiterbildung (N gesamt =1176, Hochschulabsolventen n =224)

Wenn sich die Hochschulen gegenüber Weiterbildung weiter öffnen sollen, ist es wichtig die Informationsgewohnheiten der potenziellen Teilnehmer zu berücksichtigen. Aus der Befragung wird deutlich, dass Hochschulabsolventen intensiver die Programmhefte von Weiterbildungsanbietern lesen als andere Bildungsgruppen (22%), wobei Empfehlungen von Vorgesetzten eine ebenso große Rolle spielen (22%). Eine überraschend geringe Bedeutung für die Information über Kurse kommt hingegen Ausschreibungen auf Internetseiten von Weiterbildungsträgern (3%) zu.

Es gibt also, wenn man die Ergebnisse überblickt, einen großen Bedarf an wissenschaftlicher Weiterbildung. Dieser wird allerdings bisher eher von anderen Trägern und weniger von den Hochschulen erfüllt. Offen bleibt, ob die Ursache dafür auf der Nachfrage- oder Angebotsseite liegt, ob also mit veränderten Marketingstrategien, z. B. mit übersichtlichen aktualisierten Homepages, aber vor allen aber auch durch eine expansivere Programmentwicklung der Hochschulen für ihre Weiterbildungsangebote das Interesse und die Teilnahme gesteigert werden könnten.

Abb. 8.3: Dauer der zuletzt besuchten beruflichen Weiterbildung (in %)

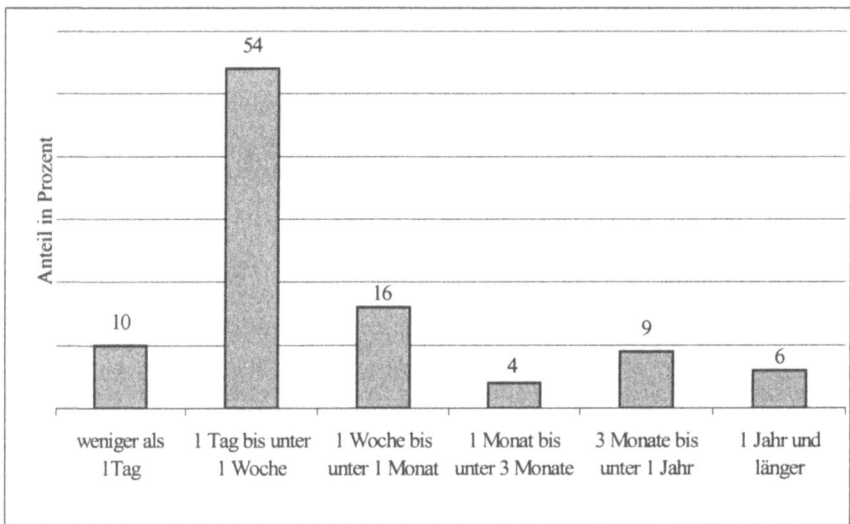

Teilnehmer an beruflicher Weiterbildung (N gesamt =1176; Hochschulabsolventen n =224)

8.2 Wissenschaftliche Weiterbildung an deutschen Hochschulen

Allerdings ist die Angebotsseite für „wissenschaftliche Weiterbildung" ebenfalls wenig transparent. Die Daten über wissenschaftliche Weiterbildung, soweit sie von Hochschulen angeboten wird, die nachfolgend berichtet werden, beruhen im wesentlichen auf einer Teilauswertung einer Erhebung, die im Sommer 2003 im Rahmen eines Forschungsprojektes an der Universität Bielefeld zur Qualität wissenschaftlicher Weiterbildung begonnen wurde (Bade-Becker 2003). Die Erhebung richtet sich an alle bei der Hochschulrektorenkonferenz verzeichneten Hochschulen: Universitäten, Pädagogische Hochschulen und Fachhochschulen. Aus ihr können Ergebnisse entnommen werden, die sich beziehen auf:

- Quantität der Angebote,
- Teilnehmende,
- Zugangsvoraussetzungen,

- Abschlussmöglichkeiten sowie
- Aspekte der Durchführung,
- Angebotsform der Weiterbildung,
- Träger der Angebote und
- Struktur der Lehrenden.

Zum Zeitpunkt dieses Berichtes (11/2003) hatten 80 (von insgesamt 220) Hochschulen geantwortet, davon enthielten die Antworten von 35 der angeschriebenen 117 Universitäten und 29 der 103 staatlichen Fachhochschulen (die HRK weist insgesamt 159 Fachhochschulen aus) auswertbare Ergebnisse. Dies entspricht einem Rücklauf von ca. 30% der Universitäten und ca. 29% der Fachhochschulen. In dieser Grundgesamtheit sind Hochschulen aller Bundesländer repräsentiert, allerdings mit der Ausnahme von Fachhochschulen Berlins und von Universitäten Mecklenburg-Vorpommerns und des Saarlandes. Insgesamt kann damit von einer eingeschränkten Repräsentativität der Daten ausgegangen werden.

An einigen Stellen kann der Bericht an Ergebnisse anknüpfen, die in einer Untersuchung 1994/95 (Graeßner/Lischka 1996) erhoben wurden. Damals war der Anlass der Untersuchung insbesondere durch den Umbruch der Hochschulstrukturen infolge der Wiedervereinigung gegeben. Gegenwärtig besteht wie erwähnt eine Umbruchsituation durch die bevorstehende Schaffung eines europäischen Hochschulraumes infolge des „Bologna-Prozesses".

8.2.1 Weiterführende Studienangebote und grundständige Studien: Überblick und Struktur

Die Hochschulrektorenkonferenz erhebt in regelmäßigen Abständen die Angaben der Hochschulen zum „Weiterführenden Studium". Nimmt man den „Hochschulkompass", so findet man insgesamt 1.502 Einträge in der Rubrik „Weiterführende Studienangebote". Im Vergleich dazu sind 8.861 grundständige Studienmöglichkeiten verzeichnet (Stand 10/2003). Unter „Weiterführendem Studium" werden dabei Aufbau-, Zusatz- und Ergänzungsstudien verstanden. Die HRK-Zusammenstellung schließt „Senioren-Studien" aus, da sie diese eher persönlichen Bildungsprogrammen zuordnet. In diesem Sinne weist der „Hochschulkompass" der HRK 1.011 weiterführende Studienangebote an Universitäten (bei 6.868 grundständigen Studiengängen) und 491 Studienangebote an Fachhochschulen (bei 1.993 grundständigen Studiengängen) aus. Dies bedeutet, dass im Mittel Universitäten 8,64 und Fachhochschulen 3,09 weiterführende Studienangebote vorhalten; vergleicht man das Verhältnis von grundständigen Studienangeboten mit dem Angebot an weiterführenden Studien, so zeigt sich, dass dies an Universitäten ca. 15%, an Fachhochschulen ca. 25% und durchschnittlich ca. 17% beträgt (vgl. Tab. 8.1). Diese Zahlen geben allerdings nur einen ersten Hinweis darauf, dass Hochschulen ihren Weiterbildungsauftrag quantitativ durchaus aufgegriffen haben. Eine detaillierte Einschätzung der Situation etwa nach Fachbereichen ist auf Grund der vorliegenden Zahlen nicht möglich.

Tab. 8.1: Weiterführende und grundständige Studiengänge nach Hochschultyp

Hochschultyp	Hochschulen	Studiengänge		Weiterführende Studiengänge	
		grundständig	weiterführend	Je Hochschule	In % aller Studiengänge
Universitäten	117	6.868	1.011	8,64	15
Fachhochschulen	159	1.993	491	3,09	25
Gesamt	276	8.861	1.502	5,44	17

8.2.2 Wissenschaftliche Weiterbildungsangebote: Umfang und Teilnehmende

Nach dem Berichtssystem Weiterbildung VIII (Berichtssystem Weiterbildung 2001, S. 227) beträgt der Anteil der Hochschulen im Zeitraum von 1991-2000 konstant 4% der repräsentativ erhobenen „Teilnahmefälle" („Teilnahmefälle" sind nicht gleichzusetzen mit „Teilnehmenden", da Mehrfachbeteiligungen eingerechnet werden). Für das Jahr 2000 wird dabei von insgesamt 35,9 Millionen „Teilnahmefällen" ausgegangen, so dass für die Hochschulen etwa 1,4 Millionen Teilnahmefälle berechnet werden können. Das Berichtssystem Weiterbildung gibt an, dass Teilnehmende durchschnittlich 1,7 Veranstaltungen besuchen. Vorausgesetzt, dass diese Annahme auch für die Teilnehmenden an Angeboten der Hochschulen zutrifft, dürften demnach etwa 850.000 Teilnehmende die Angebote der Weiterbildung an Hochschulen realisieren. Diese Zahl bezieht sich auf alle Formen weiterführender Angebote.

In der eigenen Erhebung wurden Weiterbildungsangebote im engeren Sinne ermittelt. Danach meldeten die 35 antwortenden Universitäten ein Angebot von 122 Studiengängen (mit 1.700 Teilnehmenden), 125 Weiterbildenden Studien und Programmen (mit 4.288 Teilnehmenden) sowie 1.318 Einzelveranstaltungen (mit 25.349 Teilnehmenden) zurück. Eine Schätzung der sich auf dieser Basis ergebenden Gesamtzahlen kann nur in sehr vorsichtiger Form vorgenommen werden. Als Maßstab kann vorläufig angenommen werden, dass ca. 68% der Universitäten Weiterbildungsangebote in diesem Sinne vorhalten (vgl. Graeßner/Lischka 1996, S. 59). Damit kann, mit großer Vorsicht, vermutet werden, dass ca. 70.000 Teilnehmende die Angebote wissenschaftlicher Weiterbildung an Universitäten wahrnehmen.

Die entsprechenden Zahlen an Fachhochschulen weisen 85 Weiterbildende Studiengänge (3.927 Teilnehmende), 98 Weiterbildende Studien und Programme (1.525 Teilnehmende) und 414 Einzelveranstaltungen (11.267 Teilnehmende) aus. Unter der Annahme, dass ca. 51% der Fachhochschulen weiterbildende Angebote vorhalten, kann daher vermutet werden, dass ca. 20.522 Teilnehmende für weiterbildende Angebote an Fachhochschulen erreicht werden.

Fachhochschulen und Universitäten insgesamt erreichen nach dieser Schätzung somit ca. 90.000 Teilnehmende im Bereich weiterbildender Angebote im engeren Sinne. Da hier keine exakte Berechnung der noch zu addierenden Teilnehmenden-Zahlen im Bereich der Zusatz-, Ergänzungs-, und Aufbaustudien vorgenommen werden kann, bedarf es weiterer Erhebungen, um diese Schätzung zu der auf Grund des „Berichtssystems Weiterbildung" wesentlich höheren Zahl von ca. 850.000 Teilnehmenden in Beziehung zu setzen.

Einen Hinweis auf die Zahl der Teilnehmenden liefert auch die Gasthörer-Statistik der Hochschulen. Allerdings wird nur ein Teil der Teilnehmenden an Weiterbildungsangeboten von dieser Statistik erfasst, da sie nicht unterscheidet zwischen einer allgemeinen Gasthörerschaft und einer solchen, die für weiterführende Studien im Sinne der HRK bzw. für weiterbildende Studien Geltung hat. Die Gasthörerstatistik weist für 2000/2001 insgesamt 38.837 Teilnehmende aus (Grund- und Strukturdaten 2001/2002, S. 279).

8.2.3 Zugangsvoraussetzungen und Abschlussmöglichkeiten

Wissenschaftliche Weiterbildung richtet sich vorwiegend, aber nicht ausschließlich an Hochschulabsolventen, aber auch an Personen, die anders als durch eine akademische Graduierung für eine Teilnahme qualifiziert sind. Dieser Anspruch ist darin verankert, dass sich wissenschaftliche Weiterbildung als eine Möglichkeit der Verkoppelung unterschiedlicher, miteinander vernetzter Teilsysteme der Gesellschaft versteht und daher nicht der Wissenschaftssystematik und ihrer Disziplinarität verpflichtet ist, sondern eher der Orientierung an gesellschaftlichen Problemlagen, zu deren Bearbeitung sie einen Beitrag leistet. Dabei nimmt sie auch die Erwartungen ihrer institutionellen Partner insbesondere aus Wirtschaft und Verwaltung auf. Die Zugänge für die Teilnahme an Weiterbildung durch Hochschulen orientieren sich demnach eher an einer faktischen Qualifizierung für eine sinnvolle Teilnahme als an formalen Nachweisen.

Dieser Ansatz spiegelt sich in den erhobenen Daten. Eine vorherrschende Rolle spielt der formale Hochschulabschluss im Rahmen derjenigen weiterbildenden Studiengänge, bei denen es um den Erwerb formaler Qualifizierung bzw. um eine Graduierung geht. An Universitäten wird bei Weiterbildenden Studiengängen ein Hochschulabschluss zu 60%, bei Fachhochschulen zu 54% vorausgesetzt. Aber auch ohne diese Formalqualifikation ist oft eine Teilnahme möglich (Universitäten und Fachhochschulen je 24%); bei weiterbildenden Studien und Programmen, die nicht dem Grunde nach auf einen akademischen Abschluss hinauslaufen, erhöht sich der Anteil anderer Qualifikationen, die in der Regel durch die berufliche Tätigkeit entstehen, auf 45% an den Universitäten und 38% an Fachhochschulen (vgl. Tab. 8.2).

In der „wissenschaftlichen Weiterbildung" ist in den letzten Jahren ein Trend zur Zertifizierung erworbener Qualifikationen zu beobachten. Dieser Trend hängt nicht nur mit dem Interesse der Arbeitgeber und Arbeitnehmer nach klaren Leistungsbeschreibungen auch im Rahmen der Qualitätsentwicklung von Weiterbildung zusammen, sondern auch mit der oben beschriebenen Umbruchsituation der Hochschulen.

Tab. 8.2: Wissenschaftliche Weiterbildung: Zugangsvoraussetzungen (in %)

Zugangsvoraussetzungen	Hochschulabschluss		Abitur		andere Qualifikationen	
	Uni	FH	Uni	FH	Uni	FH
Weiterbildende Studiengänge	60	54	16	22	24	24
Weiterbildende Studien/ Programme	35	41	20	21	45	38

Die Statistik der Hochschulrektorenkonferenz weist für Oktober 2003 bezogen auf 1.690 mögliche Abschlüsse an Universitäten und Fachhochschulen bereits 909 Master-Abschlüsse im Rahmen weiterführender Studien aus sowie 416 Diplom-, Diplom (FH)- und Magisterabschlüsse. „Sonstige Abschlüsse", unter die im wesentlichen (allerdings nicht trennscharf) auch spezielle Abschlüsse weiterbildender Studienangebote fallen, werden mit 365 Abschlüssen gekennzeichnet.

Unsere eigene Untersuchung der Abschlussmöglichkeiten ergibt ein differenzierteres Bild (vgl. Abb. 8.3).

Tab. 8.3: Wissenschaftliche Weiterbildung: Abschlussmöglichkeiten (in %)

Abschluss-möglichkeit	Hochschul-abschluss		Zertifikat mit Titelvergabe		Zertifikat ohne Titelvergabe		Teilnahmebe-scheinigung	
	Uni	FH	Uni	FH	Uni	FH	Uni	FH
Weiterbildende Studiengänge	63	69	25	10	9	14	3	7
Weiterbildende Studien/ Programme	8	3	20	30	48	40	24	27

Die an den Hochschulen sehr unterschiedlichen Verfahren und Gepflogenheiten werden für künftige Entwicklungen eine größere Bedeutung erhalten. Die Erfahrungen mit der Modularisierung von Weiterbildungsangeboten werden sich insbesondere auf die Entwicklung neuer Weiterbildungsstudien auswirken.

8.2.4 Durchführungsaspekte wissenschaftlicher Weiterbildung

Der Erfolg von Weiterbildung hängt u. a. von ihrer Angebotsform ab. Wissenschaftliche Weiterbildung, die sich an Zielgruppen wendet, die wesentlich über regionale Nähe hinausweisen, profitiert dabei insbesondere von den Möglichkeiten des „distance learning", dessen technische Komfortabilität sich in den letzten Jahren erheblich verbessert hat. Insofern ist die Frage interessant, in welchem Verhältnis „reines" Fernstudium, verbundene Formen und das Präsenzstudium zueinander stehen. Im Ergebnis zeigt sich, dass wissenschaftliche Weiterbildung nach wie vor überwiegend in Präsenzform durchgeführt wird (vgl. Tab. 8.4).

Tab. 8.4: Durchführungsformen wissenschaftlicher Weiterbildung (in %)

Durchführung als ... (in %)	reines Fernstudium		Fernstudium mit Präsenzanteilen		Präsenz-veranstaltung	
	Uni	FH	Uni	FH	Uni	FH
Weiterbildende Studiengänge	1	3	33	38	66	59
Weiterbildende Studien/ Programme	1	0	13	9	86	91

Augenscheinlich hat sich die Technik-Euphorie Ende der neunziger Jahre quantitativ im Bereich wissenschaftlicher Weiterbildung nicht niedergeschlagen, wenn auch in den Hochschulen insgesamt die Entwicklung neuer Medien in der Präsentation von Studienangeboten nachdrücklich gefördert wurde. Diese Beobachtung wird auch gestützt durch die Aufweisung von lediglich 87 Fernstudienangeboten von ca. 1.700 weiterführenden Studienangebote durch die Hochschulrektorenkonferenz im Oktober 2003. Dies entspricht einem Anteil von 5%. Die Programmstatistik der Arbeitsgruppe Fernstudien (AG-F) in der Deutschen Gesellschaft für Wissenschaftliche Weiterbildung und Fernstudium weist im Oktober 2003 insgesamt 99 Fernstudienangebote aus, in die allerdings auch Angebote privater Hochschulen inkludiert sind. Zum Vergleich: Die Erhebung 1996 weist 84 Fernstudien aus (Graeßner/Lischka 1996, 63).

Wissenschaftliche Weiterbildung wird nicht nur durch die Hochschulen selbst veranstaltet, sondern auch durch andere Einrichtungen, die zumeist in einem engen Kooperationszusammenhang mit den Hochschulen stehen (Graeßner 1996, Graeßner 2003). Der Grund für das Zusammenspiel von Hochschulen und externen Einrichtungen (zumeist als Vereine oder GmbH's organisiert) liegt in rechtlichen Hemmnissen und auch marktmäßigen Erfordernissen bei der Realisierung von Weiterbildungsangeboten. Die Erhebung zeigt, dass der überwiegende Teil besonders der weiterbildenden Studiengänge als auch der weiterbildenden Studien und Programme von den Hochschulen selbst getragen wird. Allerdings bestehen bei weiterbildenden Studien und Programmen Kooperationsbeziehungen mit externen Trägern (Universitäten: 33%, Fachhochschulen: 41%) bei der Durchführung. Dies weist daraufhin, dass im Hintergrund die wissenschaftliche Verantwortung bei den Hochschulen verortet ist.

Das institutionelle Bild wissenschaftlicher Weiterbildung ist demgemäß vielfältig. Allerdings kann auch von einer gewissen Konstanz ausgegangen werden. Während 1996 von ca. 130 Einrichtungen wissenschaftlicher Weiterbildung (Graeßner/Lischka 1996, 70) ausgegangen werden konnte, weist die aktuelle Liste der Deutschen Gesellschaft für wissenschaftliche Weiterbildung und Fernstudium im Oktober 2003 insgesamt 123 Einrichtungen mit zentraler Zuständigkeit aus, in der allerdings auch Kooperationsverbünde aufgeführt werden, welche mehrere Hochschulen zusammenschließen.

Wissenschaftliche Weiterbildung greift bei der Durchführung ihrer Angebote im wesentlichen auf Personengruppen als Lehrkräfte zurück, mit deren Einsatz sie den wissenschaftlichen Diskurs und den Austausch mit der Praxis zum Ausdruck bringen will. Dies belegen auch die erhobenen Zahlen (vgl. Tab. 8.5).

Tab. 8.5: Zusammensetzung der Lehrenden (in %)

Die Lehrenden sind ...	Universität	Fachhochschule
Mitglieder der eigenen Hochschule bzw. Einrichtung	62	58
Wissenschaftlern anderer Hochschulen	14	14
wissenschaftlich ausgewiesene Praktiker	24	28

Diese Kombination weist auf den Wunsch der Hochschulen hin, ein spezifisches wissenschaftliches Profil auszuweisen, zugleich aber Transfer-Prozesse zwischen Hochschulen und der relevanten Praxis hervorzuheben.

8.2.5 Seniorenstudien

Als besonderer Angebotsbereich werden seit ca. 20 Jahren an Hochschulen vermehrt „Seniorenstudien" angeboten (Veelken 1996, Faulstich 2003). Winfried Saup weist auf seine Untersuchungen hin, die 35 Hochschulen für das Jahr 1994, 42 Hochschulen für 1997 und 50 Hochschulen für 2000/2001 verzeichnen. Danach bieten 42 Universitäten, sieben Fachhochschulen und eine private „Senioren-Hochschule" wissenschaftliche Programme für Senioren an (BMBF: Studienführer für Senioren 2001, 13). Seniorenstudien bieten, abgesehen vom individuellen Nutzen für die Teilnehmenden, auch die Möglichkeit von Image-Gewinnen für die veranstaltenden Hochschulen, vor allem sind sie aber als eine nennenswerte Größe intergenerationellen Lernens anzusehen.

Waren es in den 1970er Jahren zunächst nur einzelne „Senioren" an wenigen Hochschulen, stellen sie heute in manchen Vorlesungen einen Großteil der Hörer. Nach der genannten bundesweiten Erhebung studierten im WS 2000/01 fast 25.000 Menschen, die älter als 55 Jahre waren, als Gasthörer an ungefähr 50 wissenschaftlichen Hochschulen – Tendenz steigend (Saup in BMBF 2001, S.14). Diese Hochrechnung wird in etwa auch durch die Gasthörerstatistik 2000/2001 bestätigt, die ca. 20.000 Gasthörer ausweist, welche älter als 50 Jahre sind, also überwiegend, allerdings nicht vollständig dem „Seniorenstudium" zuzurechnen sind (Grund- und Strukturdaten 2001/2002, S. 279).

Geschichte – vor allem Kunstgeschichte, Literatur und Sprachen sowie soziale und psychologische Themen erfreuen sich großer Beliebtheit. Naturwissenschaften sind eher unterrepräsentiert. Auch hier hat sich also ein breites Feld von Hochschulangeboten zur Weiterbildung entwickelt, was die noch anhaltende Grundstimmung widerlegt, dass hier nichts getan würde. Es könnte allerdings mehr sein.

8.3 Personalorientierte wissenschaftliche Weiterbildung für Lehr-, Beratungs- und Planungsaufgaben

Bedeutungszuwachs und Umfangswachstum der Weiterbildung, begründen auch einen Aus- und Weiterbildungsbedarf für diejenigen, welche in diesem Bereich arbeiten. Dabei sind die Grenzen fließend. Der Sektor der Lehrerfortbildung bedürfte einer gesonderten Untersuchung. Er findet oft in spezifischen Institutionen statt, welche die Länder in ihren Zuständigkeiten geschaffen haben. Auch wissenschaftliche Weiterbildung für Tätigkeiten in der Sozialarbeit bewegen sich in einem unübersichtlichen Feld, das hier nicht hinreichend aufgeklärt werden kann.

In unserer Erhebung zu grundständigen und weiterführenden Studienangeboten für professionelle Lernvermittler in Deutschland (Faulstich/Graeßner 2003) wurden Programme wissenschaftlicher Weiterbildung für unterrichtende, beratende und planende Tätigkeiten erfasst. Der dieser Erhebung zugrunde liegende Fragebogen, der das Instrument einer ersten Untersuchung (Faulstich/Graeßner 1995) fortschreibt, wurde im Frühjahr 2002 vom Deutschen Institut für Erwachsenenbildung (DIE) an die im Hochschulkompass der Hochschulrektorenkonferenz (HRK) verzeichneten 117 Universitäten (inklusive der sechs Pädagogischen Hochschulen Baden-Württembergs) verschickt. Von 49 dieser Hochschulen liegen in dieser Untersuchung Daten vor. Davon antworteten 43 Hochschulen auf den Fragebogen, sechs weitere wurden mit den Daten berücksichtigt, die öffentlich zugänglich vorliegen. Damit kann gesagt werden, dass Erwachsenenbildung und Weiterbildung an etwa 42% der Universitäten und pädagogischen Hochschulen in Deutschland in grundständigen Studiengängen und als Weiterbildungsprogramme vertreten sind.[1] Von 25 Hochschulen wurden Angebote weiterführender Studien im Bereich der Erwachsenenbildung/Weiterbildung gemeldet.[2]

8.3.1 *Zielgruppen*

Die Zielgruppen von Weiterbildungsangeboten sind schwerpunktmäßig

---

1 Erfasst wurden: Weiterbildende Studienangebote für Weiterbildner, Zielgruppen, Inhaltliche Schwerpunkte: EB/WB, Forschungsbezug, Träger des Angebotes, Kooperationen, Teilnahmezahlen WS 2001/2002, Rechtliche Art des Studienangebots, Form des Studienangebots, Zugangsvoraussetzungen, Abschluss des Angebotes, Teilnahmebeschränkung, Dauer, Gebühren/Entgelte, Qualitätsmanagement.
2 Da eine Hochschule zwei auswertbare Programme angab, gehen in den Bericht jeweils 26 Programme ein. Bei den meisten der standardisierten Fragen waren Mehrfach-Antworten möglich. Die Prozentangaben beziehen sich jeweils auf die angegeben Fälle. In manchen Tabellen wurden die Angaben auch zusätzlich auf die Grundgesamtheit der 26 erhobenen Programme bezogen.

pädagogisch vorgebildete Personenkreise (vgl. Tab. 8.6). In erster Linie sind dies gleichermaßen hauptberuflich oder nebenberuflich tätige Mitarbeitende in der Erwachsenen- und Weiterbildung. Jeweils ca. ein Viertel der Angebote (23,9 %) zielen in einem Mix der Zielgruppenansprache auf diese Gruppen. Am unteren Ende der Zielgruppenansprache liegt die spezifische Gruppe der Diplom-Pädagogen (4,5 %). Dies ist ein Hinweis darauf, dass eine berufsständisch angelegte Weiterbildungsstruktur, in der die Hochschulen eine Rolle spielen, nicht zu erkennen ist. Diplom-Pädagogen sind allerdings auch in die Gruppe der haupt- und nebenberuflich Mitarbeitenden eingeschlossen, werden jedoch dort nicht in besonderer Weise angesprochen.

Tab. 8.6: Zielgruppen, Mehrfachnennungen (n= 25)

	absolut	%	% (der 26 Programme)
Wirtschaft: Führungskräfte	8	9,1	30,7
Wirtschaft: Betriebsräte/Personalräte	6	6,8	23,1
Wirtschaft: Mitarbeiter allgemein	8	9,1	30,7
Akademiker (einheitlich) allgemein	13	14,8	50,0
Diplom-Pädagogen spezifisch	4	4,5	15,4
Hauptberufliche Mitarbeiter in der EB/WB	21	23,9	80,8
Nebenberufliche Mitarbeiter in der EB/WB	21	23,9	80,8
Sonstige:	7	8,0	27,0
Gesamt	88	100	

13 der 26 Programme sprechen auch akademisch vorgebildete Personen aus Disziplinen an, die nicht-erziehungswissenschaftlicher Provenienz sind. Dies wiederum weist auf das Interesse des Bereichs Erwachsenenbildung/Weiterbildung an Hochschulen hin, Weiterbildung multidisziplinär anzulegen und Kompetenzen unterschiedlicher Fachdisziplinen problemorientiert miteinander zu verknüpfen.

Wirtschaft und Unternehmen treten demgegenüber als Zielgruppe vergleichsweise zurück, sie liegen jeweils unter 10%. Allerdings sind sie, bezogen auf die Gesamtzahl der Programme, durchaus nennenswert inkludiert: Jeweils ca. 30% der Programme sprechen Führungskräfte und Mitarbeitende aus Unternehmen allgemein an, Betriebsräte nur etwas weniger als ein Viertel der Programme.

8.3.2 Inhaltliche Schwerpunkte; Forschungsbezug; Zusammenhang zum grundständigen Studium

Gegenwärtig spielen allgemein in den Diskussionen der Erwachsenenbildung/ Weiterbildung Fragen, Probleme und Konzepte des Lehrens und Lernens in einem weit verstandenen Sinne und Fragen der Didaktik und Methodik speziell eine große Rolle. Ein zweiter Diskussionskreis ergibt sich um Themen, die mit der Lernorganisation und dem Management von Erwachsenenbildung und Weiterbildung zu tun haben. Dies drückt sich auch in den Angaben zu den Schwerpunkten der Weiterbildungsangebote aus.

Insgesamt wurden 81 Schwerpunkte hervorgehoben. Den größten Anteil (25,9 %) macht der Bereich „Lehren, Lernen, Kommunikation" aus, gefolgt von Themen aus dem Bereich „Management, Recht und Organisation". Bezieht man die Angaben auf die Programme, so zeigt sich, dass vier Fünftel der Angebote Themen aus „Lehren, Lernen, Kommunikation" zum Gegenstand haben, 50% der Angebote schließen auch Fragen von „Management, Recht und Organisation" ein (vgl. Tab. 8.7).

Tab. 8.7: *Inhaltliche Schwerpunkte, Mehrfachnennungen (n= 21)*

	absolut	Schwerpunkte %	% (der 26 Programme)
Theorie und Geschichte, Grundlagen	10	12,4	38,5
Management, Recht, Organisation	13	16,0	50,0
Lehren, Lernen, Kommunikation	21	25,9	80,1
Praxisfelder (Institutionen, Zielgruppen, etc.)	10	12,4	38,5
Betriebliche Weiterbildung, Personalentwicklung	11	13,6	42,3
Allgemein	4	4,9	15,4
Andere Schwerpunkte	12	14,8	46,1
Gesamt	81	100	

Der Zusammenhang zum grundständigen Studium wird vor allem über die beteiligten Wissenschaftler hergestellt. Sie repräsentieren als Personen die Verbindung von grundständigem Studium und weiterbildenden Angeboten, wie dies durch 72,7% der Nennungen deutlich wird. Immerhin geben auch 9,1% der Antwortenden an, dass dieser Zusammenhang dadurch entsteht, dass Studierende als Lehrpersonal auftreten.

Die Tatsache, dass die Verzahnung von Modulen des grundständigen Studiums und der weiterbildenden Angebote mit 18,2% genannt wird, zeigt den beginnenden Prozess der Modularisierung des Studiums. Es ist zu erwarten, dass künftig die Hochschulentwicklung an dieser Stelle eine weitere Verzahnung ermöglichen wird. Neben den rechtlichen Entwicklungen (BA-/MA-Studiengänge) wird ein besonderes Augenmerk darauf zu legen sein, ob und inwieweit eine makro- und mikrodidaktisch sinnvolle Abstimmung von Studienangeboten gelingt.

8.3.3 Trägerschaft, Kooperation, Teilnehmende

Wissenschaftliche Weiterbildung wird aus rechtlichen und teilweise ökonomischen Erwägungen in unterschiedlichen Rechtsformen angeboten. Neben die Hochschulen als Anbieter treten oft Vereine, die in der Regel rechtlich getrennt sind, aber in einem engen Kommunikationszusammenhang mit den Hochschulen agieren. Einige Angebote werden gemeinsam angeboten. Dann übernimmt die Hochschule in der Regel die wissenschaftliche Verantwortung (oft auch die Zertifizierung) und der Verein übernimmt die Durchführung. Bei den hier untersuchten Angeboten zeichnet sich ein klares Bild ab: 73,1 % der Programme werden in alleiniger Trägerschaft der jeweiligen Hochschule angeboten, 15,4 % in einer gemeinsamen Trägerschaft und insgesamt 11,5 % durch einen Verein oder Akteure in anderer Rechtskonstruktion.

Weiterbildungsangebote orientieren sich zumeist an Problemlagen in der Praxis und nicht an wissenschaftsinternen Grenzen der Disziplinen oder ihrer Teildisziplinen. Sofern Kooperationen bei der Durchführung von Weiterbildungsprogrammen bestehen, beziehen sich diese meist auf andere Akteure der gleichen Hochschule (über 50 %), also z. B. auf andere Fachbereiche oder auf zentrale Einrichtungen, die für die Organisation wissenschaftlicher Weiterbildungsangebote zuständig sind. Ein Viertel der Programme kooperieren mit anderen Hochschulen und weitere 20 Prozent mit hochschulexternen Partnern.

8.3.4 Art und Form des Studienangebots

Als weiterbildende Studien werden in der Umfrage Angebote für Hochschulabsolventen und solche Personen bezeichnet, die die erforderliche Qualifikation im Beruf oder auf andere Weise erworben haben. In der Gesamtbetrachtung der Angebote macht dieser Typus 33,3 % aus. Bezogen auf die absolute Zahl der 26 untersuchten Programme sind weiterbildende Studien eindeutig Spitzenreiter mit 53,8 %. Demgegenüber fallen die anderen klassischen Arten von Studienangeboten deutlich ab (vgl. Tab. 8.8).

Zusatzstudien – in vier der 26 Programme genannt – vermitteln eine Spezialisierung im abgeschlossenen Studium der Erwachsenenbildung, während Ergänzungsstudien (zwei Nennungen bei 26 Programmen) zusätzliche Qualifikationen in der Fachrichtung Erwachsenen- und Weiterbildung vermitteln, sofern ein erziehungswissenschaftliches Studium mit einer Spezialisierung in einer anderen Fachrichtung vorliegt.

Tab. 8.8: Art des Studiums, Mehrfachnennungen (n= 25)

	Absolut	%	% (der 26 Programme)
Weiterbildendes Studium	14	33,3	53,8
Zusatzstudium	4	9,5	15,4
Ergänzungsstudium	2	4,8	7,7
Aufbaustudium	5	11,9	19,2
Offenes Angebot	3	7,1	11,5
Einzelveranstaltungen	7	16,7	26,9
Module	7	16,7	26,9
Gesamt	42	100	

Es ist deutlich, dass sich das weiterbildende Studium als Angebotstyp durchsetzt. Seine modularisierte Form wird bei etwa einem Viertel der Angebote als kennzeichnend angegeben. Allerdings finden sich weiterbildende Angebote auch als offene Programme (z. B. Vortragsreihen) oder als Einzelveranstaltungen.

Die Weiterbildungsangebote haben nach wie vor überwiegend die Form des Präsenzstudiums. Dies gilt für 19 der 27 Angebote (70,4 %). Vier Angebote werden als reines Fernstudium, weitere vier als eine Kombination von Fern- und Präsenzstudium organisiert. Bei vier Programmen wurde angegeben, dass Studienmaterialien auch über das Internet erhältlich sind.

8.3.5 Organisatorischer Rahmen

Die Zugangsmöglichkeiten zu den Angeboten in der wissenschaftlichen Weiterbildung werden durch die föderalen gesetzlichen Bestimmungen definiert. Die Hochschulen haben selbst auch Möglichkeiten der Steuerung des Zugangs. Etwa ein Fünftel der Programme des hier präsentierten Segments, erfordern eine allgemeine Hochschulzugangsberechtigung (Abitur), ohne dass ein Studium Voraussetzung der Teilnahme wäre. 30,8% der Angebote – in erster Linie die Aufbau-, Zusatz- und Ergänzungsstudien – verlangen einen Hochschulabschluss. Korrespondierend mit der Form der Studienangebote als weiterbildende Studien erfolgt der Zugang durch Qualifikationen, die durch den Beruf oder auf andere Weise erworben wurden. In der

Gruppe dieser Adressaten sind allerdings zu einem großen Teil wiederum Personen vertreten, die über die Hochschulzugangsberechtigung oder auch über einen Hochschulabschluss verfügen.

Für Hochschulen kommt es darauf an, dass sie die Standards beachten, die sich aus den Anforderungen an wissenschaftlich fundierte Lehre ergeben. Insofern stellen Zertifikate in der wissenschaftlichen Weiterbildung auch Dokumente dar, die sich in ein Verhältnis zur professionellen Wertigkeit der grundständigen Studienangebote setzen. Dies drückt sich in den Abschlüssen der Weiterbildungsangebote aus (vgl. Tab. 8.9).

Tab. 8.9: Abschluss des Angebotes, Mehrfachnennungen (n= 21)

	absolut	%
Förmlicher akademischer Abschluss	5	19,2
Zertifikat mit spezifischer Bezeichnung	14	53,8
Teilnahmebescheinigung	10	38,5
Zeugnis mit ausgewiesenen Leistungen	6	23,1
Gesamt	26	

Unverkennbar ist, dass in den letzten Jahren allgemein in der bildungspolitischen Debatte die Tendenz zu einer starken Formalisierung und einer Vergleichbarkeit von Leistungen im Bereich der Weiterbildung besteht. Auch die Frage informell erworbener Qualifikationen spielt eine Rolle. Die Internationalisierung akademischer Abschlüsse und damit einhergehend neue Akkreditierungsverfahren nach einer Umorganisation des grundständigen Studiums lassen erwarten, dass die Abschlüsse von weiterbildenden Angeboten auch im Bereich der Erwachsenenbildung/Weiterbildung neu definiert werden.

Anders als im Bereich der grundständigen Studien können die Hochschulen in Fragen der Begrenzung von Teilnahmeplätzen für weiterführende Angebote frei entscheiden. Für eine fest begrenzte Anzahl von Teilnahmeplätzen können die räumliche Ausstattung, didaktische Erwägungen, vor allem aber auch die zur Verfügung stehenden personellen Ressourcen maßgeblich sein. Nahezu die Hälfte der Nennungen (46,9 %) geben kapazitäre Teilnahmebeschränkungen an; 37,5% geben an, Teilnahmebeschränkungen aus didaktischen Gründen vorzunehmen. Bei einem Programm wurde die Beschränkung auf Grund von Kooperationsverträgen vorgenommen. Bei dieser Frage ist zu berücksichtigen, dass allerdings nur 15 der 25 Hochschulen positiv geantwortet haben. Es kann daraus geschlossen werden, dass Teilnahmebeschränkungen bei immerhin etwa zwei Dritteln der Angebote definiert werden. Insofern ist künftig darüber nachzudenken, inwieweit die Stellgröße „Kapazität" zugunsten einer größeren Befriedigung der Nachfrage verändert werden kann.

Bei der Frage nach der Dauer der Programme zur „Weiterbildung der Weiterbildenden" antworteten 24 Hochschulen. Wichtig ist der Zeitfaktor zum einen aus finanziellen und (zeit-)ökonomischen Gründen, zum anderen aber auch, weil die Vermittlung von Qualifikationen möglichst „on demand" und „just-in-time" erwartet wird. Dabei ist die Tendenz zu immer kürzeren Veranstaltungsformen, zur Nutzung der elektronischen Medien, zur Verkürzung von Kommunikationszeiten und zu teilweise sehr individualisierten Formen des „blended learning" unverkennbar. Diesen Tendenzen scheinen sich die untersuchten Programme weitgehend zu verschließen. Der überwiegende Teil der Programme (54,2 %) weist eine Laufzeit von ein bis zwei Jahren auf.

Die Frage der Finanzierung von Weiterbildungsprogrammen u. a. durch Teilnahmegebühren und -entgelte ist in sich äußerst kompliziert und von Bundesland zu Bundesland unterschiedlich geregelt. Bei Studienangeboten des „konsekutiven Modells" werden bestimmte Angebote als Fortsetzung des grundständigen Studiums angesehen mit der Folge, dass in zahlreichen Bundesländern eine Erhebung von Gebühren grundsätzlich ausgeschlossen ist. In anderen Ländern bestehen auch für solche Angebote (in der bisher geltenden Terminologie sind meist die Zusatz- oder Ergänzungsstudien gemeint) durchaus Gebührenordnungen, die die Erhebung von Teilnahmebeiträgen erlauben. Die Komplexität dieser Regelungen hat u. a. auch dazu geführt, dass Hochschulen teilweise dazu übergegangen sind, eigens Vereine zur Durchführung ihrer Programme zu gründen. Im Falle der Weiterbildungsangebote im Bereich der Erwachsenenbildung/Weiterbildung haben 17 der 25 Hochschulen angegeben, Gebühren bzw. Entgelte zu verlangen. Eine Struktur in der Gebührenpolitik ist hingegen nicht zu erkennen. Die Spannbreite der Gebühren liegt zwischen 15 und 7.000 Euro. Darüber hinaus wird von vier Programmen die Erhebung von gesonderten Beiträgen für Prüfungen angegeben.

Qualitätsmanagement hat seit etwa zehn Jahren in systematischer Weise Einzug in die Weiterbildung gehalten. Die Hochschulen haben sich, ihr Weiterbildungsengagement betreffend, in den aufkeimenden Diskussionen um dieses Thema zurückgehalten und im Wesentlichen - mit Bezug auf die grundgesetzlich verankerte Freiheit der Lehre - auf die geübten Mechanismen der Selbstkontrolle und Selbstverwaltung verwiesen. In der Tat kann man davon ausgehen, dass nahezu alle Programme wissenschaftlicher Weiterbildung die üblichen Verfahren der Einrichtung und der Kontrolle innerhalb der Hochschulen durchlaufen. Dennoch ist zu konstatieren, dass die wissenschaftliche Weiterbildung in dem Maße, in dem sie sich dem Markt der Weiterbildung öffnet, auch entsprechenden Regularien in Fragen der Qualität öffnet. An einigen Stellen ist dies bereits der Fall, z. B. wenn es um die Anerkennung von Fernstudien geht, die in Vereinen (und nicht in der Hochschule selbst) durchgeführt werden. In diesen Fällen ist die Zentralstelle für Fernunterricht mit dem Hintergrund des Fernunterrichtsschutzgesetzes für die Genehmigung zuständig. Akkreditierungsregelungen greifen, wenn es neuerdings um die Anerkennung von Bachelor- oder Master-Abschlüssen in der wissenschaftlichen Weiterbildung geht.

Auf die Frage des Qualitätsmanagements haben 20 der 25 Hochschulen geantwortet. 18 setzen auf die gewohnten Verfahren der internen Qualitätssicherung, zwei Programme haben sich externen Zertifizierungen unterworfen. Es ist zu erwarten, dass sich dieses Verhältnis künftig zugunsten weiterer externer Zertifizierungen ändert.

8.4 Entwicklungsperspektiven

Wenn Nachfrage- und Angebotsentwicklung (Teil 1 und 2) wissenschaftlicher Weiterbildung an Hochschulen zusammen betrachtet werden und zusätzlich das Spezialsegment der Weiterbildung für „Lernvermittler" als Beispiel einbezogen wird (Teil 3), sehen wir einen hochdynamischen Prozess. Insgesamt gerät das deutsche Hochschulsystem im Kontext des Bologna-Prozesses, der bis 2010 abgeschlossen sein soll, in eine dramatische Umbruchphase. Aus der Einschätzung der bildungs- und hochschulpolitischen Situation in der Bundesrepublik gibt es begründbare Impulse für eine offensive Reorganisation der bestehenden Studienmöglichkeiten und einer Neubestimmung des Verhältnisses von grundständigen und weiterführenden Programmen. Anstöße für solche Überlegungen resultieren vor allem aus den Beschlüssen von KMK und HRK zum BA-/MA-Studium sowie aus schon erfolgten Planungen in mehreren Bundesländern.

Die Analyse des Bildungsbedarfs aus Sicht von Hochschulabsolventen (Teil 1) zeigt, dass die wissenschaftliche Weiterbildung an Hochschulen noch zahlreiche inhaltliche Zukunftsfelder hat, die bislang überwiegend von anderen Anbietern aufgegriffen werden. Die komplementäre Angebotsanalyse wiederum läßt die große Dynamik der Differenzierung wissenschaftlicher Weiterbildung erkennen (Teil 2), wobei dieser immer noch intransparente Bildungsbereich sicher noch weiter expandieren kann. Für die Weiterbildung der „Lernvermittler" (Teil 3) kann die Diskussion um die Vielfalt der Zugangswege für Tätigkeiten in der Erwachsenenbildung wieder aufgenommen werden (siehe Konferenz der Kultusminister der Länder, 4. März 1971). Dabei sollte gewährleistet werden, dass die bildungswissenschaftlichen Anteile für Tätigkeiten in der Erwachsenen-/Weiterbildung nicht auf ein Zusatz- oder Begleitstudium reduziert werden. Aus dieser Zielsetzung heraus kann der Vorschlag eines grundständigen bildungswissenschaftlichen Studiums, das inhaltlich nicht nur auf Fragen der Erziehung und der Schule angelegt ist, sondern Fragen der Bildung und des lebenslangen Lernens aufgreift, gut begründet werden. Angesichts der erzwungenen und mitunter rigiden Transformationen der Studienstrukturen an deutschen Hochschulen könnte eine „profilorientierte Modularisierung" eine adäquate Strategie abgeben, um den Professionalisierungsanforderungen für „Lernvermittler" in der Erwachsenenbildung gerecht zu werden. Ein modularisiertes System von grundständigen und weiterführenden Studien könnte somit auch Basis für die Ausbildung des pädagogischen Personals in der wissenschaftlichen Weiterbildung sein.

Für die wissenschaftliche Weiterbildung insgesamt ist es angesichts der Ausgangslage sinnvoll, auf eine konsequente Modularisierung des Hochschulsystems zu setzen. Damit werden alte Diskussionen um die „Baustein-Hochschule" wieder aufgenommen. Eine solche Strategie hat allerdings weitreichende Konsequenzen sowohl für die Institutionalisierung als auch für die Finanzierung der Programme. Entsprechend müssen Anforderungen an Module formuliert werden: Organisiertheit, Systematisiertheit, Zertifizierbarkeit, Kontinuität des Angebots, Profiliertheit, sowie deren Dokumentation.

Mit ihren Weiterbildungsangeboten befinden sich die Hochschulen in einer Zwischenlage zwischen Hochschulsystem und Weiterbildungssystem. Die Grenzen werden zunehmend fließend. Es kommt deshalb darauf an, das institutionelle Profil der Hochschulangebote zu diskutieren und zu schärfen. Es geht darum, ein Segment in einem sich ausbreitenden Markt zu besetzen und die öffentlich verantworteten Studiensysteme zu profilieren. Eine Öffnung der Hochschulen für die Anforderungen „lebenslangen Lernens" (Kommission 2000) setzt eine profilorientierte Modularisierung voraus. Langfristig ist dann die Unterscheidung zwischen Erst- und Weiterbildung auch in der Hochschule inhaltlich nicht mehr begründbar, sondern Lernen verteilt sich über die gesamte Lebensspanne.

9 Erziehungswissenschaft in Österreich - Zur Lage und Entwicklung des Faches

Josef Thonhauser

Die Entwicklung des Faches *Erziehungswissenschaft* (früher: *Pädagogik*) in Österreich weist manche Parallele zur Bundesrepublik Deutschland auf. Bis Mitte der 60er Jahre war das Fach nicht einmal an allen damaligen Standorten mit einer eigenen Professur ausgestattet. Damals wurde Pädagogik zeit- bzw. stellenweise (z.B. in Graz oder Wien) noch von Philosophen oder Psychologen „mitbetreut".

Als in den 60er Jahren die Universitäten allgemein stark expandierten, was in der Folge zu mehreren Neugründungen (Linz, Salzburg, Klagenfurt [1]) führte, und der *Pädagogischen Ausbildung für das Lehramt an höheren Schulen* im Zuge der Einführung eines 9. Pflichtsemesters mehr Bedeutung beigemessen wurde, nahmen die Zahl der Institute und das wissenschaftliche Personal für Pädagogik beinahe schlagartig zu. Von da an gelang es dem Fach, sich allmählich von der Bevormundung durch Philosophie oder Psychologie zu befreien. Während vordem vielfach Absolventen anderer Fächer in der Erziehungswissenschaft Karriere machten bzw. Vertreter verwandter Fächer auf Lehrstühle berufen worden waren, konnte sich die Erziehungswissenschaft in dieser Zeit als eigene Disziplin etablieren, wenngleich die Nähe zu Philosophie oder empirischen Sozialwissenschaften da und dort deutlicher ausgeprägt blieb, als sich *intra*disziplinäre Gemeinsamkeiten zwischen den Standorten entwickeln konnten. Von einer einheitlichen Auffassung über die Aufgaben der Disziplin und einheitlichen Forschungsparadigmen ist man jedenfalls bis heute weit entfernt (vgl. dazu Brezinka 2000, insb. 517 ff.), was mancherorts jedoch nicht als Nachteil angesehen wird.

Heute ist der Höhepunkt einer expandierenden Entwicklung des Faches an den Universitäten offensichtlich überschritten. Die Studierendenzahlen sind an der Mehrzahl der Standorte rückläufig. Eine Reihe von Professoren- und Assistentenstellen wurde – zumindest vorläufig – nicht nachbesetzt und Institute im Zuge von Zusammenlegungen in den Rang von Abteilungen zurückgestuft. Im Zuge der Implementierung des *Universitätsgesetzes 2002 (UG 2002)*, verbunden mit den als unbedingt notwendig bezeichneten Ein-

---

[1] Die als *Universität für Bildungswissenschaften* gegründete Universität Klagenfurt hätte nach dem ursprünglichen Konzept, das für dieses Fach mehrere Institute vorgesehen hatte, insbesondere auch der Erziehungswissenschaft besondere Impulse verleihen sollen. Das ist jedoch nur teilweise gelungen. Heute ist das Fach dort nur mehr mit einem Institut präsent.

sparungen, sind weitere organisatorische Maßnahmen zu erwarten, die erneut Einschränkungen befürchten lassen. Angeblich wurde vereinzelt auch schon über eine Schließung erziehungswissenschaftlicher Institute nachgedacht.

Eine andere Entwicklung zeichnet sich im Bereich der Pädagogischen und anderer, pädagogisch relevanter Akademien[2] ab. Mit dem bis 2007 zu implementierenden Akademiestudiengesetz (AStG) werden die bisherigen, postsekundäre Institutionen darstellenden Akademien sowie die mit Aufgaben der Fort- und Weiterbildung betrauten Pädagogischen und Religionspädagogischen Institute zu *Hochschulen für pädagogische Berufe* vereinigt und erhalten somit den Rang von Fachhochschulen, die im tertiären Bildungsbereich angesiedelt sind. Damit soll u. a. eine Forcierung erziehungswissenschaftlicher Forschung einhergehen. In wieweit diese Entwicklung einsetzen wird, bleibt abzuwarten;[3] die Akademien werden in diesem Report (noch) nicht berücksichtigt.

Wie in der Bundesrepublik ist auch in Österreich in dieser Zeit eine zunehmende Verlagerung des Schwerpunkts von der pädagogischen Begleitung der Lehramtskandidaten hin zur Betreuung von Studierenden der Diplom- und Doktoratsstudiengänge zu beobachten. Eine neuerliche Akzentuierung des pädagogischen Aspekts der Lehramtsausbildung zu Beginn der 80er Jahre ließ in der Folge die Gründung eigener Einrichtungen als notwendig erscheinen, damit diese Herausforderung bewältigt werden konnte. Aus diesen Einrichtungen wurden mit der Implementierung des *Universitätsorganisationsgesetzes 1993 (UOG 93)* Institute, deren Status von Standort zu Standort allerdings differiert. Der Vollzug des *Universitätsgesetzes 2002 (UG 02)* wird – abgesehen von der eben erwähnten Gefahr von Einschränkungen – jedenfalls nochmals Veränderungen bringen. Dabei sind auf Grund vermehrter autonomer Entscheidungen der einzelnen Universitäten größere lokale Unterschiede zu erwarten.[4]

Der Datenreport hat sich zum Ziel gesetzt, die aktuelle Situation des Faches darzustellen und damit so weit wie möglich ohne Nennung von

---

2 Die *Pädagogischen* bzw. *Berufspädagogischen bzw. Religionspädagogischen Akademien* sind für die Ausbildung der Pflichtschullehrer zuständig, d. h. für die Lehrer der Primarstufe und der Sekundarstufe I inklusive Sonderschulen bzw. Sonderpädagogische Zentren sowie der berufsbegleitenden berufsbildenden Pflichtschulen. Im hier gegebenen Zusammenhang sind ferner die *Akademien für Sozialarbeit* zu nennen, die als *Fachhochschul-Studiengänge* den Schritt in den tertiären Bereich bereits geschafft haben.

3 Es soll hier jedoch nicht übergangen werden, dass es in den letzten Jahren zwischen Universitäten und Akademien verschiedentlich zu Kooperationen gekommen ist und Mitglieder von Akademien Habilitationsprojekte abgeschlossen haben.

4 An mehreren Universitäten zeichnen sich Zusammenlegungen z. B. sozialwissenschaftlicher Institute ab.

Funktionsträgern oder Autoren auszukommen. Dieser Vorgabe folgt auch dieser Beitrag (vgl. jedoch unten, Tab. 9.4). Die nachfolgenden Darstellungen beruhen insgesamt auf folgenden Grundlagen:

- Institutsberichte 1998 bis 2002 bzw. 1997/98 bis 2002/03
- Sofern vorhanden: Selbstdarstellungen der Institute für die (letzte) Evaluation
- Forschungs- bzw. Tätigkeitsberichte der Universität über den angegebenen Zeitraum
- Ggf. weitere einschlägige öffentliche Darstellungen
- Direkte Mitteilungen von Institutsvorständen und Abteilungsleitern an den Autor[5]

9.1 Standorte und Studiengänge

Die folgende Tabelle zeigt die für erziehungswissenschaftliche Forschung und Lehre relevanten Standorte[6]. Sie verteilen sich auf sechs Universitätsstädte, sieben Universitäten und zwölf Institute (s. Tab. 9.1).

---

5 Ich möchte mich auch an dieser Stelle nochmals für die zum Teil aufwändig zu recherchierenden Informationen meiner Kollegen, ohne die ich den vorliegenden Beitrag nicht hätte schreiben können, sehr herzlich bedanken.
6 In den erwähnten Datenreports wurden *Wirtschaftspädagogische Studiengänge* ausgespart, wiewohl die Wirtschaftspädagogik eine bedeutende und aktive Sektion innerhalb der DGfE darstellt und ihre Mitglieder auf eine lange Reihe wichtiger Forschungen und Publikationen hinweisen können (für einen Einblick vgl. z. B. Tramm u. a. 1999; Metzger u. a. 2000).
Ich schließe mich hier - nicht zuletzt aus Platzgründen - dieser grundsätzlichen Entscheidung an, möchte jedoch wenigstens an dieser Stelle einige Hinweise geben:
Wirtschaftspädagogik wird an der Wirtschaftsuniversität Wien (Abteilung für Wirtschaftspädagogik des Instituts für Management und Wirtschaftspädagogik) sowie an den Universitäten Linz (Abteilung für Berufs- und Wirtschaftspädagogik am Institut für Pädagogik und Psychologie), Innsbruck (Abteilung für Wirtschaftspädagogik und Evaluationsforschung am Institut für Organisation und Lernen) und Graz (Institut für Wirtschaftspädagogik) betrieben. An diesen vier Universitäten sind 9-semestrige Diplomstudiengänge für Wirtschaftspädagogik eingerichtet, die für wirtschaftspädagogische Berufe in Schule, Wirtschaft und Erwachsenenbildung qualifizieren.
Über die - auch im Vergleich zu Deutschland und der Schweiz gegebenen - Besonderheiten der Ausbildung für das Lehramt an berufsbildenden Vollzeitschulen, insbesondere an Handelsakademien und Handelsschulen, berichtet Wilfried Schneider (1997, 133 f.).
In den eben aufgezählten Institutionen wurde auch in den letzten Jahren erziehungswissenschaftlich relevante Forschung geleistet und publiziert, insbesondere zu den Themen Selbstverständnis der Wirtschaftspädagogik; Lehrerbildung, Lehrerwissen und Professionalität; berufliche Ausbildungssysteme, Wirtschaftsdidaktik und Lernfirma; Lehrbücher, Moderne Medien und E-learning. Nähere Informationen sind den Homepages der genannten Institutionen zu entnehmen.

Tab. 9.1: Standorte und Studiengänge (Stand 1. 10. 2003)

Studiengänge Standorte	Diplom (Hauptfach)	Diplom (Nebenfach)	Doktorat	Lehramt PPP	Lehramt (Päd. Ausbildg.)
Wien Universität	x	x	x	x	x [4]
Wien Wirtschaftsuniversität Allgemeine Pädagogik [1]					
Linz Universität [2] Pädagogik u. Päd. Psych.					x
Salzburg	x	x	x	x	x [4]
Innsbruck	x	x	x	x	x [4]
Klagenfurt Universität	x	x	x	x	x
Graz [3]	x	x	x	x	x [4]
IFF: Schule und gesellschaftliches Lernen					

1 Das Institut für Allgemeine Pädagogik bietet keinen eigenen Studiengang an, sondern beteiligt sich mit allgemeinpädagogischen Angeboten an dem Diplom-, Doktorats- und Lehramtstudiengang *Wirtschaftspädagogik*.
2 An der Universität Linz werden Lehramtsstudien und wirtschaftspädagogische Studien angeboten. An diesen Ausbildungsgängen ist auch die Abteilung für Pädagogik und Pädagogische Psychologie beteiligt, deren Mitglieder darüber hinaus bedeutende Leistungen für die Erziehungswissenschaft im Allgemeinen erbringen.
3 Das *Lehrinstitut für das Schulpraktikum* der Universität Graz wird hier nicht berücksichtigt, weil es sich an der *Allgemeinen päd. Ausbildung* der Lehramtsstudierenden nicht beteiligt.
4 An diesen Universitäten gibt es neben den Instituten für Erziehungswissenschaft eigene Institute, die für die Pädagogische Ausbildung im Rahmen der Lehramtsstudien zuständig sind. Ihre Personalressourcen teilen sie teilweise allerdings in Form von Doppelzuteilungen mit den Instituten für Erziehungswissenschaft bzw. Erziehungswissenschaft und Bildungsforschung (vgl. Anmerkung 2) zu Tab. 9.2a Studierende 1997/98 – 2002/03 (nach Standorten und Studiengängen). Die Zahl der Studierenden hat seit den oben erwähnten Reformen zunächst stark und kontinuierlich zugenommen. Mit der zunehmenden Frequenz stieg auch der Anteil der Frauen auf derzeit bereits über 80 %. Seit Ende der 90er Jahre sank – gesamtösterreichisch gerechnet – die Zahl der Studierenden wiederum. Nur in Innsbruck und Salzburg hielt der alte Trend – durch die Einführung der Studiengebühren (WS 2001/02) mäßig unterbrochen – weiter an. In Graz scheint er mit dem Angebot des Bakkalaureatsstudiums zurückgekehrt zu sein.

Seit dem Bundesgesetz über geisteswissenschaftliche und naturwissenschaftliche Studien 1971 gilt das Hauptaugenmerk den achtsemestrigen[7], in zwei Studienabschnitten organisierten Diplomstudiengängen, die mit einer Diplomarbeit und der 2. Diplomprüfung abzuschließen sind. Die Absolventen führen, anders als in Deutschland, den Titel Magistra bzw. Magister. Auf das Diplomstudium, auch eines verwandten Faches, kann aufbauend ein mindestens viersemestriges Doktoratsstudium mit einem in weiten Teilen individuell zu vereinbarenden Curriculum folgen. Von der seit der Novelle des UniStG 1999 gegebenen Möglichkeit, sechs- bis achtsemestrige Bakkalaureatsstudien einzurichten, hat bisher nur die Universität Graz Gebrauch gemacht und einen sechssemestrigen Studiengang eingerichtet (Beginn: WS 2003/04). Das darauf aufbauende Magisterstudium ist bis spätestens 2006 zu erwarten[8].

Mit dem Universitätsstudiengesetz 1997 (UniStG 97) wurde das 1971 auf *Philosophie Pädagogik Psychologie (PPP)* erweiterte Lehramtsfach wieder auf *Psychologie und Philosophie* und damit auf den Status quo ante reduziert. Die in dieser Rubrik angeführten, stark rückläufigen Zahlen betreffen somit einen auslaufenden Studiengang. Ebenfalls rückläufig sind die Zahlen der Studierenden im Nebenfach, was damit zusammenhängt, dass nach dem UniStG 97 verwandte Studienrichtungen – wie seit dieser Zeit auch Pädagogik – Einfachstudien anbieten. Nicht erfasst werden Leistungen in der Lehre für Studierende verwandter Fächer, die von der Möglichkeit Gebrauch machen, im Block „*gewählte Fächer*" erziehungswissenschaftliche Lehrveranstaltungen zu belegen.

Die Erziehungswissenschaft trägt somit für die folgenden Studiengänge die Allein- bzw. Haupt- bzw. eine Mit-Verantwortung:

- Diplomstudiengang Pädagogik[9] – Hauptfach
- Diplomstudiengang Pädagogik – Nebenfach
- Bakkalaureatsstudiengang (ab WS 2003/04, daher hier noch nicht erfasst)
- Doktoratsstudiengang mit dem Dissertationsfach Pädagogik

---

7 „Achtsemestrig" bezieht sich auf das gesetzlich vorgeschriebene Minimum. Tatsächlich liegt die durchschnittliche Studiendauer (Median) beträchtlich höher, was sowohl organisatorische als auch ökonomische Probleme aufwirft.

8 Nach dem UniStG (Novelle 1999) hat auf einen Bakkalaureatsstudiengang ein Magisterstudiengang zu folgen. Beide zusammen ersetzen einen Diplomstudiengang. An der Universität Graz ist 2006/07 mit der Einrichtung von folgenden Magisterstudiengängen zu rechnen: Heil- und Integrationspädagogik, Sozialpädagogik, Weiterbildung.

9 Bei der gesetzlichen Bezeichnung der Studiengänge ist man – im Unterschied zur Bezeichnung der Institute – bei dem alten Begriff" „*Pädagogik*" geblieben.

- Lehramt Philosophie, Pädagogik, Psychologie (auslaufend)
- Pädagogische Ausbildung im Rahmen der Lehramtsstudien[10]

Hinsichtlich der zeitlichen Belastung haben die Diplomstudiengänge (Hauptfach) und die Pädagogische Ausbildung der Lehramtskandidaten das größte Gewicht. Auf letztere kann in diesem Report aus Platzgründen nicht näher eingegangen werden. Die strukturellen Vorgaben für diesen Report erlauben auch (noch) nicht, die zunehmend wichtiger werdenden Angebote im Bereich der Fort- und Weiterbildung zu beleuchten, wo sich die Erziehungswissenschaft seit Jahren mit innovativen Ideen einbringt (z.B. auch IFF[11]).

Damit die Bedeutung der Zahl der Studierenden in der Tabelle 9.2a besser einschätzbar wird, stellt Tab. 9.2b einen Vergleich mit den Entwicklungen im verwandten Fach Psychologie her.

---

10 Die Pädagogische Ausbildung (einschließlich der fachdidaktischen, aber ohne die schulpraktische Ausbildung) beträgt laut Gesetz einen Anteil von 20 bis 25 % des gesamten Stundenausmaßes der Lehramtsstudien. Für die Erziehungswissenschaft bedeutet dies eine Beteiligung an den Lehramtsstudien mit 12 bis 16 Semesterwochenstunden. Aus Kapazitätsgründen wird im Rahmen der Studienordnungen (in der Regel eine für alle an einer Fakultät angesiedelten Unterrichtsfächer) für alle Unterrichtsfächer ein quantitativ gleiches Lehrangebot vorgesehen. Differenzierungen nach Unterrichtsfächern werden allenfalls in den - gleich lautenden und innerhalb gleicher zeitlicher Rahmenbedingungen ablaufenden - einzelnen Lehrveranstaltungen vorgenommen.

11 IFF = Interuniversitäres Institut für Forschung und Fortbildung der Universitäten Klagenfurt, Wien, Innsbruck und Graz (geplant als dritte Fakultät der Universität Klagenfurt). Für die Erziehungswissenschaft von Bedeutung und damit im hier gegebenen Zusammenhang von Interesse ist in erster Linie die Abteilung *Schule und gesellschaftliches Lernen*, die in Klagenfurt und Wien angesiedelt ist. Die hat einen Doktorats-Studiengang eingerichtet, in dem Dissertationen über Fragen der Schulentwicklung betreut werden. Die Abteilung *Weiterbildung und systemische Interventionen* ist vornehmlich mit Vertretern der Philosophie und Gruppendynamik besetzt. Zurzeit steht zur Diskussion, in welcher Form diese Abteilungen in die Universität Klagenfurt integriert werden sollen. Das IFF hat, wie der Name sagt, seine Schwerpunkte in Forschung und Fortbildung. Die Abteilung *Schule und gesellschaftliches Lernen* führt einschlägige Universitätslehrgänge (z.B. *Pädagogik und Fachdidaktik für Lehrer*), und Masterlehrgänge (z.B. für *Unterrichts- und Schulentwicklung* (inklusive Ökologisierung von Schulen), *Psychoanalytische Pädagogik, Persönlichkeitsentwicklung und Lernen, Politische Bildung*). Darüber hinaus gibt es - auch von der Abteilung für *Organisationsentwicklung* in Wien - Angebote, die insbesondere im Rahmen von Doktoratsstudien genützt werden können (z.B. das Doktorandenkolleg *Organisationsentwicklung Sozialwissenschaftliche Forschung zu Veränderungsprozessen in Organisationen*). Das IFF trägt jedoch nicht eine Haupt- bzw. Alleinverantwortung für einzelne Studiengänge.

Tab. 9.2a: *Studierende, nach Standorten und Studiengängen, 1997/98 - 2002/03* [11]

Studiengänge Standorte	Diplom Hauptfach		Diplom [2] Nebenfach		Doktorat		Lehramt PPP	
	1997/ 98	2002/ 03	1997/ 98	2002/ 03	1997/ 98	2002/ 03	1997/ 98	2002/ 03
Wien U Erz.wiss. Lehrerbildung [1]	3563 (2541)	2917 (2614)	880 (651)	568 (437)	254 (189)	181 (141)	1341 (1007)	732 (524)
Wien Wirtschaft U Allg. Pädagogik								
Linz U Päd. u. Päd. Psych.	0	0	0	0	5 [4] (3)	5 [4] (3)	0	0
Salzburg Erziehungswissenschaft Lehrerbildung	285 (201)	385 (325)	115 (81)	4 (3)	29 (19)	31 (22)	212 (125)	134 (103)
Innsbruck Erziehungswissenschaft Lehrerbildung	1138 (894)	1507 (1243)	150 (109)	61 (39)	196 (153)	109 (75)	82 (52)	72 (51)
Klagenfurt U Erziehungswissenschaft	1278 (950)	617 (492)	27 (16)	1 (1)	278 (202)	82 (56)	53 (32)	0
Graz Erziehungswissenschaft	1644 (1390)	1369 (1158)	[3]	[3]	204 (155)	87 (70)	409 (260)	262 (177)
IFF: Schule u. gesellschaftliches Lernen								

1 Das Institut heißt seit der Implementierung von UOG 93 *Institut für die schulpraktische Ausbildung (ISA)* (früher: *Zentrum für das Schulpraktikum*), hat jedoch - im Gegensatz zu Graz - den Status eines *Vollinstituts* (Lehre und [erziehungswissenschaftliche] Forschung), weshalb es hier aufgeführt wird.
2 Der starke Rückgang im Nebenfach erklärt sich aus dem Umstand, dass viele verwandte Studienfächer - wie auch Pädagogik - seit dem UniStG 97 als Einfachstudien betrieben werden. Gesondert sei auf die Situation in Wien hingewiesen: Dort war „Sonder- und Heilpädagogik" nach dem alten Studienplan, der für eine beträchtliche Anzahl von Studierenden noch immer gilt, eine häufig mit „Pädagogik" kombinierte 2. Studienrichtung.
3 Dafür konnten keine Daten angegeben werden.
4 Hierbei handelte es sich um erziehungswissenschaftliche Dissertationen, die in der Abteilung betreut wurden.

---

11 Zahlen in Klammern bedeuten - auch in den folgenden Tabellen - „davon Frauen".

Tab. 9.2b: Studierende der Erziehungswissenschaft im Vergleich zur Psychologie 1997/98 – 2002/03

Studiengänge Standorte	Erziehungswissenschaft (Diplom Hauptfach, Diplom Nebenfach [1] und Doktorat)		Psychologie (Diplom Hauptfach, Diplom Nebenfach [1] und Doktorat)	
	1997/98	2002/03	1997/98	2002/03
Wien Universität	4697 (3381)	3666 (3192)	7347 (5592)	5740 (4548)
Salzburg	429 (301)	420 (350)	1329 (980)	1305 (1052)
Innsbruck	1484 (1156)	1677 (1357)	2199 (1538)	1988 (1461)
Klagenfurt Universität	1583 (1168)	700 (549)	0	2023 (1004)
Graz	1848 (1545)	1456 (1228)	1930 (1426)	1897 (1505)
Summe	10041 [2] (7551)	7919 (6676)	12805 (9536)	12953 (9570)

1 Vgl. Anmerkung 2) zu Tab. 9.2a
2 Der höhere Wert im Jahr 1997/98 wird maßgeblich durch den zu dieser Zeit noch hohen Anteil an Studierenden im Nebenfach verursacht.

9.2 Absolventen 1997/98 – 2002/03 (nach Standorten und Studiengängen)

Die Zahl der Absolventen in den Jahren 1997/98 bis 2002/03 (vgl. Tab. 9.3a und Tab. 9.3b) hält mit der vordem steigenden Frequenz der Studiengänge nicht annähernd Schritt, was auf *hohe Dropout-Raten* schließen lässt. Für die Gründe gibt es vorläufig lediglich plausible Vermutungen (hier ohne Gewichtung):

- Viele Studierende haben unzutreffende Vorstellungen über Inhalte und Anforderungen im Studium sowie die Verwertbarkeit der erwerbbaren Qualifikationen in angemessenen Berufen. Viele Studierende kommen mit Interessen für praktisch-pädagogische Berufe, die mit dem Fachhochschulstudiengang Sozialarbeit (früher: Sozialakademien) eher erfüllt werden können.
- Viele studieren neben ihrem Beruf (z. B. als Lehrer oder Kindergärtner) und fühlen sich den zunehmenden Belastungen nicht gewachsen oder absolvieren mit starken Verzögerungen.

- Frauen, die den Großteil der Studierenden ausmachen, sind auf Grund sich ändernder Lebensplanungen oder familiärer Belastungen bei sonst gleichen Bedingungen nach wie vor stärker abbruchgefährdet als Männer.

Tab. 9.3a: Absolventen nach Standorten und Studiengängen, 1997/98 – 2002/03

Studiengänge Standorte	Diplom		Doktorat		Lehramt PPP	
	1997/98	2002/03	1997/98	2002/03	1997/98	2002/03
Wien Universität Erz.wissenschaft Lehrerbildung	140 (119)	189 (171)	27 (20)	24 (15)	18 (15)	20 (19)
Wien Wirtschaft U Allg. Pädagogik						
Linz Pädagogik u. Päd. Psych.	0	0	3 (2)	4 (3)	0	0
Salzburg Erz.wissenschaft Lehrerbildung	16 (11)	25 (19)	1 (1)	3 (2)	13 (9)	7 (5)
Innsbruck Erz.wissenschaft Lehrerbildung	78 (60)	117 [1] (98)	10 (7)	12 [1] (8)	7 (5)	4 [1] (1)
Klagenfurt U Erz.wissenschaft	102 (84)	70 (57)	9 (4)	5 (4)	4 (3)	0
Graz Erz.wissenschaft	70 (68)	100 (92)	6 (4)	10 (9)	4 [2] (4)	1 [2] (1)
IFF: Schule und gesellschaftliches Lernen						

1 Stand vom 1. 9. 2003
2 PPP-Studierende, die in Pädagogik ihre Diplomarbeit geschrieben haben

Auch die Zahlen der Tabelle 9.3a sollen durch den Vergleich von Studienanfängern und Absolventen nach 5 Jahren, das ist nach einem Jahr über der Regelstudienzeit, an Aussagekraft gewinnen (vgl. Tab. 9.3b).

Tab. 9.3b: Absolventen 2002/03 im Vergleich zu den Studienanfängern 1997/98, aufgeteilt nach Standorten und Studiengängen

Studiengänge Standorte	Diplom (Hauptfach)		Doktorat	
	Stud.anf. 1997/98	Absolv. 2002/03	Stud.anf. 1997/98	Absolv. 2002/03
Wien Universität Erziehungswissenschaft	657 (586)	189 (171)	24 (17)	24 (15)
Salzburg Erziehungswissenschaft	71 (62)	25 (19)	7 (5)	3 (2)
Innsbruck Erziehungswissenschaft	192 (156)	117 (98)	34 (29)	12 (8)
Klagenfurt Universität Erziehungswissenschaft	227 (176)	127 (57)	33 (25)	9 (4)
Graz Erziehungswissenschaft	285 (239)	100 (92)	23 (16)	10 (9)
Summe	1432 (1219)	558 (437)	121 (92)	58 (38)

Mit dem Universitätsstudiengesetz 1997 (UniStG97) wurde das Lehramtsfach *Philosophie Pädagogik Psychologie (PPP)* wieder auf *Psychologie und Philosophie* reduziert. PPP ist somit ein auslaufender Studiengang und wird daher in dieser Tabelle nicht berücksichtigt.

9.3 Exkurs über Verhältnisse auf dem Arbeitsmarkt

An zwei Instituten wurde erhoben, welche Chancen sich den Absolventen auf dem Arbeitsmarkt bieten. Sie sollen kurz vorgestellt werden. Beide sind vorläufig die relativ beste Grundlage für allgemeine Einschätzungen, allerdings bestenfalls für die beiden Institute und ihr regionales Umfeld generalisierbar.

Die *Grazer Studie* betrifft die Jahrgänge 1997 bis 2001. Bei einem Rücklauf von 46 % – 145 (134) von 317 – lassen sich die relevanten Fragen mit der gebotenen Vorsicht tendenziell wie folgt beantworten (Reicher 2003):

- Ein Großteil der Studierenden war bereits während des Studiums - zumindest teilzeitlich – in einschlägigen Berufen tätig.
- Mehr als die Hälfte verfügte zum Zeitpunkt der Befragung über Zusatzausbildungen unterschiedlichster Qualität (von Blindenschrift über Theaterpädagogik bis Kinesiologie und NLP).
- 80 % der Befragten waren zum Zeitpunkt der Befragung in einem pädagogischen Beruf tätig. Die meisten von ihnen haben ihre Berufe, die

– nach Häufigkeit geordnet – den Bereichen Erwachsenenbildung, Sozialpädagogik, Heil- und Sonderpädagogik sowie Schulpädagogik zuzuordnen sind, über Stellenausschreibungen, eigene Initiativen oder Vermittlung durch Bekannte gefunden. Jeweils 40 % zeigen sich mit dem aktuellen Beruf *sehr zufrieden* oder *eher zufrieden*.

- Die konkreten Tätigkeitsprofile der Befragten sind äußerst vielfältig und nur schwer auf das Ausbildungsprofil zu beziehen. Zwischen diesem und den erreichbaren Berufen bestehen erhebliche Diskrepanzen.
- Drei Viertel der Befragten hätten großes Interesse an wissenschaftlicher Arbeit. Viele finden dazu jedoch im Rahmen ihres Berufes nicht die Möglichkeit und vermissen Kontaktangebote seitens der Universität (z.B. über regelmäßige Treffen von Absolventen).

In *Salzburg* werden den Absolventen im Abstand von zwei Jahren standardisierte Fragebögen zugesandt, mit denen u. a. erhoben wird, welche Motive zur Wahl des Pädagogikstudiums geführt haben, wie das Studium rückblickend (ggf. aus der Sicht der aktuellen Berufstätigkeit) bewertet wird und welcher Beruf zum Zeitpunkt der Befragung ausgeübt wird. Die Auswertung des Rücklaufs 2001 (n = 115[11] brachte folgende Ergebnisse (Weiss & Paschon 2001):

- An die 40 % der Absolventen fanden unmittelbar nach Abschluss des Studiums eine Anstellung; weitere 40 % innerhalb eines halben Jahres. 20 % brauchten mehr als 10 Bewerbungen für den gewünschten Erfolg.
- Knapp zwei Drittel gaben an, dass ihr Beruf ihren Wünschen weit(est)gehend entspricht, weitere 30 % finden, dies treffe einigermaßen zu.
- Zwei Drittel fanden ihren Beruf in den Bereichen Schule, Schulentwicklung, Kinder- und Jugendbetreuung, Heilpädagogik und Wissenschaft.
- Absolute bzw. langfristige Erfolglosigkeit bei Bewerbungen (wie z. B. bei Psychologen mit allerdings weit höheren Absolventenzahlen) wurden nicht rückgemeldet.

Am Institut für Erziehungswissenschaft der Universität Wien wurden die beruflichen Karrieren von Studierenden der Sonder- und Heilpädagogik untersucht (Horak & Neudecker 2000).

---

11 Aus Datenschutzgründen wurde auf eine Erhebung des Geschlechts verzichtet.

9.4 Personal

Tab. 9.4: Hauptberufliches wissenschaftliches Personal (gerechnet auf ganze Stellen; Stand 1. 10. 2003)

	Univ. Prof.	Ao. Prof. Ass. Prof.[7]	Univ.Ass. Vertrags-Ass.	Forschungs Ass.[8]	Wiss. Beamte Bundes-L.	Insgesamt
Wien U Erz.wiss.	6[4] (1)	12,5 (2,5)	6,5 (6)	0	1,5 (0,5)	26,5 (10)
Lehrerbildung	0,5[5] (0)	0	1 (1)	0	6 (4)	7,5 (5)
Linz[1] Pädagogik u. Päd. Psych.	1 (0)	4 (0)	0	0	0	5 (0)
Salzburg Erz.wiss.[2]	4 (0)	3 (0)	3 (1)	2 (2)	0	12 (3)
Lehrerbildung[3]	0 (4) (0)	1 (0)	0	0	3 (1)	4 (8) (1) ((1))
Innsbruck Erz.wiss.	4[6] (1)	6 (1)	3 (3)	2 (1)	2 (1)	17 (7)
Lehrerbildung	1 (0)	2 (0)	0	2 (1)	2 (0)	7 (2)
Klagenfurt Universität Erz.wiss.	3 (2)	5 (0)	7 (3)	0	1 (1)	16 (6)
Graz Erz.wiss.	4 (1)	4,5 (3,5)	6,5 (2,5)	2 (2)	2 (0)	19 (9)
IFF:Schule u. gesell. Lernen	1 (0)	2 (1)	0	4,25 (3)	3 (2,5)	10,25 (6,5)

1 Das *Institut für Pädagogik und Psychologie* der Universität Linz weist drei Abteilungen auf; hier werden nur die Verhältnisse der Abteilung *Pädagogik und Pädagogische Psychologie* erfasst.
2 Nicht mitgezählt werden die Mitarbeiter des an diesem Institut angesiedelten PISA-Zentrums.
3 Die Differenz der Zahlen außerhalb der Klammern und in Klammern erklärt sich aus der Berücksichtigung von doppelt zugeteiltem Personal. Das *Institut für Lehrerinnen- und Lehrerbildung* verfügt derzeit nicht über eigene Professorenplanstellen.
4 Gegenwärtig sind 3 der 6 Professorenplanstellen vakant.
5 Hierbei handelt es sich um einen zu gleichen Teilen dem ISA und dem Institut für Erziehungswissenschaft zugeteilten Professor. In Salzburg wurde hingegen eine funktionale Doppelzuteilung ohne festgeschriebene Anteile vorgenommen, weshalb die Professoren dort zur Gänze dem Institut für Erziehungswissenschaft zugerechnet werden.
6 Von den 4 Planstellen sind derzeit 3 - z. T. bereits seit längerer Zeit - vakant.
7 Definitiv gestellte Universitätsassistenten mit Habilitation (Universitätsdozenten) führen den Titel *Außerordentlicher Universitätsprofessor*, solche ohne Habilitation den Titel *Assistenzprofessor*.
8 Forschungsassistenten sind wissenschaftliche Mitarbeiter auf Zeit im Rahmen von Forschungsprojekten, die aus Drittmitteln finanziert werden.

Gefragt wird nach Entwicklung und Stand des hauptberuflichen wissenschaftlichen Personals der Institute. Die hier vorgenommene Kategorisierung (vgl. Tab. 9.4) weicht von der für die Verhältnisse in der Bundesrepublik Deutschland an einigen Punkten ab. Auf eine Angabe von „Mitarbeiter pro Professor" wird verzichtet, weil dieser Quotient die wahren bzw. nach UOG zulässigen Sachverhalte (tatsächliche Zuordnungen von Assistenten zu Professoren) nicht wiedergeben würde. Die Verhältnisse - (de facto) persönliche Dauerzuordnung, Zuordnung zu einer Abteilung, Zuordnung zu einem oder mehreren Projekten - sind von Institut zu Institut sehr unterschiedlich. Außerdem betreffen alle Formen der Zuordnung nur einen von Fall zu Fall unterschiedlichen Anteil der gesamten Arbeitsleistung.

Viele Stellen sind auf zwei Mitarbeiter aufgeteilt. Gezählt wird jedoch, um die Vergleichbarkeit zu gewährleisten, nach ganzen Stellen.

Für einen groben Überblick über die quantitative Entwicklung des wissenschaftlichen Personals über die vergangenen 5 Jahre dient Tab. 9.5.

Tab. 9.5: Hauptberufliches wissenschaftliches Personal - Vergleich 1998 - 2003

Jahr	Univ. Prof.	Ao.Prof. Ass.Prof.	Univ.Ass./ Vertrags-Ass.	Forschungs Ass.	Wiss. Beamte / Bundes-L.	insgesamt
1998	24 (4)	33 (4,5)	31 (17,5)	4 (2)	18 (8)	110 (36)
2003	22 (5)	40 (8)	30 (18,5)	12,25 (9)	20,5 (10)	124,75 (51,5)

9.5 Wissenschaftlicher Nachwuchs

Unter dieser Überschrift wird hier - ausschließlich bezogen auf die wissenschaftlichen Mitarbeiter der Institute - über Promotionen, Habilitationen und Berufungen an ausländische, andere österreichische Universitäten oder an die eigene Universität (Hausberufungen) im Zeitraum 1997/98 - 2002/03 anhand einer Tabelle (vgl. Tab. 9.6) informiert.

Tab. 9.6: Karrierestufen des wissenschaftlichen Nachwuchses 1998 - 2003

Standorte Personal	Promotionen	Habilitationen	Berufungen
Wien Universität Erziehungswissenschaft Lehrerbildung	6 (5) 2 (1)	7 (1) 1 (1)	2 (1) 1 (0)
Wien Wirtschaftsuniversität Allgemeine Pädagogik	2 (1)	0	0
Linz Universität Pädagogik u. Päd. Psychologie	0	0	2 (0)
Salzburg Universität Erziehungswissenschaft Lehrerbildung	4 (3) 0	1 (0) 1 (0)	2 (0) 0
Innsbruck Universität Erziehungswissenschaft Lehrerbildung	3 (2)	3 (1)	1 (0)
Klagenfurt Universität Erziehungswissenschaft	2 (2)	0	0
Graz Universität Erziehungswissenschaft	4 (2)	1 (1)	2 (1)
IFF: Schule und gesellschaftliches Lernen	1 (1)	1 (0)	1 (0)
Ingesamt	24 (17)	15 (4)	11 (2)

9.6 Geschlechterverhältnis

Pädagogik ist, wie die Zahlen in den voran stehenden Tabellen deutlich machen, in zunehmendem Maße zu einer von Frauen belegten Studienrichtung geworden. Österreichweit liegt der aktuelle Anteil in den Diplomstudiengängen bei über 80 %, an manchen Standorten deutlich darüber. Zu einem Doktoratsstudium entschloss sich bisher ein signifikant geringerer Anteil von Frauen. Die Dropout-Rate ist bei Frauen signifikant höher als bei Männern. In den Personalständen zeigt sich das – auch in anderen Disziplinen oder bei Leitungsposten zu beobachtende – Gefälle: eine, wenn auch tendenziell abnehmende, insbesondere bei Professoren, Außerordentlichen Professoren und Habilitationen immer noch starke Unterrepräsentanz der Frauen. Vermutlich wird es noch einige Zeit dauern, bis die Maßnahmen der Universitäten (entsprechende Ausschreibungen, Bevorzugung weiblicher Bewerberinnen bei gleichwertigen Qualifikationen, Gleichbehandlungsbeauftragte als Ombudsfrauen) gegriffen haben.

9.7 Forschung und lokale Profile

Eine wesentliche Komponente lokaler Profile stellen die jeweiligen Forschungsschwerpunkte der Institute dar. In Instituten mit Abteilungsgliederung kommen sie teilweise in der Bezeichnung von Abteilungen zum Ausdruck.[12] Einen anderen Zugang bieten die dokumentierten – zum Teil mit Drittmitteln finanzierten – Forschungsprojekte.

Nicht alle wissenschaftlichen Mitarbeiter der Institute sind Abteilungen zugeordnet. Manche versuchen, zum Teil auf sich allein gestellt bzw. mit überregionalen oder internationalen Kontakten, eigene Schwerpunkte zu etablieren (z. B. Gewaltforschung, Pädagogik in der Zeit des Nationalsozialismus, Feministische Pädagogik u. a. m.). Sie werden zum Teil anhand von Drittmittelprojekten oder Publikationen sichtbar.

9.7.1 Abteilungsbezeichnungen als Indikatoren von Schwerpunkten

Die Benennungen der Abteilungen erfolg(t)en nicht nach einem einheitlichen Gesichtspunkt. Ein größerer Teil nimmt Bezug auf einen inhaltlich einigermaßen klar abgrenzbaren Bereich (z. B. Abteilungen für *Erwachsenenbildung, Schulpädagogik, Integrationspädagogik* etc.); zum Teil verweisen sie auf eine bevorzugte Methodologie (z. B. Abteilung für Empirische Pädagogik); zum Teil verfolgen sie den Zweck, möglichst keinen erziehungswissenschaftlichen Bereich auszusparen (z.B. *Abteilung für Pädagogik und Pädagogische Psychologie*); zum Teil sind sie ohne Kenntnis der Institutsgeschichte kaum zu deuten (z. B. *Abteilung für Theoretische und Systematische Pädagogik*). Kenner der Szene wissen, dass die in manchen Benennungen auftretenden Unschärfen einerseits Ausdruck von Machtpolitik oder aber von Rettungsmaßnahmen gegen einen drohenden Bedeutungsverlust wie andererseits konventionell anmutende Abteilungsgliederungen Teil einer Konfliktvermeidungs- bzw. Konfliktregelungsstrategie sind.

---

12 Es wird sich jedoch erst zeigen, in wieweit in den jetzigen Instituten für Erziehungswissenschaft nach der Implementierung von UG 2002 bzw. innerhalb neuer, zukünftig in der Regel größerer Organisationseinheiten die Gliederung nach den derzeitigen Abteilungen bestehen bleibt.

Tab. 9.7: Die Abteilungen der Institute als Hinweise auf Schwerpunkte der Forschung (Stand 1. 10. 2003)

	Anz. der Abteilungen	Benennung der Abteilungen
Wien Universität Erziehungswissenschaft	6	Allg. Erziehungswissenschaft und Kulturpäd.; Schul- und Bildungsforschung; Aus- und Weiterbildungsforschung; Heil- und Integrative Päd.; Psychoanalytische Pädagogik; Humanistische Pädagogik und Sozialpädagogik
Lehrerbildung	0	
Wien Wirtschaftsuniversität Allg. Pädagogik	0	
Linz Pädagogik u. Psychologie	1[3]	Pädagogik und Pädagogische Psychologie
Salzburg Erziehungswissenschaft	3	Bildungsforschung und Pädagogische Beratung; Interaktionsforschung und Sozialerziehung; Lehr- Lernforschung, Instruktionsmedien und Schulentwicklung
Lehrerbildung	0	
Innsbruck Erziehungswissenschaft [1]	0	
Lehrerbildung	0	
Klagenfurt Universität Erziehungswissenschaft	5	Erwachsenenbildung und Berufsbildung; Historische und Systematische Päd.; Interkulturelle Bildung; Schulpäd.; Sozial- und Integrationspädagogik
Graz Erziehungswissenschaft	5	Allgemeine Päd.; Integrationspäd. und Heilpädagogische Psychologie; Schulpäd. und Lehrerbildung; Sozialpäd.; Weiterbildung
IFF [2]	1	Schule und gesellschaftliches Lernen

1 Auf die Einrichtung von Abteilungen wurde verzichtet. 6 Studienzweige des zweiten Studienabschnittes und die damit zusammenhängenden Forschungsschwerpunkte (siehe Tab. 9.8) übernehmen eine entsprechende Orientierungsfunktion.
2 Wie oben beschrieben, ist im gegebenen Zusammenhang die Abteilung *Schule und gesellschaftliches Lernen* von Interesse.
3 Das *Institut für Pädagogik und Psychologie* der Universität Linz weist drei Abteilungen auf, von denen die Abteilung *Pädagogik und Pädagogische Psychologie* im hier gegebenen Zusammenhang von Interesse ist.

9.7.2 Ausgewählte schwerpunktmäßige Forschungsbereiche

Projekte, die im Interesse der Institute bzw. Abteilungen im Internet (auf der Homepage) angeführt werden, gewähren ebenfalls einen Einblick in ihre Forschung, sowohl was inhaltliche Schwerpunkte als auch was methodische Zugänge betrifft. Von besonderer Bedeutung sind in diesem Zusammenhang Drittmittelprojekte, weil sie eine zunehmende Bedeutung für das Renommée der Institute und die universitätsinterne Ressourcenvergabe erlangen.

Der Begriff Drittmittelprojekt wird hier weit gefasst. Unter ihn fallen somit alle Forschungsvorhaben, die ganz oder teilweise durch spezifische Zuwendungen von außen finanziert werden.[13] Aus den zugänglichen Dokumentationen geht allerdings nicht immer hervor, wer sich jeweils in welcher Höhe am Sponsoring beteiligt hat.

Es ist hier nicht möglich, alle einschlägigen Projekte des vorgegebenen Zeitraumes anzuführen. Eine Beschränkung auf die Angabe der Anzahl (vgl. Merkens, Rauschenbach, Weishaupt 2000, insbesondere 129 f.) erscheint mir jedoch als nicht ergiebig. Die Auswahl – der Absicht des Autors zufolge – erfolgt deshalb so, dass damit Institute, Abteilungen oder Einzelpersonen durch Inhalt und Methode ihrer Forschungsleistungen charakterisiert werden. Vollständigkeit kann in diesem Punkt bei der vorgegebenen Beschränkung des Umfangs dieses Beitrags allerdings nicht annähernd erreicht werden. Die Angaben beschränken sich auf Inhalte, soweit es (mir) möglich ist auf methodische Zugänge und die verantwortlichen Institute bzw. Abteilungen. Nähere Informationen müssen über die jeweiligen Internet-Eintragungen abgerufen werden.

---

13 Dazu zählen neben FWF- oder NB-Fördergeldern z. B. auch projektbezogene (außertourliche) Zuwendungen aus dem ressortzuständigen Ministerium.

Tab. 9.8: Ausgewählte schwerpunktmäßige Forschungsbereiche 1998 – 2003

	Forschungsbereiche	Bevorzugte methodische Zugänge
Wien Universität Erziehungswissenschaft	Bildungsforschung, Bildungsinstitutionen und Bildungskritik; Special Needs: Gesundheit, Krankheit, Behinderung, Soziale Benachteiligung; Medien und neue Technologien; Bildung und Lebenslauf; Entwicklungsförderung, Beratung und Therapie	Empirische Forschung (qualitativ und quantitativ); Hermeneutische Methoden; (Ideologie-)kritische Analysen
Lehrerbildung	Professionalisierungsforschung; Schulentwicklungsforschung; Unterrichtsforschung	Qualitative und quantitative empirische Forschung; Handlungsforschung; Hermeneutik
Wien Wirtschaftsuniversität Allg. Pädagogik	Kognitionsforschung; Philosophie der Bildung und Erziehung; Berufsbildung; Päd. Soziologie / Päd. Psychologie; Historische Pädagogik	Theoretische und empirische Analysen; Kritische Textedition; Historische Analysen
Linz Universität Pädagogik und Päd. Psychologie	Lehr-/Lernforschung (neue Medien); Schulforschung/ Schulentwicklung; Bildungsforschung; Lehrerforschung; Evaluation	Theoriebezogene quantitative und qualitative empirische Forschung; Theoretische Analysen und Theorieentwicklung; Aktionsforschung
Salzburg Universität Erziehungswissenschaft	Bildungsforschung; Schulforschung inkl. Vorschulerziehung u. Behinderteneintegration; Unterrichtsforschung inkl. E-Learning und Motivationsforschung; Paradigmenvielfalt; Situationsspezifität; Evaluation	Theoriebezogene quantitative und qualitative empirische Forschung; Theoretische Analysen und Theorieentwicklung; Konzeptentwicklung und Erprobung
Lehrerbildung	Lehr-/Lernforschung; Schulentwicklung; Lehrerbildung	Theoretische und empirische Analysen; Konzeptentwicklung und Erprobung

	Forschungsbereiche	Bevorzugte methodische Zugänge
Innsbruck U Erziehungswissenschaft[1] Lehrerbildung	Methodologie u. Wissenschaftsforschung; Historische Anthropologie; Psychoanalytische Päd.; Feministische Pädagogik; Integrationspädagogik; Medienforschung Schulentwicklung und Professionsforschung; Unterrichtsforschung; Evaluation; Multimediale Lehr-/Lernmaterialien	Qualitative Sozialforschung u. Handlungsforschung; Gesellschaftskritische Analysen; Psychoanalyse; Inter- u. Transdisziplinarität Aktions- und Praktikerforschung; international vergleichende Forschung; Entwicklungsprojekte
Klagenfurt U Erziehungswissenschaft	Historische Pädagogik; Antifaschistische Pädagogik; Interkulturelle Pädagogik; Integrationspädagogik; Erwachsenenbildung; Sozialpädagogik; Schulentwicklung; Hochschuldidaktik; Frauenforschung	Quellenarbeit; Veröffentlichungen; Historische Analysen; Erziehungspolit. Manifeste; Entwicklungsprojekte; Bestandsaufnahmen und innovative Konzepte; Konzeptentwicklung; soziologische Analysen
Graz Erziehungswissenschaft	Der Bildungsauftrag in der Erwachsenenbildung; Arbeitsfelder und Qualifikationen der Sozialpädagogen; Men and gender mainstreaming; Schulentwicklung; Schulversuche; Entwicklungsprobleme; Verhaltens- u. Erlebensstörungen; Pädagogisch-psychologische Diagnostik	Literaturanalysen u. (bildungs-theoret.) Reflexionen; Feldforschung; FB-Untersuchungen; Sozialwissensch. Analysen; Quantitative und qualitative empirische Forschung; Testentwicklung
IFF Schule u. gesellschaftliches Lernen	Schulentwicklung; Unterrichtsforschung; Fachdidaktik; Umweltbildung	Aktionsforschung; Qualitative Sozialforschung; Entwicklungsarbeit; Evaluation; Psychoanalyse

1) Das innovative (bzw. ungewöhnliche), der Eigencharakteristik zufolge „inter- und transdisziplinäre" Wissenschaftsverständnis, das an diesem Institut vorherrscht, wurde von den Evaluatoren der 2002 durchgeführten Anlassevaluation sehr kritisch beurteilt. Sie vermeinten, wichtige Kernbereiche der Erziehungswissenschaft an diesem Institut nicht angemessen vertreten zu finden. Diese Kritik traf das Institut just in einer Zeit stärker, durch Emeritierungen und Pensionierungen verursachter Personalveränderungen. Sie blieb vom Institut nicht unwidersprochen (vgl. den Hinweis in Ralser & Rathmayr 2003, 17).

9.8 Ausblick

Gemessen an der Größe des Landes und der Nachfrage der Studierenden ist die Erziehungswissenschaft in Österreich im internationalen Vergleich mit einer relativ großen Standortdichte gesegnet. Ob für eine wünschenswerte Qualität von Forschung und Lehre auch immer die Personalressourcen ausreich(t)en, ist da und dort bezweifelt worden (vgl. z.B. Brezinka 2000, 188 ff.). Die im Zuge von UG 2002 durchzuführenden Reformen hätten, ähnlich wie in der Deutschen Bundesrepublik Ende der 70er Jahre eine bildungspolitische, aber auch universitätsinterne Diskussionen über vertretbar erscheinende Reduzierungen erwarten bzw. befürchten lassen. Sie sind jedoch bisher ausgeblieben. Auch die vom Bildungsministerium als „Kommission von Vordenkern" eingerichtete *Planungs- und Evaluierungskommission* (PEK) hat sich bisher bezüglich des Bedarfs an Pädagogischen Hochschulen neuen Typs und damit der Standorte nicht zu konkreten Vorschlägen durchringen können. Es bleibt jedoch schwer vorstellbar, dass der gegenwärtige Reformeifer an diesem Problem vorbei kommt.

Hingegen ist die Prognose, dass es in absehbarer Zeit insofern eine Neuorganisation der universitären erziehungswissenschaftlichen Studien geben wird, nicht allzu kühn. Die allgemeine Einrichtung sechssemestriger Bakkalaureatsstudien und darauf aufbauender spezialisierender Magisterstudien ist quasi eine politische Vorgabe. Da die Universitäten nach der Implementierung von UG 2002 jedoch sehr unterschiedliche Strukturen aufweisen können und – wie sich bereits abzeichnet – auch werden, ist es durchaus vorstellbar, dass mit Blick auf die intendierten beruflichen Qualifikationen von Standort zu Standort erheblich unterschiedliche Ausbildungsgänge entwickelt und angeboten werden. Dabei ist noch nicht abzusehen, in wieweit einerseits im Hinblick auf sozialpädagogische Berufe (im weitesten Sinne des Wortes) Kooperationsmöglichkeiten mit den Pädagogischen Hochschulen neuen Typs geschaffen und genützt werden. Andererseits könnte zum Beispiel ein sechssemestriges sozialwissenschaftliches Grundstudium mit einem nachfolgenden inhaltlichen erziehungswissenschaftlichen Schwerpunkt mittelfristig der Förderung eines an Forschung interessierten Nachwuchses Impulse verleihen.

10 Erziehungswissenschaft in der Schweiz – aktuelle Situation und Besonderheiten

Tina Hascher

Da der Schweizerische Wissenschaftsrat[1] im Jahr 1973 den Bildungswissenschaften Entwicklungsbedürftigkeit attestierte (Schweizerischer Wissenschaftsrat, 1973), kann auf mehrere Studien zur Lage der Erziehungswissenschaft in der Schweiz zurück geblickt werden. Interessant ist dabei einerseits, dass häufig die Situation und die Merkmale der Forschung fokussiert wurden, die Ausbildung im Fachbereich eher im Hintergrund stand, so z. B. in den Berichten von Silvia Grossenbacher und Armin Gretler (1992), Jean-Luc Patry und Armin Gretler (1992), Armin Gretler (1994 und 2000), Rita Hofstetter und Bernard Schneuwly (2001) oder von der Schweizerischen Koordinationskonferenz Bildungsforschung (Coreched 1994). Bemerkenswert ist andererseits, dass in diesen Berichten die universitären Institute der Pädagogik bzw. der Erziehungswissenschaft nur einen Teilbereich darstellten. Dies hängt damit zusammen, dass Bildungsforschung in der Schweiz von vielen verschiedenen Institutionen betrieben wird. Aufschluss über Ausbildung und Forschung in den Erziehungswissenschaften bzw. der Pädagogik zu Beginn der 1990er Jahre gibt der Bericht von Edo Poglia in Zusammenarbeit mit Silvia Grossenbacher und Urs Vögeli (1993): Es gibt viele verschiedene Ausbildungsstätten, eine hohe Heterogenität bezüglich Betreuungsverhältnissen, Ausbildungsmodi und Studierendenzahlen.

Im Jahr 2001 wurde dann im Rahmen der sog. FER-Studie die Teilstudie Erziehungswissenschaften an Schweizer Universitäten (Orientierung, Produktivität und Nachwuchsförderung) publiziert. Catherine Cusin, Silvia Grossenbacher und Urs Vögeli-Mantovani von der Schweizerischen Koordinationsstelle für Bildungsforschung[2] (SKBF) stellten die Erkenntnisse ihrer Studie zu den Erziehungswissenschaften an vier Schweizer Universitäten, in Bern, Fribourg, Genf und Zürich, vor. Die ausgewählten Institute wurden anhand von Dokumenten, Tätigkeitsberichten, Statistiken und In-

---

1 Der Schweizerische Wissenschaftsrat, heute genannt Schweizerischer Wissenschafts- und Technologierat, ist das beratende Organ des Bundesrats für sämtliche Fragen, welche die Wissenschafts-, Bildungs- und Technologiepolitik betreffen.
2 Die Schweizerische Koordinationsstelle für Bildungsforschung ist eine gemeinsame Institution der Schweizerischen Konferenz der kantonalen Erziehungsdirektoren (EDK) und des Bundes (vertreten durch die Bundesämter für Bildung und Wissenschaft, BBW, und Berufsbildung und Technologie, BBT) und trägt durch ihre Dienstleistungen zur Stärkung der Bildungsforschung in der Schweiz bei.

ternet-Angaben (aus den Jahren 1996-1998) in Hinblick auf institutionelle Strukturen, Forschungsfinanzierung, thematische Ausrichtung, Forschungsausbildung und Nachwuchsförderung sowie Vernetzung der Bildungsforschung analysiert. Zusätzlich wurden (a) alle Personen, die an einer Schweizer Universität ihre Dissertation zwischen 1995-1997 abgeschlossen hatten, sowie (b) alle Angestellten des Mittelbaus und die Pädagogik-Professoren an den vier Universitäten im Jahr 1999/2000 schriftlich befragt. Schwerpunkt der Befragung der promovierten Erziehungswissenschaftler lag auf ihrem individuellen Profil, ihrer Motivation zur akademischen Qualifikation, ihren Karriereplänen, auf einer Beschreibung des Prozesses der Dissertation und auf ihren subjektiven Einschätzungen des beruflichen Nutzen des Doktorats. Der Mittelbau und die Professoren nahmen zu ausgewählten Thesen und Vorschlägen aus einer bereits publizierten Studie zur Situation des Mittelbaus in anderen Disziplinen (Levy/Roux/Gobet 1997) Stellung. Als zentrale Ergebnisse der Studie können die folgenden festgehalten werden:

- Es besteht eine starke Zersplitterung bei den institutionellen Strukturen.
- Obwohl Bildungsforschung – in Relation zu den Gesamtausgaben – nur in geringem Masse finanziert wird, wiesen die untersuchten Institute Forschungsprojekte auf, die vom Schweizerischen Nationalfonds unterstützt wurden.
- Zu den Themenfeldern Vorschulerziehung, Tertiärbildung, Didaktik, Motivation und Neue Technologien bestehen Forschungslücken.
- Es finden sich Probleme in Bezug auf die Nachwuchsförderung, die Betreuungsverhältnisse und durch das Fehlen fester Forschungsstellen.
- Kapazitäts- und Kontinuitätsschwierigkeiten erschweren eine Vernetzung der Forschung innerhalb der viersprachigen Schweiz.

Die Erkenntnisse dieser Teilstudie flossen noch im gleichen Jahr in den Bericht „Les sciences de l'éducation en Suisse: Evolution et prospectives" (2001), also ein Bericht zur Entstehung und Entwicklung der Erziehungswissenschaft in der Schweiz, von Rita Hofstetter und Bernard Schneuwly ein. Dieser Bericht war vom Schweizerischen Wissenschafts- und Technologierat in Auftrag gegeben, vom Zentrum für Wissenschafts- und Technologiestudien publiziert worden und thematisierte folgende Aspekte: eine Analyse des Prozesses, wie die Erziehungswissenschaft zu einer Disziplin wurde („analyse du processus de disciplinarisation des sciences de l'éducation"); einen Überblick über Arbeiten zur Erziehungswissenschaft in der Schweiz („présentation des travaux existants sur les sciences de l'éducation en Suisse"); eine Auflistung der Institutionen („institutions"), der Forschungsprojekte („projets de recherche") und der Kommunikationsgefässe („réseaux de communication"); einen Einblick in die Forschungssozialisation der Studierenden und ihre beruflichen Perspektiven („socialisation à la recherche et perspectives professionnelles"), in die Finanzierung und Koordination („financement et coordination") sowie einen Ausblick auf künftige Entwicklungen („éléments de prospective"). Dieser Bericht gibt auch einen kurzen Abriss über die historische Entwicklung der Erziehungswissenschaft in der Schweiz, die bereits Ende des 19. Jahrhunderts ihren Anfang nahm (vgl. z. B. Criblez 1998). Eine der wesentlichsten Schlussfolgerungen dieses Berichts in Bezug auf die Universitäten lautet wie folgt: „Die institutionelle Verankerung der Disziplin an den schweizerischen Universitäten (mit Ausnahme von Genf) ist zu schwach (zu geringe personelle Ressourcen, zu viele zeitlich beschränkte Stellen, ungenügende Weiterbildungsmöglichkeiten insbesondere im Anschluss an das Lizentiat, zu geringe Differenzierung innerhalb der Disziplin). Ebenso verunmöglicht die Fragmentierung eine sinnvolle Nutzung möglicher Synergien, ein Faktor, dem auch auf nationaler Ebene ungenügend Beachtung geschenkt wird." (Hofstetter/Schneuwly 2001, S. 4).

Der nachfolgende Beitrag soll die bestehenden Erkenntnisse aktualisieren, teilweise erweitern, teilweise fokussieren und einem deutschsprachigen Publikum zugänglich machen. Er bezieht sich dabei ausschliesslich auf die Situation der universitären Institute für Erziehungswissenschaft bzw. Pädagogik in der Schweiz. Als Informationsgrundlagen dienten die bestehenden Unterlagen und Publikationen, die Darstellungen der Institute im Internet, die Zusammenstellungen der Rektorenkonferenz der Schweizer Universitäten (CRUS) im Internet sowie persönliche Auskünfte[3]. Für ein besseres Verständnis der Ausführungen seien vier Besonderheiten der pädagogischen Ausbildungen in der Schweiz vorweg genommen: (1) Etliche Universitäten bieten neben den akademischen Ausbildungen sog. Diplomstudiengänge an. Diese dauern zwischen 4-6 Semestern, werden als Abschlussexamen ohne akademischen Grad bezeichnet und sind überwiegend im Heilpädagogischen Bereich zu finden, z. B. in Basel, Bern, Fribourg, Genf und Neuenburg. (2) Auch sog. Nachdiplomstudien, z. B. die Nachdiplomstudiengänge in Fachdidaktik an der Universität Bern, können an Universitäten angesiedelt sein. (3) Viele pädagogische Studiengänge erfolgen außerhalb der Universitäten an den sog. (kantonalen) Fachhochschulen. (4) Die pädagogische Landschaft ist von starken Reformbewegungen dominiert, z. B. durch den Aufbau Pädagogischer Hochschulen, durch Umstellung auf Bachelor- und Master-Studiengänge (BA, MA) oder durch die Aufwertung der Fachhochschulen. Dies

---

3 Für die gute Unterstützung beim Recherchieren der Daten danke ich Frau Ingrid Hug ganz herzlich!

erschwert eine voll umfassende Darstellung der Schweizer Situation von hoher Beständigkeit.

10.1 Standorte und Studiengänge

In der Schweiz gibt es insgesamt 12 Universitäten bzw. Hochschulen, zwei davon in Zürich, die Eidgenössische Technische Hochschule (ETH) und die Universität Zürich, zwei in Lausanne, die Université de Lausanne und die Ecole polytechnique fédéral de Lausanne (EPFL). Je eine weitere deutschsprachige Universität befindet sich in St. Gallen, in Luzern, in Bern und in Basel. Die Universität Fribourg ist zweisprachig (deutsch/französisch), an den Universitäten Genf, Neuchâtel und Lausanne wird überwiegend französisch gesprochen (in Teildisziplinen auch englisch), im Tessin italienisch. Das Studium an allen Schweizer Universitäten ist gebührenpflichtig (zwischen SFR 500.- bis SFR 700.- pro Semester, im Tessin gegenwärtig SFR 2000.-; je nach Kanton zusätzliche Gebühren für Ausländer). Sehr viele Schweizer Studiengänge befinden sich gegenwärtig in der Umsetzung der Bologna-Deklaration und damit mitten im Umbruch zu Bachelor- und Master-Studiengängen. Hinzu kommt die Entstehung der Pädagogischen Hochschulen in der Schweiz (vgl. dazu auch Punkt 10.7), die für einige Pädagogische Institute – je nach gesetzlicher Festschreibung und Etablierung - mit zum Teil gravierenden Änderungen verbunden sein kann, z. B. Auflösung universitärer Institute (Universität Bern) oder neue Kooperationen mit der Pädagogischen Hochschule (Universität Fribourg).

Mit Ausnahme der ETH in Zürich und Lausanne, der Universitäten in Lausanne, in Luzern und im Tessin wird Pädagogik bzw. Erziehungswissenschaft an allen Universitäten angeboten – in Basel allerdings nur im Nebenfach (seit 1873 als Lehrgegenstand eines der beiden Philosophielehrstühle am Philosophischen bzw. Pädagogischen Seminar, als eigenständige Abteilung seit 1977), jedoch auch Heilpädagogik, in Neuchâtel nur das Grundstudium und eine Ausbildung in Logopädie, in St. Gallen ausschliesslich Wirtschaftspädagogik, in Zürich dagegen sowohl Pädagogik als auch Sonderpädagogik und in Fribourg sogar vierfach: Pädagogik/Erziehungswissenschaften und Heilpädagogik sowohl für deutsch – als auch für französisch sprechende Studierende. 1993 haben sich die Universitäten Bern, Fribourg und Neuchâtel zu einem Verbund, genannt BeNeFri, zusammen geschlossen. Das Ziel von BeNeFri ist es, eine Aufgabenteilung in Lehre und Forschung zu ermöglichen und den Studierenden ein vielfältiges Angebot an Lehrveranstaltungen bereit zu stellen.

Die Tabelle 10.1 gibt einen Überblick über die Studienangebote in der Disziplin Erziehungswissenschaft in der Schweiz. Zu berücksichtigen ist dabei, dass manche Informationen durch die Umstellung von Lizentiatsstudiengängen auf BA/MA noch nicht zugängig sind: „Divers programmes des Master, actuellment en cours d'élaboration, seront acessibles, dès octobre 2006, aux titulaires d'un de ces Bachelors." (Université de Fribourg, Dpt des Sciences de l'Education, Etudes en Pédagogie, Programm 2003/2004, S. 3).

10.2 Studierende

Zulassungsbedingung für ein Studium der Erziehungswissenschaft in der Schweiz ist in der Regel eine abgeschlossene Gymnasialausbildung (Matur=Abitur). Es werden aber auch Primarlehrer zugelassen. Wie heterogen und vielschichtig die Zulassungsbedingungen zu einem Studium der Erziehungswissenschaft und Pädagogik aber auch sonst sind, sollen die Regelungen an der Universität Bern (http:// www.advd.unibe.ch/imd/downloads/pdf/Zulassungsbedingungen_d.pdf) nachfolgend kurz illustrieren: „Den *generellen Zugang zum Studium der Pädagogik* erlauben:

- eine eidgenössische Maturität,
- eine kantonale oder kantonal anerkannte gymnasiale Maturität, die schweizerisch anerkannt ist
- sowie ein Lizentiat oder ein gleichwertiger Abschluss einer schweizerischen universitären Hochschule.

Die Zulassung zum Studium der Pädagogik ist *auch möglich mit*:

- einer nicht schweizerisch anerkannten gymnasialen Maturität, sofern von einer schweizerischen Hochschule für den Hochschulzugang anerkannt,
- einem Abschluss einer schweizerischen Fachhochschule,
- einem Sekundarlehrer- oder Bezirkslehrerpatent, sofern aufgrund einer Hochschulausbildung an einer schweizerischen Hochschule erworben,
- einem Bernischen Primarlehrerpatent mit fünfjähriger Ausbildung und
- einem außerkantonalen Primarlehrerpatent mit fünfjähriger Ausbildung, sofern von einer schweizerischen Hochschule für den Hochschulzugang anerkannt.

Tab.10.1: Überblick über die Studienangebote

Standorte	Studienrichtung	Hauptfach mit Schwerpunkten bzw. Studienbereichen	Nebenfach	Doktorat	Lehramt
Basel	Nebenfach Pädagogik		√	√[1]	H², BG, Mu, TS, S1, S2³
	Heilpädagogik	Schulische Heilpädagogik⁴ Logopädie; Heilpäd. Früherziehung; Heilpädagogik im Vorschulbereich⁵ Psychomotoriktherapie	-	-	siehe schul. Heilpäd.
Bern	Pädagogik	Allgemeine Pädagogik; Pädagogische Psych.	√	√	H, BG, Mu, TS, S1, S2
Freiburg deutsch	Päd. und Päd. Psych.	Päd. Psychologie; Beratung in der Erziehung	√	√	H, S1, S2
	Heilpädagogik	Klinische Heilpädagogik; Schulische Heilpäd.; Logopädie	√	√	siehe schul. Heilpäd
Fribourg franz	Pédagogie	pédagogie générale, expérimentale et appliquée	√	√	H, S1, S2
	Pédagogie Curative	Klinische Heilpäd.; Schulische Heilpädagogik	√	√	
Genève (Genf)	Sciences de l'Education	Forschung und Intervention; Erwachsenenbildung; Schule und Unterricht	-⁶	√	V, P, TS⁷
	(Logopédie)⁸	(√)	-	-	
Université de Lausanne		-	-	-	
Ecole polytechnique fédéral de Lausanne (EPFL)		-	-	-	
Luzern		-	-	-	
Neuchâtel (Neuenburg)	Psychologie et sciences de l'éducation	(√)	√	-	TS⁹
	Orthophonie	√	-	-	
St. Gallen	Wirtschaftspädagogik	Assessment¹⁰/BA MA+Diplom-Handelslehrer	-	(√)¹¹	H
Tessin¹²	-	-	-	-	-
Zürich (ETH)		-	-	-	TS

204

Standorte	Studienrichtung	Hauptfach mit Schwerpunkten bzw. Studienbereichen	Nebenfach	Doktorat	Lehramt
Zürich (Uni)	Pädagogik[13]	Allgemeine Pädagogik; Päd. Psychologie I; Pädagogische Psychologie II[14]; Päd. mit bes. Berücksichtigung der Sozialpädagogik	√	√	B, H, S1, S2
	Sonderpädagogik	Förderung, Beratung und Therapie bei Kindern und Jugendlichen mit Behinderung; Unterstützung und Begleitung von entwicklungsbeeinträchtigten Menschen in Bildungs- u. Dienstleistungssystemen; Allg. Sonderpäd.	√	√	-

1 Gesuch erforderlich
2 B = Berufsschullehramt; H = Handelslehrkräfte; Mu = Musik; P = Primarstufe; S1 = Sekundarstufe 1: Ausbildung für Lehrkräfte des 7.-9. Schuljahres; S2 = Sekundarstufe 2: Ausbildung für Gymnasiallehrkräfte; TS = Turnen und Sport; V = Vorschulstufe
3 In Basel findet die Ausbildung von Lehrpersonen am sog. Pädagogischen Institut Basel-Stadt statt. Dieses Institut soll 2004 in die neu entstehende „Hochschule für Pädagogik und Soziale Arbeit beider Basel" integriert werden.
4 Zulassungsbedingungen: Ein staatlich anerkanntes Lehrpatent (Primarstufe, Sekundarstufe 1 oder 2), Unterrichtserfahrungen von mindestens zwei Jahren und eine Empfehlung der Schulaufsichtsbehörde (in Basel Stadt: Rektorat, bei übrigen Kantonen: Schulinspektorat)
5 Dies ist ein zweijähriges Nachdiplomstudium für Kindergärtner u. Sozialpädagogen HFS in Zusammenarbeit mit der Fachhochschule für Soziale Arbeit beider Basel (FHS-BB).
6 Genf bietet zwar kein Nebenfach, aber Ergänzungsstudien an, z. B. ein Ergänzungsstudium Erziehungswissenschaften (Certificat complémentaire en sciences de l'éducation) für Personen, die in anderen Fächern ein Lizentiat oder einen äquivalenten Abschluss erworben haben, Dauer: mindestens 2, maximal 4 Semester.
7 Genf bietet eine sog. Polyvalente (Grund-)Ausbildung an für die Vor-, Primar- und Sonderschule.
8 Das Studium der Logopädie ist in Genf nicht der Erziehungswissenschaft, sondern der Psychologie zugeordnet. Es wird deshalb im Folgenden nicht mehr aufgelistet.
9 nur im Nebenfach
10 Im ersten Studienjahr müssen die Studierenden eine sog. Assessment-Stufe meistern. Das Bachelor-Studium umfasst 4 Sem., die Master-Stufe 3 Sem.
11 Ein Doktorat in Wirtschaftspädagogik ist nicht möglich, sondern die Angaben beziehen sich auf ein Doktorat in Ökonomie oder Staatswissenschaft mit wirtschaftspädagogischer Themenstellung.
12 Die Universität in der ital. Schweiz nennt sich Universität Tessin, da sie zwei Standorte hat. Lugano: die Fakultäten Kommunikation und Wirtschaft, sowie die Theologische Fakultät des Bistums; Mendrisio: die Architekturakademie und künftig eine Informatikfakultät.
13 Die Universität Zürich bietet ein Zusatzstudium in Pädagogik an. Dies beinhaltet ein volles Studium in nur einem Fach, also als Hauptfach ohne Nebenfächer und ohne Lizentiatsarbeit. Voraussetzung ist ein abgeschlossenes Studium an der Philosophischen Fakultät der Universität Zürich oder ein vergleichbarer Hochschulabschluss an einer anderen Fakultät.
14 Die Pädagogische Psychologie ist in folgende zwei Fachbereiche bzw. Schwerpunkte aufgeteilt: Fachbereich Pädagogische Psychologie I „Schulsystem und Humanentwicklung"; Fachbereich II „Unterricht und Verstehensprozesse".

Quelle: Internet und persönliche Auskünfte

Für eine bessere Übersicht erfolgt eine Auflistung der Institute für Erziehungswissenschaft(en)/Pädagogik und ihrer universitären Einbettung.

Tab. 10.2: *Erziehungswissenschaftliche Institute und ihre institutionelle Einbettung in der Universität*

Standort	Institut	Fakultät
Basel	Philosophisches Seminar, Abteilung Pädagogik, Institut für Spezielle Pädagogik und Psychologie[1]	Philosophisch-historische Fakultät
Bern	Institut für Pädagogik und Schulpädagogik mit den Abteilungen Allg. Pädagogik, Päd. Psychologie, Fachdidaktik und Bildungssoziologie	Philosophisch-historische Fakultät
Freiburg deutsch	Departement Erziehungswissenschaften, deutschsprachige Abteilung; Heilpädagogisches Institut mit den Abteilungen Klinische Heilpäd, Schulische Heilpäd., Logopädie und Früherziehung	Faculté des Lettres
Fribourg französisch	Département des Sciences de l'Education, Section Francophone; Institute de Pédagogie Curative, Section de pédagogie curative clinique et Section de pédagogie curative scolaire	Faculté des Lettres
Genève (Genf)	Section des Sciences de l'Education Formation Continue Universitaire[2]	Faculté de Psych. et des Sciences de l'Education
Neuchâtel (Neuenburg)	Sciences de l'Education Institute d'Orthophonie[3]	Faculté des Lettres et Sciences Humaines
St. Gallen	Institut für Wirtschaftspädagogik	Betriebswirtschaftl. Abt.
Zürich (Uni)	Päd. Institut mit vier Fachbereichen: Allg. Pädagogik, Päd. Psychologie I u. II, Päd. mit bes. Berücksichtigung der Sozialpäd.; Institut für Sonderpädagogik mit drei Studienbereichen	Philosophische Fakultät

1 Das Institut für Spezielle Pädagogik und Psychologie soll künftig institutionell in der „Hochschule für Pädagogik und Soziale Arbeit beider Basel" (HPSABB) verankert werden. Ein Eingliederung wird nach Aufbau der HPSABB erfolgen.
2 Sonderpädagogik als Modul der Weiterbildung
3 Ausbildung in Logopädie

Quelle: Internet und persönliche Auskünfte

Teilanerkennung, d. h. *Zulassung nach einer vor der Maturitätskommission des Kantons Bern bestandenen Aufnahmeprüfung,* bieten:

- eine nicht schweizerisch anerkannte gymnasiale Maturität, sofern nicht von einer schweizerischen Hochschule für den Hochschulzugang anerkannt,
- ein Diplom einer Höheren Technischen Lehranstalt (HTL) oder einer Höheren Wirtschafts- und Verwaltungsschule (HWV),
- eine Handelsmaturität,
- ein außerkantonales Primarlehrerpatent mit fünfjähriger Ausbildung, sofern nicht von einer schweizerischen Hochschule für den Hochschulzugang anerkannt,
- ein Bernisches Primarlehrerpatent mit vierjähriger Ausbildung und
- ein Bernisches Patent für Fachgruppen- und Haushaltungslehrkräfte mit fünfjähriger Ausbildung.

Das Fach Pädagogik kann zudem auch mit dem Bernischen Primarlehrerpatent mit vierjähriger Ausbildung bei mindestens zweijähriger Lehrtätigkeit belegt werden. Es setzt keine Lateinkenntnisse voraus. Bedingungen für die Zulassung von ausländischen Studierenden:

An der Universität Bern wird auf Deutsch gelehrt. Von Personen nicht deutscher Muttersprache wird der Nachweis genügender Kenntnisse der deutschen Sprache verlangt. Der Deutschtest findet jeweils in der Woche vor Vorlesungsbeginn statt. Die Immatrikulation erfolgt erst nach bestandenem Deutschtest. Ausländische Vorbildungsausweise sind grundsätzlich nur anerkannt, wenn sie:

- in einem unverkürzten, im Klassenverband absolvierten Ausbildungsgang erworben worden sind,
- allgemeinbildenden Charakter haben,
- altsprachlicher, neusprachlicher oder mathematisch-naturwissenschaftlicher Natur sind, wobei allgemeinbildende Wirtschaftsgymnasien gleichgestellt werden können,
- im ausstellenden Land den höchstmöglichen Mittelschulabschluss darstellen
- und den Zugang zu allen universitären Fakultäten und Studienrichtungen ermöglichen.

Nicht anerkannt sind folgende Vorbildungsausweise, und zwar selbst dann, wenn sie im ausstellenden Land die allgemeine Hochschulreife vermitteln:

- Fachgebundene Reifezeugnisse oder Diplome von Fachhochschulen, (wie Ingenieurschulen, Technika, Wirtschaftsgymnasien, pädagogische Musik-, Kunst- oder Fremdsprachenhochschulen, Dolmetscherschulen, Landwirtschaftsschulen, hauswirtschaftliche Gymnasien u.ä.),
- Fernkurs-, Abendkurs- und Nichtschülerreifezeugnisse,
- Reifezeugnisse von berufsbildenden und berufsbegleitenden Mittelschulen und Gymnasien,
- Aufnahmeprüfungszeugnisse an ausländischen Hochschulen."

Seit einigen Jahren besteht an einigen Universitäten sogar die Möglichkeit, auch ohne solche Qualifikationen das Fach Erziehungswissenschaft zu studierenden. Diese sind: Universität Fribourg (Pädagogik und Heilpädagogik, deutsch- und französischsprachig), Universität Genf (Pädagogik), Universität Neuchâtel (Pädagogik). Die besonderen Aufnahmeverfahren variieren von Universität zu Universität. In der Regel wird ein bestimmtes Mindestalter verlangt (25-30 Jahre), mehrere Jahre Berufserfahrung und das Bestehen einer spezifischen Aufnahmeprüfung. Pro Studienjahr sind nur wenige Plätze zu vergeben.

Fast 105.000 Studierende waren im Wintersemester 2002/2003 an Schweizer universitären Hochschulen immatrikuliert. Das weist auf eine starke Zunahme der Anzahl Studierender in den letzten 10 Jahren hin. Ein wesentlicher Grund für die Steigerung in den Jahren 2002 und 2003 war der doppelte Maturitätsjahrgang (Verkürzung des Gymnasiums von 13 auf 12 Jahre). Ein weiterer, genereller Anstieg der Studierendenzahlen - bis ins Jahr 2012 um 14 % - ist zu erwarten, den das Bundesamt für Statistik (vgl. Pressemitteilung vom 27.05.2003, No. 0350-0304-80) im Besonderen auf drei Gründe zurück führt: demografische Effekte, Steigerung der Anzahl von Frauen mit einer Zulassung für die Universität und die Zunahme ausländischer Studierender. Die künftige Zunahme wird lt. Bundesamt für Statistik vor allem die Geistes- und Sozialwissenschaften betreffen, sowie die Universitäten in der französischen und italienischen Schweiz.

Im Rahmen der allgemeinen Zunahme der Studierenden an Schweizer Universitäten (so z. B. sprach die Universität Zürich im Wintersemester 2001/2002 von einem neuen Höchststand) scheint auch das Fach Erziehungswissenschaften bzw. Pädagogik an Beliebtheit zuzunehmen. Dies lässt sich zumindest aus der Entwicklung der Studierendenzahlen in den letzten 10 Jahren schliessen, obschon ein Knick in den Jahren 1997/1998 und 1998/1999 zu verzeichnen ist (Cusin et al. 2001). Während im Wintersemester 1992/1993 insgesamt 2264 Personen Erziehungswissenschaften im Hauptstudium belegten – inklusive Diplomanden (wie in der Heilpädagogik), Doktorierende und Studierende im Nachdiplom (Poglia et al. 1993, S. 43), waren dies im Wintersemester 2002/2003 nach Angaben des Bundesamts für Statistik insgesamt 2909 Personen. Die Angaben von 1992/1993 sprechen zudem von 1300-1400 Studierenden des Nebenfachs Erziehungswissenschaft (Bern ca. 180, Fribourg ca. 700, Zürich ca. 500). Diese Zahl hat sich bis heute fast verdoppelt.

Nachfolgend sind die Studierendenzahlen aus dem Wintersemester 2002/2003 aufgelistet (Quelle: Bundesamt für Statistik, www.statistik.admin.ch; persönliche Auskünfte). Dabei muss auf vier Probleme bei der nachfolgenden Darstellung hingewiesen werden: (1) Die Tabelle enthält keine Angaben zu den Nachdiplomstudien, da nach Auskünften des Bundesamts für Statistik die Immatrikulationsvorschriften bei Nachdiplomstudien je nach Universität stark variieren. (2) Die Zahlen für die Nebenfachstudierenden sind teilweise Schätzwerte, da keine offiziellen Statistiken vorliegen. Auch wenn eine Statistik vorlag, musste die Anzahl Frauen häufig geschätzt werden, da die Statistiken für NF-Studierende häufig nicht geschlechtsspezifisch getrennt sind. (3) Ein weiteres Problem besteht bei der Bestimmung der Anzahl von Studierenden mit Studienziel Gymnasiallehrpatent. Die Ausbildung zum Gymnasiallehrer hängt mit dem Erwerb eines Fachlizentiats zusammen. Das Bundesamt für Statistik erfasst nur solche Studierende, die das Fachstudium bereits abgeschlossen haben. Je nach Universität können diese beiden Ausbildungen allerdings parallel erfolgen (zumindest nach bestandenem Grundstudium im Fach). (4) Die Angaben zu Studierenden im Lehramt beruhen teilweise auf persönlichen Auskünften.

Tab. 10.3: Studierende im Wintersemester 2002/2003

Standorte und Studiengänge	Gesamt (Frauen in %)	Hauptfach	Nebenfach	Doktorat	Lehramt
Basel Pädagogik	153 (69 %)	-	74 (81 %)	-	79[1] (59 %)
Basel Heilpädagogik	90 (88 %)	90[2] (88 %)	-	-	-
Bern	1034 (73 %)	107[3] (69 %)	211 (68 %)	18 (55 %)	698 (75 %)[4]
Freiburg Pädagogik dt.	1098 (67 %)	271 (79 %)	363 (79 %)	25 (52 %)	430 (51 %)
Fribourg Pädagogik frz.	690 (54 %)	109 (46 %)	327 (75 %)	6 (50 %)	248 (53 %)
Freiburg Heilpäd. dt. und frz.	847 (87 %)	717 (89 %)	114 (84 %)	16 (62 %)	-
Genève Pädagogik	1304 (-)	985 (78 %)	-	59 (64 %)	260 (-)
Neuchâtel	87 (83 %)	24 (87 %)	60 (83 %)	3 (66 %)	-
Neuchâtel Heilpäd.	63 (96 %)	63 (96 %)	-	-	-
St. Gallen Wirtschaftspäd.[5]	80 (43 %)	70 (42 %)	-	10 (50 %)	[6]
Päd. Hochschule St. Gallen	136 (75 %)	-	-	-	136 (75 %)
Zürich (ETH)	642 (48 %)	-	-	-	642 (48 %)
Zürich (Uni) Päd.	959 (76 %)	399 (74%)	385 (80 %)	64 (65 %)	111 (73 %)
Zürich (Uni) Sonderpädagogik	273 (81 %)	134 (ca. 80 %)	143 (ca. 80 %)	14 ca. 80 %)	-

1 Die Ausbildung von Lehrpersonen erfolgt nicht an der Abteilung Pädagogik, sondern am Pädagogischen Institut Basel-Stadt, das 1926 gegründet wurde und dem Ressort Hochschulen des Erziehungsdepartements des Kantons Basel-Stadt untersteht. Es wird voraussichtlich im Herbst 2004 in die „Hochschule für Pädagogik und Soziale Arbeit beider Basel (HPSABB)" integriert (www.pi-bs-ch/institut.htm).
2 Die Zahlen beruhen auf mündlichen Angaben des Institutsleiters.
3 Diese Angabe weicht ab von der Zahl der Studierenden, die von den Immatrikulationsdiensten der Universität Bern auf dem Internet publiziert wurden: 125 (67 %).
4 Diese Zahl entspricht allerdings nicht den Angaben der Universität Bern. Werden Studierende des Höheren Lehramts, Studierende des Sekundarlehramts, neue Lehrerbildung (der Universität angegliedert), vgl. dazu auch Abschnitt 7, zusammengezählt, berichtet die Universität Bern von 1171 Studierenden der Lehrerbildung.
5 Da das Bundesamt für Statistik keine Zahlen führt, stammen die Informationen aus persönlichen Auskünften des Institutsleiters.
6 Da sich die Studierenden im Laufe des BA/MA-Studiums für die Ausbildung zum Handelslehrer entscheiden, können hier keine konkreten Angaben gemacht werden.

Quelle: Bundesamt für Statistik und Auskünfte der jeweiligen Institute

Referenzzahlen zu den in der Tabelle oben dargestellten Zahlen der Pädagogik- Studenten finden sich in Poglia et al. (1993): Im Wintersemester 1992/1993 studierten in Genf 36 % Pädagogik, in Fribourg 26 %, in Zürich 23 %, in Bern 8 %, in Neuenburg 7 %. Bis zum Wintersemester 2002/2003 hatte sich diese Verteilung zu Gunsten – oder auch zu Lasten – der Universität Genf verschoben, während an anderen Universitäten eine Stagnation oder gar ein Rückgang zu verzeichnen ist: 55 % der Studierenden im Hauptfach Pädagogik werden in Genf ausgebildet, nur noch 15 % in Fribourg, relativ konstant 22 % in Zürich und 6 % in Bern, nur noch 1 % in Neuenburg. Für die Heilpädagogik ergibt sich ein völlig anderes Bild: Im Wintersemester 2002/2003 waren 72 % der Studierenden der Heilpädagogik in Fribourg immatrikuliert, 11 % in Zürich, 9 % in Basel, 6 % in Neuenburg und 3 % in Genf.

Interessant ist die Frage nach der Feminisierung der Erziehungswissenschaft. Im Jahr 1993 konnten Poglio et al. noch feststellen, dass der Anteil Frauen je nach Studienort unterschiedlich sein kann. Während an den Universitäten Fribourg, Genf, Neuenburg und Zürich im Wintersemester 1992/1993 gut zwei Drittel der Studierenden weiblich waren (in Fribourg und Genf sogar 75 %), waren die Männer an der Universität Bern knapp in der Überzahl. Ein Wechsel zeichnete sich aber schon damals in Bern ab, da 60 % der Studienanfänger Frauen waren (in Zürich sogar 80 %) und heute sind die Studenten im Fach Erziehungswissenschaften an allen Universitäten zahlenmässig weit überlegen (zwischen 70-80 %, in der Heilpädagogik sogar noch mehr). Dieser Anstieg ist allerdings auch vor dem Hintergrund zu interpretieren, dass ca. im Jahr 2007 die Frauen die Mehrheit unter allen Studierenden übernehmen könnten (Bundesamt für Statistik, Pressemitteilung vom 27.05.2003, No. 0350-0304-80).

Wichtig zu erwähnen sind die bestehenden Mobilitätsangebote für Studierende. Neben der Nutzung der Ressourcen von BeNeFri bieten die meisten Universitäten Austauschprogramme im Inland und mit dem Ausland an. Gefördert wird die Mobilität durch die sog. Erasmus-Programme. Auffallend ist dabei, dass mehr Studierende an Schweizer Universitäten die Mobilitätsmöglichkeiten nutzen als Studierende ausländischer Universitäten. Auf eine einfache Formel gebracht: OUT>IN stellt für manche Universitäten ein Problem dar, das es in Zukunft zu lösen gilt.

10.3 Absolventinnen und Absolventen

Die nachfolgenden Zahlen beziehen sich auf die Studierenden, die im Jahr 2002 an den Schweizer Universitäten einen Abschluss im Hauptstudium bzw. ein Doktorat an den jeweiligen Instituten für Erziehungswissenschaft bzw. Pädagogik erhalten haben.

Tab. 10.4: Absolventinnen und Absolventen 2002

Standorte und Studienabschlüsse 2002	Lizentiat/Diplom (Frauen %)	Doktorat (Frauen %)	Habilitationen (Frauen %)
Basel Pädagogik	-	-	-
Basel Heilpädagogik	24[1] (95 %)	-	-
Bern	7 (57 %)	2 (100 %)	-
Freiburg Pädagogik deutsch	21 (71 %)	3 (33 %)	-
Fribourg Pädagogik franz.	11 (63 %)	2 (50 %)	-
Freiburg Heilpäd. Deutsch	172[2] (92 %)	-	-
Fribourg Heilpäd. franz.	-	-	-
Genf Pädagogik	167 (80 %)	6 (66 %)	-
Genf Heilpädagogik	21 (95 %)	-	-
Neuchâtel Pädagogik	5 (100 %)	-	-
Neuchâtel Heilpädagogik	6 (100 %)	-	-
St. Gallen Wirtschaftspäd.	7 (42 %)	3 (33 %)	-
Zürich (Uni) Pädagogik	24 (83 %)	10 (60 %)	1 (0 %)
Zürich (Uni) Sonderpäd.	10 (ca. 80 %)	2 (0 %)	-

1 Diese Zahl bezieht sich nur auf Abschlüsse in Schulischer Heilpädagogik. Aufgrund des Studienrhythmus (zweijährig bzw. dreijährig) erfolgten keine Diplomprüfungen in Logopädie, Heilpädagogischer Früherziehung und in der Psychomotorik-Therapie. Im Jahr 2002 waren aber ca. 45 Personen in Ausbildung, die im Jahr 2003/2004 ihren Abschluss erwerben.

2 Davon 166 Diplome (93 % Frauen), d. h. Abschlussexamen ohne akademischen Grad, aber entsprechend dem ersten Teil eines Lizentiats (Halblizentiat). Ab dem Studienjahr 2003/2004 handelt es sich – gemäss der neuen Reglemente der Philosophisch-historischen Fakultät der Universität Fribourg - bei diesem Diplom um ein Universitätsdiplom mit dem Niveau eines europäischen Bachelors.

Quelle: Bundesamt für Statistik und persönliche Auskünfte

Um die Anzahl der Studienabschlüsse angemessen interpretieren zu können, wäre eine kontinuierliche Analyse der Entwicklungen im Fach an den einzelnen Instituten nötig. Da dies hier nicht geleistet werden kann, sollen die nachfolgenden Fragen zu weiteren Analysen anregen:

- Wie hoch ist die Drop-Out-Quote im Fach Erziehungswissenschaft und wie kann sie möglichst tief gehalten bzw. verringert werden?
- Wie kann der Abschluss einer Ausbildung gut gestaltet werden?
- Wie kann der akademische Nachwuchs besser gefördert werden?
- Unterscheiden sich die einzelnen Institute in Bezug auf diese Fragen?

Wie sieht die Situation nach dem erfolgreich abgeschlossenen Studium aus? Eine Befragung der Neuabsolventen wird alle zwei Jahre vom Bundesamt für Statistik (BFS) in Zusammenarbeit mit dem Bundesamt für Berufsbildung und Technologie (BBT), dem Bundesamt für Bildung und Wissenschaft (BBW), der Schweizerischen Erziehungsdirektorenkonferenz (EDK) und der Arbeitsgemeinschaft für Akademische Berufs- und Studienberatung (AGAB) sowie weiteren Stellen des Bundes und der Kantone durchgeführt. Die aktuellsten Daten liegen für das Jahr 2001 vor. Um einen Einblick in die Entwicklung der letzten 10 Jahre zu geben, orientiert sich die nächste Tabelle an der Systematik der Arbeitsgemeinschaft für Akademische Berufs- und Studienberatung (AGAB) aus dem Jahr 2001.

Tab. 10.5: Berufstätigkeit nach dem Studium im Jahr 2001

Tätigkeiten	1991	1993	1995	1997	1999	2001
Hochschule	16 %	0 %	23 %	10 %	38 %	25 %
Maturitätsschulen	2 %	3 %	4 %	8 %	4 %	3 %
Andere Schulen	38 %	53 %	39 %	48 %	29 %	37 %
Heime	12 %	12 %	4 %	6 %	7 %	11 %
Sozialarbeit	8 %	14 %	7 %	1 %	2 %	2 %
Psychologische Beratung	10 %	0 %	5 %	8 %	1 %	3 %
Gesundheitswesen	0 %	3 %	0 %	2 %	2 %	4 %
Kultur und Information	2 %	0 %	2 %	0 %	2 %	1 %
Öffentliche Verwaltung	8 %	3 %	2 %	0 %	2 %	5 %
Internat., kulturelle oder gemeinnützige Organisat.	4 %	3 %	2 %	3 %	5 %	2 %
Private Dienstleistungen	2 %	3 %	7 %	6 %	4 %	4 %
Anderes	0 %	6 %	5 %	7 %	3 %	3 %

Quelle: Arbeitsgemeinschaft für Akademische Berufs- und Studienberatung (AGAB).

Trotz Berücksichtung von Schwankungen kann festgehalten werden, dass Hochschulen einen Arbeitsmarkt für Absolventen der Pädagogik anbieten. Erziehungswissenschaftler arbeiten aber häufig an Schulen, im Konkreten vor allem an Primarschulen – d. h. an einem Arbeitsplatz, an dem sie ihre akademische Ausbildung nur bedingt zum Einsatz bringen können und an dem viele bereits vor oder während ihrem Studium tätig waren. Ein Teil der Absolventen kann seine erworbenen Fähigkeiten im Bereich der sozialen Dienste zum Einsatz bringen. Dies führt die Arbeitsgemeinschaft für akademische Berufs- und Studienberatung im Jahr 2003 zu der folgende Feststellung: „Für viele Absolventen der Pädagogik stellt sich die Frage nach der Arbeitsmarktsituation nicht in gleicher Weise wie für andere Absolventen, da sie bereits eine Berufsausbildung – oft ein Lehramtsstudium – besitzen, ist für sie das Studium mehr Weiterbildung und keine Basisausbildung. Weil die überwiegende Mehrheit der Pädagogen eine Studienerwerbstätigkeit ausüben, die einen Zusammenhang zum Studium aufweist und viele diese

Tätigkeit über den Studienabschluss hinaus fortsetzen, gibt es unter den Pädagogen verglichen mit den Absolventen der übrigen sozialwissenschaftlichen Fachbereiche weniger erwerbslose Stellensuchende.

Diejenigen Pädagogen, die als Erziehungswissenschaftler im engeren Sinn arbeiten möchten, brauchen allerdings einiges an Zielstrebigkeit, Beharrlichkeit und Glück um sich eine der eher dünn gesäten Stellen ergattern zu können. Auch diejenigen, die eine Tätigkeit im beraterischen Sektor (Erziehungsberatung, psychologische Beratung) anstreben, müssen sich auf Schwierigkeiten bei der Suche nach einer Stelle gefasst machen. Sie geraten in diesem Sektor vor allem in Konkurrenz zu den Psychologen."

10.4 Akademisches Personal und wissenschaftlicher Nachwuchs

Im Wesentlichen gibt es an universitären Instituten der Erziehungswissenschaft bzw. Pädagogik folgende Kategorien des akademischen Personals und des wissenschaftlichen Nachwuchses:

- Ordentliche Professuren, Außerordentliche Professuren, Assoziierte Professuren (vergleichbar mit C3-Professuren in Deutschland), nebenamtliche Professuren, Assistenzprofessuren, Förderprofessuren (finanziert vom Schweizerischen Nationalfonds), Honorarprofessuren und Titularprofessuren
- Privatdozenturen
- Akademische Lehr- und Forschungsräte
- Dozenten
- Lektorate
- Lehraufträge
- Oberassistenzen (nach Promotion) und verschiedene Diplom- bzw. Doktorassistenzen (nach Lizentiat, mit unterschiedlichem Pflichtenheft), die entweder im Rahmen des Personalbudgets der Universität oder durch Drittmittelgelder (externe Gelder, z. B. durch den Schweizerischen Nationalfonds) angestellt sind
- wissenschaftliche Mitarbeiterarbeiter (intern oder extern finanziert)

In den Angaben des Bundesamtes für Statistik (www.statistik.admin.ch) werden drei Kategorien unterschieden: (1) Professoren (je nach Universität werden unter dieser Kategorien neben Ordentlichen und Außerordentlichen Professuren auch Assoziierte Professuren und Assistenzprofessuren subsumiert), (2) übrige Dozierende (teilweise inklusive Assistenzprofessuren,

Titularprofessuren, Honorarprofessuren, Privatdozenturen, Gastdozenturen, Lehrbeauftragte), (3) Assistierende und wissenschaftliche Mitarbeitende. Dabei wird in der zweisprachigen Universität Fribourg nicht zwischen den deutsch- und französischsprachigen Ausbildungen differenziert. Für das Jahr 2002 (Stand 31.12.2002) liegen folgende Zahlen (Volläquivalente für alle Finanzquellen) vor:

Tab. 10.6: Akademisches Personal 2002

Standorte	Professoren (Frauen %)	Dozenten (Frauen %)	Assistierende und wiss. Mitarbeitende[1] (Frauen %)	Gesamt (Frauen %)
Basel Pädagogik	1 (0 %)	1 (0 %)	1 (100 %)	3 (33 %)
Basel Heilpädagogik	-	3 (0 %)	4 (50 %)	7 (28 %)
Bern	4 (0 %)	28 (14 %)	44 (54 %)	76 (36 %)
Freiburg Pädagogik dt. und frz.	4 (0 %)	71 (29 %)	48 (43 %)	123 (34 %)
Freiburg Heilpäd. dt. und frz.	3 bzw. 4[2] (0 %)	25 (40 %)	26 (34 %)	55 (34 %)
Genf Pädagogik	18 (38 %)	73 (57 %)	70 (72 %)	161 (62 %)
Genf Heilpädagogik	-	-	-	-
Neuchâtel Pädagogik	1 (0 %)	2 (50 %)	2 (100 %)	5 (60 %)
Neuchâtel Heilpädagogik	3 (33 %)	11 (36 %)	9 (77 %)	23 (52 %)
St. Gallen Wirtschaftspädagogik[3]	2 (0 %)	4 (0 %)	12 (50 %)	18 (33 %)
Zürich (Uni) Pädagogik	7 bzw. 4[4] (14 %)	61 (27 %)	72 (65 %)	140 (46 %)
Zürich (Uni) Sonderpäd.	3 (33 %)	16 (38 %)	13 (62 %)	32 (47 %)
Gesamt	46 (23 %)	288 (36 %)	291 (59 %)	625 (46 %)

1 sog. Vollzeitäquivalente, d. h. Teilzeitmitarbeitende zusammen gefasst
2 Beim Bundesamt für Statistik sind 4 Professoren gemeldet, das Institut dokumentierte 3 Professoren.
3 Die dargestellten Angaben waren nicht beim Bundesamt für Statistik erhältlich. Sie beruhen auf persönlichen Auskünften des Leiters des Instituts für Wirtschaftspädagogik.
4 Beim Bundesamt für Statistik sind 6 Professoren und eine Professorin gemeldet, das Institut dokumentierte 4 Professoren.

Quelle: Bundesamt für Statistik, bereinigt um persönliche Rückmeldungen

Die Zahlen bestätigen ein vertrautes Bild: Je höher die akademische Qualifikation, desto weniger Frauen besetzen die Stellen. Dies ist sogar in den Instituten mit fast ausschließlich weiblichen Studierenden der Fall.

10.5 Forschungsschwerpunkte bzw. Forschungsprojekte

Forschung im Bereich der Erziehungswissenschaft und der Bildung wird in der Schweiz bei weitem nicht nur an den Universitäten durchgeführt. Dies wurde an anderer Stelle schon mehrmals dargestellt (vgl. z. B. Coreched 1994; Gretler 1994; Party/Gretler 1992; Poglia et al. 1993). Hofstetter & Schneuwly (1999, S. 19) formulierten sehr treffend: „On the institutional level, the studies show that sciences of education have undergone a very important development. Their integration into university has progressed since new research domains appeared and the possibility to study sciences of education as an own subject expanded. ... Nonetheless, the development of educational research has taken place mainly outside universities, near the administrative and political authorities on the canton level. ... Thus, the studies in education develop very differently in function of the domains, the ones responding to the social needs of governing systems, practices and politics being clearly dominant. And they are split up in the different cantons of Switzerland." Hofstetter & Schneuwly (1999, S. 19) weisen auch klar darauf hin, welche Schwierigkeiten in dieser Heterogenität verborgen liegen: "The research projects in the sciences of education are not only isolated from each other, but also very limited in scope and persons involved and last generally for quite short time periods (no more than three years). Few institutions have a critical mass to do real high level research."

Die nachfolgende Tabelle zeigt eine Auflistung der Forschungsschwerpunkte und der aktuellen Forschungsprojekte an den einzelnen Instituten. Unbestritten weisen die Institute ein breites Forschungsspektrum auf. Gegenwärtig ist die Schweiz sehr darum bemüht, unter der Koordination des Schweizerischen Nationalfonds sog. Forschungsschwerpunkte aufzubauen. Dies soll auch für die Sozial- und Geisteswissenschaften in den nächsten Jahren erfolgen. Es bleibt abzuwarten, welche Schwerpunkte künftig genehmigt und gefördert werden.

Tab. 10.7: Forschung

Basel Pädagogik
Forschungsschwerpunkte: - Frage nach den philosophischen und historischen Grundlagen der Pädagogik - Jugend und Gewalt und der Zusammenhang mit sozialökologischen Strukturen - Deutsch-Lernen im Kontext neuer Medien *Aktuelle Forschungsprojekte:* - „Grundlegung einer pädagogischen Ethik" - „Metaphern in der Wissenschaft" - „Jugendgewalt in Zusammenhang mit soziökologischen, familiären und schulischen Strukturen" - „Wechselwirkungen zwischen der inneren und äusseren schulischen Struktur sowie der Struktur und Funktion der Familie auf die Entwicklung von Lese- und Schreibkompetenzen von Jugendlichen"
Basel Heilpädagogik
Aktuelle Forschungsprojekte, -themen: - Nutzung der Ressourcen in Beratung und Therapie im logopädischen Bereich - Psychoanalytische Therapie und heilpädagogische Praxis - Humor in heilpädagogischen Kontexten
Bern Allgemeine Pädagogik
Forschungsschwerpunkte: - Schweizerische Bildungsgeschichte, 19./20. Jahrhundert - Pädagogische Diskurse und Kontexte vom 17. Bis ins 20. Jahrhundert *Aktuelle Forschungsprojekte:* - „Die Ausformung pädagogischer Konzepte im Kontext von Theologie und empirischer Wissenschaft (16.-18. Jahrhundert)." - „Die Entwicklung von Liberalismus, Demokratie und Bildungssystem (Schwerpunkt schweizerische Bildungsgeschichte)." - „Bildungssysteme in ihrem Kontext von Ökonomie und Politik."
Bern Pädagogische Psychologie
Forschungsschwerpunkte: - *Pädagogische Psychologie* - Familiäre Erziehung - Koedukation, Unterrichtstheorie - Wissenschaftstheorie der Pädagogik - Multikulturalismus - Gewalt - Lehrerbildung *Aktuelle Forschungsprojekte:* - „Berufswahlprozess von Jugendlichen" - „Bildung für eine nachhaltige Entwicklung" - „Lernen im reflexiven Praktikum" - „Karriereverläufe und biographische Bewältigungsprozesse von Absolventen der seminaristischen Lehrerbildung des Kantons Bern"

Fortsetzung Tab. 10.7: Forschung

Bern Fachdidaktik
Forschungsschwerpunkte: - Sprachdidaktik - Mehrsprachigkeit im Unterricht - Bilingualer Unterricht - E-Learning *Aktuelle Forschungsprojekte:* - „Wissenserwerb im bilingualen Unterricht"
Freiburg Pädagogik deutsch
Forschungsschwerpunkte: - Pädagogische Psychologie - Allgemeine Pädagogik - Entwicklung und Lernen *Aktuelle Forschungsprojekte:* - „Zur Entwicklung der politischen Kognition" - „Zeitbombe „Dummer Schüler"" - „Partizipationserfahrungen und individuelle Kompetenzen" - „Entwicklung von Komplementarität" - „Religiöses Urteil – Atheismus" - „Entwicklung von Argumentationsstrukturen" - „Erweiterte Lernformen" - „Didaktischer Umgang mit Umweltrisiken" - „Weisheit als Prozess" - „IEA-Vergleichsstudie zur politischen Bildung / staatsbürgerlichen Erziehung"
Fribourg Pädagogik franz.
Forschungsschwerpunkte: - Motivation - Enseignement bilingue - Technologies de l'information et de la communication (TIC) *Aktuelle Forschungsprojekte:* - „Evolution comparée de la motivation pour le travail scolaire et le travail en entreprise chez les apprentis" - „Evaluation de l'enseignement bilingue à Samedan (GR)" - „Dynamique de l'évolution des institutions de formation supérieures engendrée par l'introduction des NTIC."
Freiburg Heilpädagogik. Deutsch und französisch
Forschungsschwerpunkte: - Schulische Integration, Separation und Selektion - Menschen mit einer Geistigen Behinderung - Didaktik, Diagnostik und Förderung in der schulischen Heilpädagogik - Erzieher in Einrichtungen für Geistigbehinderte und schwer Verhaltensauffällige - Training kognitiver Strategien und Training induktiven Denkens - Diagnostik, Prävention und Intervention bei Sprachentwicklungsstörungen - Ausbildung und Beruf

Aktuelle Forschungsprojekte:
- „Forschungsprojekt über die Integration behinderter Kinder"
- „Training kognitiver Strategien – ein computergestütztes Förderprogramm"
- „Training induktiven Denkens – ein computergestütztes Förderprogramm mit gesprochenen und geschriebenen Antworten sowie Antworten in Gebärdensprache"
- „Entraînement de stratégies cognitives – un programme de stimulation cognitive assisté par ordinateur"
- „Entraînement du raisonnement inductif – un programme de stimulation cognitive assisté par ordinateur avec des réponses orales, écrites et en langue des signes"
- „Kulturelle und leistungsbezogene Heterogenität in Schulklassen – Empirische Studien über günstige und ungünstige Konstellationen"
- „Mathematische Lehr und Lernstörungen – Theoretische Klärungen und empirische Studien an betroffenen Schülerinnen und Schülern"
- „Die Bedeutung formaler und inhaltlicher Bildungsqualifikationen für die Lehrstellensuche von Jugendlichen aus ethnischen Minoritäten – unter besonderer Berücksichtigung geschlechtsspezifischer Ausprägungen"
- „Lehrlingsselektion in kleinen und mittleren Betrieben – Integration und Ausschluss beim Übergang von der Schule in die Berufslehre."
- „Klassenwiederholung – Analyse einer Massnahme zur Begegnung von Schulversagen"

Genf

Forschungsschwerpunkte, Forschungsgruppen:
- Analyse du travail et formation professionnelle
- Apprentissage de la lecture et de l'écriture
- Apprentissage et évaluation en situation scolaire
- Approches compréhensives des représentations de l'action
- Approches interculturelles de l'éducation: anthropologie de l'éducation et psychologie interculturelle
- Approches interculturelles en éducation: identités, appartenances, plurilinguisme et pluriculturalité
- Clinique et éthique de la personne au travail
- Didactique comparée
- Didactique des langues: analyse du français enseigné
- Didactique des mathématiques
- Didactique et épistémologie des sciences
- Didactique et épistémologie des sciences sociales
- Education cognitive
- Education permanente
- Histoire sociale et culturelle de l'éducation et des sciences de l'éducation
- Innovation, formation, éducation
- Intervention précoce et intégration en éducation spéciale
- Langage, action et formation
- Microanalyse de l'enseignement/apprentisage en contexte
- Politique, économie, gestion et éducation comparée

Aktuelle Forschungsprojekte:
- „Apprentissage et évaluation en situation"
- „Approches interculturelles de l'éducation"
- „Didactique des mathématiques"
- „Didactique et Epistémologie des Sciences"
- „Histoire des sciences de l'éducation"
- „Innovation-Formation-Education"
- „Langage Action Formation"
- „Unité Politique, économie et gestion de l'éducation"

Fortsetzung Tab. 10.7: Forschung

Genf Heilpädagogik
-

Neuchâtel
Aktuelle Forschungsprojekte:
- „Les représentations du cannabis chez les adolescents"
- „L' évolution du regard porté par les familles et les enfants sur l'école enfantine et les premiers années d'école primaire"

Neuchâtel Heilpädagogik
Forschungsschwerpunkte:
- L'acquisition et la pathologie du langage chez l'enfant
- La production discursive (orale et écrite) et les interactions verbales

Aktuelle Forschungsprojekte:
- „Pragmatique et apprentissage de la langue maternelle à l'école élémentaire – Evaluation et remédiation des capacités orales chez l'enfant normal et dysphasique"
- „Les retards de langage : procédures de production du discours chez les jeunes enfants et applications en logopédie"
- „La production écrite, sous l'angle de l'orthographe et de la production discursive"

St. Gallen Wirtschaftspäd.
Forschungsschwerpunkte:
- Entwicklung von Sozialkompetenzen (im Kontext fachlicher Problemstellungen)
- Entwicklung von Lernstrategien / Lernmethodenkompetenzen (im Kontext selbstgesteuerter Lernprozesse)
- Anwendungspotentiale des E-Learning
- Gestaltung von Prüfungsverfahren
- Schulentwicklung / Schulmanagement
- Entwicklung von Formen der Lernortkooperation und Bildungsnetzwerken
- Lehr-Lernforschung in der Berufsbildung

Aktuelle Forschungsprojekte:
- „Evaluation der Berufsmaturitätsprüfungen"
- „Lehrabschlussprüfungen"
- „Aufbau und Nutzung von Bildungsnetzwerken zur Entwicklung und Erprobung von Ausbildungsmodulen in IT- und Medienberufen (ANUBA)"
- „Kooperation der Lernorte in der beruflichen Bildung (KOLIBRI)"
- „UBS e-learning Nachwuchs Baukredit, Hypotheken"
- „Komplexe Unterrichtsbausteine für den interdisziplinären Unterricht"

Zürich (Uni) Pädagogik
Allgemeine Pädagogik
Forschungsschwerpunkte:
- Historische Bildungsforschung, vor allem des 18. Und 19. Jahrhunderts, Reformpädagogik im internationalen Vergleich, Analytische Erziehungsphilosophie, Inhaltsanalysen öffentlicher Bildung, Bildungspolitik

Aktuelle Forschungsprojekte:
- „Geschichte der Lehrerbildung in der Schweiz"
- „Kulturkampf und die Laisierung der Volksschule in der Schweiz"
- „Geschichte der Lehrerbildung im Kanton Bern"
- „Edition der Briefe an Pestalozzi"
- „ „e-quality" : Evaluation und Beratung von webbased learning an Schweizer Universitäten"
- „Die Geschichte der deutschen Bildungstheorie seit dem Neuhumanismus"

- „Die Bearbeitung der Zürcher Schulgeschichte, insb. Geschichte der Lehrmittel und Geschichte der „scola Tigurna"

Pädagogische Psychologie I
Forschungsschwerpunkte:
- Konzentration auf den Zusammenhang zwischen Humanentwicklung und Bildungssystemen.

Aktuelle Forschungsprojekte:
- „Entwicklung im Jugendalter"
- „Schweizer Vergleichsstudie"
- „Cross-Curricular Competences, CCC"

Pädagogische Psychologie II
Forschungsschwerpunkte:
- Videounterrichtsstudien
- allgemeine Lehr- und Lernforschung
- Lernen mit neuen Informations- und Kommunikationstechnologien (ICT)
- Lehrerbildungsforschung.

Aktuelle Forschungsprojekte:
- „Mathematiklernen in unterschiedlichen Unterrichtskulturen"
- „Schweizerisch-deutsche Videostudie, schweizerischer und deutscher Mathematikunterricht"
- „Geschichte und Politik im Unterricht »"
- „Studieren mit neuen Medien"
- „Fachspezifisch-pädagogisches Coaching"
- „Evaluation Schulprojekt 21 : Modul Unterricht und Computer"

Sozialpädagogik
Forschungsschwerpunkte:
- Deviate Ausdrucksformen des Kinder-, Jugend- und Erwachsenenlebens
- Jugendkulturforschung
- Kindheit in der Politik
- Jugendhilfeforschung/Heimerziehung : historisch und aktuell
- Professionalisierung : historisch und aktuell
- Erwerbslosigkeit
- Gender-Fragen
- Psychoanalytische Sozialpädagogik

Aktuelle Forschungsprojekte:
- „Children and Youth Survey on Participation in Switzerland (CHIPS)"
- „Riots on 1st May 2002 – Social Conflict and Youth Culture in Zurich"
- „Street Children » and Homeless Juveniles in Switzerland ? Pilot Study in the City of Zurich"
- „Social Pedagogy and Looked-after Children in Five European Countries (Second Stage/ German Part) "
- „Transitions to Adulthood of Young People in Public Care (Swiss Part) "
- „Codes of Ethics and the Discourse on « Brotherly Love » in 19th Century Switzerland"

Zürich (Uni) Sonderpäd.
Forschungsschwerpunkte (nach Studienbereichen):
- Das Subjekt und seine Entwicklung
- Gesellschaftstheorie und Behinderung
- Systematik und Geschichte der Sonderpädagogik

Fortsetzung Tab. 10.7: Forschung

Aktuelle Forschungsprojekte:
- „Didaktik des integrativen Unterrichts"
- „Beratungsinterventionen in Bewältigungsprozessen der Eltern mit einem Kind mit Behinderung"
- „Coaching in der Berufsbildung" – Entwicklung eines theoretischen Coachingmodells auf der Basis explorativer Evaluationsergebnisse
- „Konzeptforschung in der Sonderpädagogik"
- „Sonderpädagogik und Wohnheime"
- „Vergleichende Sonderpädagogik. Die Integration behinderter Kinder, Jugendlicher und Erwachsener in das schwedische Bildungswesen – Vergleich mit Deutschland"
- „Die gesellschaftlich-historische Rekonstruktion theoretischer Ansätze in der Sonderpädagogik"
- „Psychodrama als Erkenntnismethode"
- „Die Qualität kollegialer Beziehungen und ihre Bedeutung für sonderpädagogisches Handeln in Institutionen"
- „Systematik und Grundlagenprobleme der Sonderpädagogik als Wissenschaft"
- „Lebensqualität als Schlüsselbegriff sonderpädagogischer Theoriekonstruktion"
- „Geschichte der Sonderpädagogik als Profession und Disziplin"
- „Analyse und Einbettung der Schulischen Heilpädagogik im Kanton Thurgau"
- „Hochbegabung als sonderpädagogisches Problem"
- „Erziehung und Bildung hochbegabter Kinder und Jugendlicher"
1 Da die beiden Institute zu einem Departement zusammen gefasst sind und z. B. im Jahresbericht keine Trennung in die beiden Institute stattfindet, wird an dieser Stelle auch auf eine gesonderte Darstellung verzichtet.

Quellen: Internet, Jahresberichte, persönliche Auskünfte

10.6 Reform der Lehrerbildung

In der ganzen Schweiz findet gegenwärtig eine Reform der Lehrerbildung statt (vgl. dazu z. B. Stauffer 2000). Damit wird der starke Föderalismus in der Lehrerbildung reduziert und die Ausbildung von Lehrpersonen vereinheitlicht und akademisiert. Im Zuge dieser Erneuerungen wurden die langjährigen Ausbildungsstätten für Unterricht in der Vor- und der Primarschule, rund 150 meist sog. Seminare, geschlossen und die Ausbildung an Pädagogische Hochschulen übertragen. Derzeit bestehen 14 von 15 Pädagogischen Hochschulen, da im Herbst 2003 insgesamt 7 Pädagogische Hochschulen ihren Betrieb eröffnet haben. Die Pädagogische Hochschule Bern folgt im Jahr 2005. An Pädagogischen Hochschulen werden vor allem Lehrkräfte für den Kindergarten und die Primarstufen, je nach Kanton auch Lehrpersonen für die Sekundarstufe I (7.-9. Klasse) ausgebildet. Die Ausbildung von Gymnasiallehrerkräften erfolgt bisher an der Universität.

Der Schweizerische Nationalfonds bezeichnete die gesamtschweizerische Reform der Lehrerbildung in einer Pressemeldung im letzten Jahr als eine historische Wende (Schweizerischer Nationalfonds, Pressemitteilung vom 24.09.2002). Dies liegt nicht nur daran, dass die Lehrerbildung professionalisiert wird, sondern auch an der Tatsache, dass kantonal erworbene Diplome nun innerhalb der ganzen Schweiz und auch im Ausland gültig sind. Teilweise neu ist auch das Konzept der Stufenlehrkraft (z. B. im Kanton Bern) und die Zusammenfassung der Ausbildung als Vorschul- und Primarlehrperson in insgesamt 11 Pädagogischen Hochschulen. Im Rahmen der Reformbestrebungen werden viele Ausbildungsgänge modularisiert, oftmals das European Credit Transfer System (ECTS) eingeführt und auf Möglichkeiten des Weiterstudiums geachtet.

10.7 Schlussbemerkungen

In der Schweiz erfuhr die Diskussion über die Erziehungswissenschaft einen neuen Aufschwung, als sich im Jahr 2000 die Schweizerische Gesellschaft für Bildungsforschung (SGBF) in ihrem Jahreskongress dem Thema „Erziehungswissenschaft: Geschichte, Stand, Perspektiven" widmete. Vor dem Hintergrund der in diesem Text dargestellten Fakten und Zahlen sollen abschließend folgende drei Fragen aufgeworfen werden: (1) Welchen Stellenwert nimmt die Erziehungswissenschaft als universitäre Ausbildung im Rahmen der Hochschulangebote ein bzw. wie „beliebt" ist das Studium bei den Studierenden? (2) Wie gut fördert die Disziplin ihren Nachwuchs? (3) Welche Aufgaben kommen im Rahmen der Reform der Lehrerbildung auf die universitäre Erziehungswissenschaft zu? Alle drei Fragen lassen sich weder einfach noch umfassend beantworten. Nachfolgend sollen aber einige kritische Gedanken zur ihrer Beantwortung formuliert werden:

- Wird das Studium der Erziehungswissenschaften im Hinblick auf seine „Beliebtheit" im Vergleich zur Psychologie beurteilt, so lässt sich feststellen, dass Psychologie nicht nur an zwei Standorten mehr angeboten wird (Basel und Lausanne), sondern dass das Hauptfachstudium der Psychologie bzw. das psychologische Arbeitsfeld attraktiver zu sein scheint: An allen Standorten, an denen sowohl Erziehungswissenschaft (inkl. Sonderpädagogik) als auch Psychologie als volles Hauptfachstudium gewählt werden kann, übertreffen die Zahlen der Psychologiestudierenden die Zahlen in der Erziehungswissenschaft etwa um ein zweifaches (Fribourg[4]), ein dreifaches (Zürich) bis siebeneinhalbfaches (Bern). Nur die Universität Genf bildet eine Ausnahme. Hier sind annähernd gleich viele Studierende in der Erziehungswissenschaft und in der Psychologie immatrikuliert.

- Während die Zahl der Doktoratsstudien noch auf den wissenschaftlichen Nachwuchs hoffen lässt, erlöschen diese Hoffnungen, wenn es um die letzte akademische Hürde geht: Im Studienjahr 2002/2003 kommen in der Schweiz auf ca. 300 Studienabschlüsse auf Lizentiatsniveau 28 Dissertationen, aber nur eine Habilitation. Dies erstaunt auch insofern als im Jahr 1999 knapp 40% und im Jahr 2001 immerhin 25% nach Abschluss des Studiums an der Hochschule arbeiteten. Dieses Zahlenverhältnis, das längsschnittlich noch zu überprüfen ist, erweckt den Eindruck als wäre die Universität zwar als Arbeitgeberin nach dem Studium beliebt. Eine Anstellung würde aber zu selten zur weiteren wissenschaftlichen Qualifizierung genutzt. Welche Chancen für die Nachwuchsförderung gehen hier verloren?
- Die Aufgaben der erziehungswissenschaftlichen Institute für die Ausbildung von Lehrern und für die Ausbildung der Dozenten der Lehrerbildung unterliegen zum aktuellen Zeitpunkt dem klassischen Prinzip schweizerischer Strukturierung: Es ist von Kanton zu Kanton verschieden. Weitgehend abhängig von der Kommunikation und Kooperationsbereitschaft zwischen Pädagogischen Hochschulen und Universitäten (bzw. zwischen kantonalen Erziehungsdirektionen und Hochschulleitungen) erhält die Erziehungswissenschaft eine verantwortungsvolle Rolle. Erwähnenswert und vielversprechend für die Nachqualifizierung und Weiterbildung des Personals an Pädagogischen Hochschulen sind sicher Vorstösse und Angebote, die von den universitären Instituten ausgehen wie z. B. der Nachdiplomlehrgang zum Dozenten oder zur Dozentin an Pädagogischen Hochschule an der Universität Fribourg und das Nachdiplomstudium Fachdidaktik an der Universität Bern.

---

4 Die hier verglichenen Zahlen in Freiburg/Fribourg beziehen in der Erziehungswissenschaft nur diejenigen Studierenden der Sonderpädagogik ein, die ein 2002 ein Lizentiat angestrebt haben. Würden die Diplomstudiengänge mitgezählt werden, würde sich das Verhältnis umkehren.

Literatur

Arbeitsgemeinschaft für akademische Berufs- und Studienberatung (2003): Die erste Stelle nach dem Studium, H. 1 Sozialwissenschaften, Recht und Wirtschaft. Aarau: AGAB Verlag.

Arbeitsgruppe Hochschuldidaktische Weiterbildung (1999): Evaluation der Lehre – ein Beitrag zur Qualitätssicherung. Besser Lehren H. 8: Weinheim: Dt. Studienverlag.

Arbeitskreis universitäre Erwachsenenbildung e.V. (AUE) (Hrsg.) (2002): Wissenschaftliche Weiterbildung an Hochschulen in Berlin und Brandenburg. Eine Bestandesaufnahme, Sonderheft 2002. Berlin.

Bade-Becker, U.: Qualität wissenschaftlicher Weiterbildung, laufendes Forschungsprojekt (näheres unter: www.uni-bielefeld.de, Forschungsdatenbank).

Bargel, T./El Hage, N. (2000): Evaluation der Hochschullehre: Modelle, Probleme und Perspektiven. In: Helmke, A./Hornstein, W./Terhart, E. (Hrsg.): Qualität und Qualitätssicherung im Bildungsbereich: Schule, Sozialpädagogik, Hochschule. Zeitschrift für Pädagogik, Beiheft 41. S. 207-224.

Barz, H./Tippelt, R. (Hrsg.) (2004): Soziale und regionale Differenzierung von Weiterbildungsverhalten und Weiterbildungsinteresse. Unveröffentlichter BMBF-Abschlussbericht. München.

Baumert, J./Roeder, P.M. (1990a): Expansion und Wandel der Pädagogik. Zur Institutionalisierung einer Referenzdisziplin. In: Alisch, L.-M./Baumert, J./Beck, K. (Hrsg.): Professionswissen und Professionalisierung. Braunschweig, S. 79-128.

Baumert, J./Roeder, P.M. (1990b): Forschungsproduktivität und ihre institutionellen Bedingungen – Alltag erziehungswissenschaftlicher Forschung. In: Zeitschrift für Pädagogik 36, S. 73-98.

Baumert, J./Roeder, P. M. (1994): „Stille Revolution". Zur empirischen Lage der Erziehungswissenschaft. In: Krüger, H.-H./Rauschenbach, T. (Hrsg.): Erziehungswissenschaft. Weinheim: Juventa, S. 29-48.

Bellenberg, G. (2002): Aufbau von Lehramtsstudiengängen – ein Bundesländervergleich. In: Merkens, H./Weishaupt, H./Rauschenbach, T. (Hrsg.): Datenreport Erziehungswissenschaft 2. Ergänzende Analysen. Opladen: Leske+Budrich, S. 29-43.

Bellenberg, G./Thierack, A. (2003): Ausbildung von Lehrerinnen und Lehrern in Deutschland. Bestandsaufnahme und Reformbestrebungen. Opladen: Leske+Budrich.

Berghoff, S./Federkeil, G./Giebisch, P./Hachmeister,C.-D./Müller-Böling, D. (April 2001): Das Hochschulranking- Vorgehensweisen und Indikatoren. CHE, Arbeitspapier Nr. 24.

Berghoff, S., Federkeil, G., Giebisch, P., Hachmeister,C.-D., Müller-Böling, D. (November 2002): Das Forschungsranking deutscher Universitäten. CHE, Arbeitspapier Nr. 40.

Berghoff, S./Federkeil, G./Giebisch, P./Hachmeister,C.-D./Müller-Böling, D. (Dezember 2003): Das CHE-Forschungsranking deutscher Universitäten. CHE, Arbeitspapier Nr. 50.

Bodenhöfer, H.-J. (2002): Universitäten am Markt für Weiterbildung. In: Knapp, G. (Hrsg.): Wissenschaftliche Weiterbildung im Aufbruch?. Entwicklungen und Perspektiven. Klagenfurt/Laibach/Wien: Hermagoras, S. 12-25.

Brezinka, W. (2000): Pädagogik in Österreich. Die Geschichte des Faches an den Universitäten vom 18. bis zum 20. Jahrhunderts. Bd. 1: Schulwesen, Universitäten und Pädagogik im Habsburger-Reich und in der Republik. Pädagogik an er Universität Wien, Wien: Verlag der Österreichischen Akademie der Wissenschaften.
Bülow-Schramm, M. (1995): „Wer hat Angst vor den Evaluatoren?". Der Umgang mit Akzeptanzproblemen von Evaluationsverfahren. In: Verbeek, D. (Hrsg.): Handbuch Hochschullehre Highlights. Bd. 1: Evaluation der Lehre. Ziele-Akzeptanz-Methoden. Stuttgart: Raabe, S. 2-19.
Bundesamt für Statistik Schweiz (2003): Pressemitteilung vom 27.05.2003, No. 0350-0304-80.
Bundesministerium für Bildung und Forschung (Hrsg.) (2001): Studienführer für Senioren, Bonn.
Bundesministerium für Bildung und Forschung (Hrsg.) (2001b): Berichtssystem Weiterbildung VIII. Erste Ergebnisse der Repräsentativbefragung zur Weiterbildungssituation in Deutschland. Bonn.
Bundesministerium für Bildung und Forschung (Hrsg.) (2002): Grund- und Strukturdaten 2001/2002. Bonn.
Bundesministerium für Bildung und Forschung (Hrsg.) (2003): Berichtssystem Weiterbildung VIII. Bonn.
Conférence suisse de coordination pour la recherche en éducation (CORCHED) (1994): Erste Berichterstattung über Stand, Entwicklung und Tendenzen der Bildungsforschung in der Schweiz sowie deren Beziehungen zu Bildungspolitik, -verwaltung und -praxis. Bulletin de la Société suisse pour la recherche en éducation, 1, S. 7-50.
Criblez, L. (1998): Entre profession et discipline: à propos du statut des sciences de l'éducation en Suisse. In: Hofstetter, R./Schneuwly, B. (Ed.): Le pari des sciences de l'éducation (Raisons éducatives, N 1/2), Bruxelles: De Boeck. S. 169-201.
Cusin, C./Grossenbacher, S./Vögeli-Mantovani, U. (2001): Teilstudie Erziehungswissenschaften an Schweizer Universitäten (Orientierung, Produktivität und Nachwuchsförderung). Aarau: Schweizerische Koordinationsstelle für Bildungsforschung (SKBF).
Deutsche Forschungsgemeinschaft (2003): Förder-Ranking 2003. Institutionen - Regionen - Netzwerke. DFG-Bewilligungen und weitere Basisdaten öffentlich geförderter Forschung, Bonn: DFG.
Deutsche Gesellschaft für Erziehungswissenschaft (Dezember 2002): Leitsätze zur Lehrerbildung (http://www.dgfe-aktuell.uni-duisburg.de/bildpol/leitsatz.htm).
Deutsche Gesellschaft für Erziehungswissenschaft (August 2003): Strukturkommission: Empfehlungen für ein Kerncurriculum Erziehungswissenschaft (http://dgfe-aktuell.uni-duisburg.de/bildpol/Kerncurriculum_empf.htm).
Deutsche Gesellschaft für wissenschaftliche Weiterbildung und Fernstudium (vormals Arbeitskreis Universitäre Erwachsenenbildung - AUE): www.aue-net.de darin enthalten: Übersichten über zentrale Einrichtungen für wissenschaftliche Weiterbildung sowie Fernstudienprogramme.
Diehl, J. M. (2001): Studentische Lehrevaluation in den Sozialwissenschaften: Fragebögen, Normen, Probleme. In: Keiner, E. (Hrsg.): Evaluation (in) der Erziehungswissenschaft. Weinheim: Beltz. S. 63-91.
Dikau, J./Nerlich, B./Schäfer, E. (Hrsg.) (1996): Der AUE an der Schnittstelle zwischen tertiärem und quartärem Bildungsbereich - Bilanz und Perspektiven. In: Festschrift aus Anlaß des 25jährigen Bestehen des AUE. Bielefeld. S. 330-351.

Erziehungswissenschaftlicher Fakultätentag (Hrsg.) (2003a): Evaluation der Erziehungswissenschaft. Bestandsaufnahme, Selbstevaluationsleitfaden, Erhebungsinstrumente. Münster.

Erziehungswissenschaftlicher Fakultätentag (Hrsg.) (2003b): Vorschlag für einen Frageleitfaden für den Selbstreport als Vorbereitung einer Peer-Evaluation. Münster.

Faulstich, P. (1982): Erwachsenenbildung und Hochschule. München: Urban & Schwarzenberg.

Faulstich, P./Graeßner, G. (1995): Grundständige Studiengänge Erwachsenenbildung/ Weiterbildung und Weiterführende Studienangebote für Weiterbildnerinnen und Weiterbildner an Hochschulen in Deutschland. Bielefeld (AUE).

Faulstich, P. (1996a): Höchstens ansatzweise Professionalisierung. In: GEW (Hrsg.): Die Bildungsarbeiter. Weinheim: Juventa. S. 50-80.

Faulstich, P. (1996b): Erwachsenenbildung als Beruf. In: Hessische Blätter für Volksbildung. S. 289-294.

Faulstich, P. (2003): Weiterbildung. Oldenburg: Hand und Lehrbücher der Pädagogik.

Graeßner, G. (1996): Management wissenschaftlicher Weiterbildung. In: Der AUE an der Schnittstelle zwischen tertiärem und quartärem Bildungsbereich, Bielefeld, S. 293-312.

Graeßner, G./Lischka, I. (1996): Weiterbildung an Hochschulen in Deutschland. AUE-Beiträge 33, Bielefeld.

Graeßner, G. (1998): Potentiale Wissenschaftlicher Weiterbildung in Europa. In: Scheuermann, F./Schwab, F./Augenstein, H. (Hrsg.): Studieren und Weiterbilden mit Multimedia. Perspektiven der Fernlehre in der wissenschaftlichen Aus- und Weiterbildung. Berlin, S. 279-307.

Graeßner, G. (2003): Wissenschaftliche Weiterbildung. In: Krug, P./Nuissl, E. (Hrsg.) (2003): Praxishandbuch Weiterbildungsrecht. Grundwerk. München, S. 456-531.

Gretler, A. (1994): Internationales OECD-Seminar zur Bildungsforschung und -entwicklung (Wien, 5.-7. Oktober 1994). Länderbericht Schweiz. Aarau: Schweizerische Koordinationsstelle für Bildungsforschung.

Gretler, A. (2000): Die schweizerische Bildungsforschung der Nachkriegszeit im Spiegel ihrer Institutionen und ihrer Themen – von der Geschichte zu aktuellen Fragestellungen. In: Schweizerische Zeitschrift für Bildungswissenschaften 22, S. 111-144.

Grossenbacher, S./Gretler, A. (1992): Untersuchung zur Situation der Sozialwissenschaftlichen Forschung in der Schweiz. Bericht der Bildungsforschung. Bern: Schweizerischer Wissenschaftsrat (FOP 1/1992).

Hochschulrektorenkonferenz (2003): Studienangebote Deutscher Hochschulen – Wintersemester 2003/2004, Bad Honnef.

Hochschulrektorenkonferenz (Hrsg.) (2003): Wegweiser 2003. Qualitätssicherung an Hochschulen. Bonn.

Hochschulrektorenkonferenz (Oktober 2003): Hochschulkompass grundständige Studien, weiterführende Studien (www.hrk.de).

Hoffmann, K.-H. (2001): Qualitätssicherung und Transparenz in der wissenschaftlichen Weiterbildung. In: Schäfer, E./Kochs, M. (Hrsg.): Zukunftsforum Wissenschaftliche Weiterbildung. Regensburg, S. 27-30.

Hofstetter, R./Schneuwly, B. (1999). Switzerland. Teilkapitel von S. Lindblad/M. Mudler (Eds.), Changing conditions and governance of educational research in Europe. European Educational Researcher, 5, H. 5, S. 5-21.

Hofstetter, R./Schneuwly, B. (2001). Die Erziehungswissenschaften in der Schweiz. Entwicklungen und Perspektiven einer Disziplin (http://www.coreched.ch/publikationen/FER_d.pdf).

Horak, A./Neudecker, B. (2000): Sonder- und Heilpädagogik als Beruf?. Eine empirische Untersuchung zur beruflichen Situation von Absolventen des Studiums Pädagogik/Sonder- und Heilpädagogik an der Universität Wien. Wien: Literas-Universitäts-Verlag.

Hornbostel, S./Keiner, E (2002): Evaluation der Erziehungswissenschaft. In: Zeitschrift für Erziehungswissenschaft 4, H. 2. S. 634-653.

Keuffer, J. (2002): Reform der Lehrerbildung durch Professionalisierung, Standards und Kerncurricula. In: Breidenstein, G./Helsper, W./Kötters-König, C. (Hrsg.): Die Lehrerbildung der Zukunft – eine Streitschrift. Opladen: Leske+Budrich. S. 97-110.

Knapp, G. (2002):Institutionelle Bedingungen und Perspektiven für die wissenschaftliche Weiterbildung an der Universität. In: ders. (Hrsg.): Wissenschaftliche Weiterbildung im Aufbruch? Entwicklungen und Perspektiven. Klagenfurt/Laibach/Wien: Hermagoras. S. 421-438.

Kommission der Europäischen Gemeinschaften (2000): Memorandum über Lebenslanges Lernen. Arbeitsdokument der Kommissionsdienststellen. Brüssel.

Konferenz der Kultusminister der Länder der Bundesrepublik Deutschland (KMK) (2001): Sachstands- und Problembericht zur „Wahrnehmung wissenschaftlicher Weiterbildung an den Hochschulen". Beschluss der KMK vom 21.09.2001.

Kromrey, H. (2001): Evaluation von Lehre und Studium – Anforderungen an Methodik und Design. In: Spiel, C. (Hrsg.): Evaluation universitärer Lehre – zwischen Qualitätsmanagement und Selbstzweck. Münster: Waxmann. S. 21-60.

Krüger, H-H./ Weishaupt, H. (2000): Personal. In: Otto, H.-U./Merkens, H./Krüger, H-H. u.a.: Datenreport Erziehungswissenschaft. Opladen: Leske+Budrich. S. 75-98.

Krüger, H.-H. u. a. (2002): Wege in die Wissenschaft. Ergebnisse einer bundesweiten Diplom- und Magister-Pädagogen-Befragung. In: Zeitschrift für Erziehungswissenschaft 5, H. 3. S. 436-453.

Krüger, H.-H./Rauschenbach, T./Fuchs, K./Grunert, C./Huber, A./Kleifgen, B./Rostampour, P./Seeling, C./Züchner, I. (2003): Diplom-Pädagogen in Deutschland. Survey 2001. Weinheim/München: Juventa.

Krüger, H.-H./Rauschenbach, T. (Hrsg.) (2004): Pädagogen in Studium und Beruf. Empirische Bilanz und Zukunftsperspektiven. Opladen: Leske+Budrich.

Levy, R./Roux, P./Gobet, P. (1997). La situation du corps intermédiaire dans les hautes écoles suisses. Berne: Conseil suisse de la Science (FS 14/1997).

Lohnert, B./Rolfes, M. (1997): Handbuch zur Evaluation von Lehre und Studium an Hochschulen. Ein praxisorientierter Leitfaden. Hannover.

Merkens, H./Weishaupt, H./Zedler, P. (2000): Lokale Profile In: Otto H.-U./Krüger, H.-H./Merkens, H./ Rauschenbach, T./Schenk, B./Weishaupt, H./Zedler, P.: Datenreport Erziehungswissenschaft. Opladen: Leske+Budrich, S. 145-153.

Merkens, H./Rauschenbach, T./Weishaupt, H. (Hrsg.) (2002): Datenreport Erziehungswissenschaft 2. Ergänzende Analysen. Opladen: Leske+Budrich.

Metzger, C./Seitz, H./Eberle, F. (Hrsg.) (2000): Impulse für die Wirtschaftspädagogik. Zürich: Verlag des Schweizerischen Kaufmännischen Verbandes.

Niedersächsisches Kultusministerium (Hrsg.) (April 2003): Quereinstieg. Informationen für am Lehrerberuf Interessierte ohne abgeschlossene Lehramtsausbildung.

Nuissl von Rein, E. (2002): Weiterbildung an und in Hochschulen – Lebenslanges Lernen. In: Strate, U./Sosna, M. (Hrsg.): Lernen ein Leben lang – Beiträge der wissenschaftlichen Weiterbildung. Hochschulpolitik – Strukturentwicklung – Qualitätssicherung – Praxisbeispiele. Dokumentation der 30. Jahrestagung des Arbeitskreises Universitäre Erwachsenenbildung (AUE-Hochschule Weiterbildung) in der Universität Leipzig, 20./21. September 2001. Regensburg. S. 23-28.

Otto H.-U./Krüger, H.-H./Merkens, H./ Rauschenbach, T./Schenk, B./Weishaupt, H./Zedler, P. (2000): Datenreport Erziehungswissenschaft. Opladen: Leske+Budrich.

Otto, H.-U./Rauschenbach, T./Vogel, P. (Hrsg.) (2002a): Erziehungswissenschaft: Lehre und Studium. Opladen: Leske+Budrich.

Otto, H.-U./Rauschenbach, T./Vogel, P. (Hrsg.) (2002b): Erziehungswissenschaft: Politik und Gesellschaft. Opladen: Leske+Budrich.

Patry, J.-L./Gretler, A. (1992): Bildungsforschung in der Schweiz 1970 bis 1990: Interdisziplinarität und Forschungs-Praxis-Bezug. In: Empirische Pädagogik 6, S. 33-71.

Poglia, E./Grossenbacher, S./Vögeli, U. (1993): Sciences de l' Education – Pédagogie: Formation et recherche/Erziehungswissenschaften- Pädagogik: Ausbildung und Forschung. Bern: Conseil suisse de la Science/Schweizerischer Wissenschaftsrat.

Prüfungs- und Studienordnung für das Bachelorstudium an der Universität Bielefeld (15. Juli 2002): Verkündungsblatt Universität Bielefeld - Amtliche Bekanntmachungen - 15/02, plus Anlage zu § 1 Abs. 1 BPO: Fächerspezifische Bestimmungen für das Fach Erziehungswissenschaft vom 21. Mai 2003. S. 183-187.

Ralser, M./Rathmayr, B. (Hrsg.) (2003): Zukunft Erziehungswissenschaft. Auffassungen und Neufassungen einer Disziplin im Umbruch. Innsbruck: Studia Universitätsverlag.

Rauschenbach, T./Christ, B. (1994): Abbau, Wandel oder Expansion?. Zur disziplinären Entwicklung der Erziehungswissenschaft im Spiegel ihrer Stellenbesetzungen. In: Krüger, H.-H./Rauschenbach, T. (Hrsg.): Erziehungswissenschaft. Weinheim/ München: Juventa. S. 69-92.

Rauschenbach, T./Züchner, I. (2000): Standorte und Studiengänge, in: Otto H.-U./ Krüger, H.-H./Merkens, H./ Rauschenbach, T./Schenk, B./Weishaupt, H./Zedler, P.: Datenreport Erziehungswissenschaft. Opladen: Leske+Budrich. S. 25-32.

Rauschenbach, T./Züchner, I. (2000): Studierende. In: Otto H.-U./Krüger, H.-H./ Merkens, H./ Rauschenbach, T./Schenk, B./Weishaupt, H./Zedler, P.: Datenreport Erziehungswissenschaft. Opladen: Leske+Budrich. S. 117-134.

Reicher, H. (2003): Studium und Berufseinstieg. Retrospektiven und Perspektiven aus der Sicht von Absolventen des Instituts für Erziehungs- und Bildungswissenschaften 1997-2001. Projektbericht. Graz.

Reissert, R./Carstensen, D. (1998): Praxis der internen und externen Evaluation. Handbuch zum Verfahren. Hannover: HIS.

Schneider, W: Die Handelsakademie - ein Beispiel für eine polyvalente Ausbildung, In Schwendenwein, W. (Hrsg.) (1997):Facetten des Österreichischen Ausbildungswesens. Frankfurt a. M.: Lang. S 126-136.

Schweizerischer Nationalfonds (2002). Pressemitteilung vom 24.09.2002 (www.snf.ch/de/com/prr/prr_arh_02sep24.asp).

Schweizerischer Wissenschaftsrat (1973). Forschungsbericht Bd. 1. Bern: Schweizerischer Wissenschaftsrat.

Sekretariat der KMK (2003a): Einstellung von Lehrkräften 2002. Dokumentation Nr. 166 Februar 2003 (vgl. www.kmk.org). Bonn: KMK.

Sekretariat der KMK (2003b): Lehrereinstellungsbedarf und Lehrereinstellungsangebot in den Ländern in der Bundesrepublik Deutschland bis 2015. Dokumentation Nr. 169 September 2003 (vgl. www.kmk.org). KMK: Bonn.

Simons, H. (1997): Evaluation oder Ansichten. Anmerkungen zur studentischen Lehrveranstaltungskritik. Freiburg.

Speck-Hamdan, A./Tippelt, R. (2001): Evaluation im Prozess – Zeitliche, sachliche und soziale Dimensionen einer Evaluation in der Erziehungswissenschaft. In: Keiner, E. (Hrsg.): Evaluation (in) der Erziehungswissenschaft. Weinheim: Beltz. S. 155-162.

Statistisches Bundesamt (1963): Fachserie A: Bevölkerung und Kultur. Reihe 10: Bildungswesen, V. Studierende an Hochschulen. Stuttgart.

Statistisches Bundesamt (1969): Fachserie A: Bevölkerung und Kultur, Reihe 10: Bildungswesen, V. Hochschulen, Stuttgart.

Statistisches Bundesamt: Fachserie 11: Bevölkerung und Kultur, Reihe 1: allgemeinbildende Schulen. verschiedene Jahrgänge.

Statistisches Bundesamt: Fachserie 11: Bevölkerung und Kultur, Reihe 2: berufliche Schulen. verschiedene Jahrgänge.

Statistisches Bundesamt: Fachserie 11: Bevölkerung und Kultur, Reihe 4.1: Studenten an Hochschulen. verschiedene Jahrgänge.

Statistisches Bundesamt: Fachserie 11: Bevölkerung und Kultur, Reihe 4.2: Prüfungen an Hochschulen. verschiedene Jahrgänge.

Stauffer, M. (2000): Projekte Lehrerinnen- und Lehrerbildungsreform in der Schweiz. Zweite Übersicht. Bern: Schweizerische Konferenz der kantonalen Erziehungsdirektoren.

Technische Universität Braunschweig (2003): Zentrale Studienberatung. Bachelor- und Masterstudiengänge anstelle der Lehramts-, Diplom- und Magisterstudiengänge des Fachbereich 9. Juni 2003.

Thierack, A. (2002): Darstellung der konzeptionellen Diskussion um BA-/MA-Abschlüsse in der Lehrerausbildung. Gutachten. Paderborn.

Tippelt, R./van Cleve, B. (1995): Verfehlte Bildung? Bildungsexpansion und Qualifikationsbedarf. Darmstadt: Weiterbildungsforum.

Tippelt, R. (2000): In Einsamkeit und Freiheit? Erziehungswissenschaft im Hochschulsystem: Relevanz und Reputation. In: Hamburger, F./Kolbe, F.-U./Tippelt, R. (Hrsg.): Pädagogische Praxis und erziehungswissenschaftliche Theorie zwischen Lokalität und Globalität. Festschrift für Volker Lenhart zum 60. Geburtstag. Frankfurt am Main. S. 15-26.

Tippelt, R./Weiland, M./Panyr, S./Barz, H. (2003): Weiterbildung, Lebensstil und Soziale Lage in einer Metropole. Bielefeld.

Tramm, T./Sembill, D./Klauser, F. (Hrsg.) (1999): Professionalisierung kaufmännischer Berufsbildung: Beiträge zur Öffnung der Wirtschaftspädagogik für die Anforderungen des 21. Jahrhunderts. Frankfurt a. M.: Lang.

Universität Greifswald (Hrsg.): Vom Kopf auf die Füße. Modularisierte Bachelor- und Masterstudiengänge an der Philosophischen Fakultät der Ernst Moritz Arndt Universität Greifswald. Broschüre zum Bund-Länder-Kommission Verbundprojekt Modularisierung. Greifswald. 1999.

Université de Fribourg (2003): Sciences de l'éducation en langue française, programmes d'études 2003/2004. Fribourg: Département des Sciences de l'éducation, Université Fribourg.

Veelken, L. (1996): Seniorenstudium – Entstehung und Zukunft. In: Der AUE an der Schnittstelle zwischen tertiärem und quartärem Bildungsbereich, Bielefeld. S. 185-200.

Weishaupt, H./Merkens, H. (2000): Forschung und wissenschaftlicher Nachwuchs. In: Otto H.-U./Krüger, H.-H./Merkens, H./ Rauschenbach, T./Schenk, B./Weishaupt, H./Zedler, P.: Datenreport Erziehungswissenschaft. Opladen: Leske+Budrich, S. 117-134.

Weishaupt, H./Zedler, P. (2000): Lehre und Prüfung. In: Otto H.-U./Krüger, H.-H./Merkens, H./ Rauschenbach, T./Schenk, B./Weishaupt, H./Zedler, P.: Datenreport Erziehungswissenschaft. Opladen: Leske+Budrich, S. 135-144.

Weishaupt, H. (2002): Lehrerbildung aus der Perspektive der Statistik. In: Merkens, H./Rauschenbach, T./Weishaupt, H. (Hrsg.): Datenreport Erziehungswissenschaft 2. Ergänzende Analysen, Opladen: Leske+Budrich. S. 11-28.

Weishaupt, H./Preuschoff, C. (2002): Die Bewertung der erziehungswissenschaftlichen Forschung durch das CHE. In: Erziehungswissenschaft 13, H. 25. S. 6-17.

Weiss, S./Paschon, A. (2001): Input-Output: Relevanz des Studiums für den Berufsalltag. Typoskript. Salzburg: Institut für Erziehungswissenschaft.

Wissenschaftsrat (2002): Eckdaten und Kennzahlen zur Lage der Hochschulen von 1980 bis 2000. Köln: Wissenschaftsrat (Drs. 5125-02).

Zentrale Evaluations- und Akkreditierungsagentur (Hrsg.) (2003): Qualitätssicherung in Lehre und Studium. Erst- und Folgeevaluationen sowie Akkreditierungen. Schriftenreihe Lehre an Hochschulen 33/2003. Hannover.

Internetquellen[1]

Kap. 1 Neue Studiengänge – Strukturen und Inhalte im Internet
Klaus-Peter Horn/Lothar Wigger/Ivo Züchner

Allgemein zur Lehrerbildung
  http://www.lehrerbildung.de, gestaltet von Helmut Mehnert, TU Berlin (Informationen zu allen Aspekten der Lehrerbildungsdebatte in Deutschland mit Links).
Berlin (HU)
  http://www.hu-berlin.de/studium/esf/index.php?fach=Erziehungswissenschaften
Bielefeld
  http://www.zfl.uni-bielefeld.de/bielefelder-modell/index.html
Bochum
  http://www.ruhr-uni-bochum.de/studienbuero/lehramt.htm
Braunschweig
  http://www.tu-braunschweig.de/fb9/studierende/dokumente
Dortmund
  http://www.fb12.uni-dortmund.de/dekanat/Studiengaenge.html
Erfurt
  http://www.uni-erfurt.de/lehre/studiengaenge/ba/lehramt_ba_start.html
Göttingen
  http://www.uni-goettingen.de/de/sh/939.html
Greifswald
  http://www.uni-greifswald.de/ ~alg-stud/stud/gang/bachelor.html (Erläuterung des Bachelor-Studiengangs in Greifswald).
Greifswald
  http://www.uni-greifswald.de/ ~alg-stud/stud/gang/master_education.html (Erläuterung des Master-Studiengangs in Greifswald).
Hamburg
  http://www2.erzwiss.uni-hamburg.de/studium/Kerncurriculum.htm
Hannover
  http://www.uni-hannover.de/studium/stfuhrer/lehramt_bscmsc.htm
Hildesheim
  http://www.uni-hildesheim.de/FB/FB1/SG_SOZPAED/studium/Bachelor-STO.pdf
Karlsruhe
  http://www3.uni-karlsruhe.de/zib/doc/download.php/Paed_UnM.pdf

---

1 Die Internetadressen wurden alle zuletzt im November 2003 durchgesehen.

Lüneburg
    http://www.uni-lueneburg.de/studium/stginfos/fb1/
    aufb_stg_schulpeadudidak02.php
Niedersachsen allgemein
    http://www.uni-hannover.de/bama-lehr/download.htm (Links zu den Vorgaben und Plänen zur Reform der Lehrerbildung in Niedersachsen).
Osnabrück
    http://www.studienfuehrer.uni-osnabrueck.de/Studienangebot/Abschluesse/Lehramt/bachelor.cfm
Osnabrück:
    http://www.studienfuehrer.uni-osnabrueck.de/Studienangebot/Abschluesse/Lehramt/masterofarts.cfm
Tübingen
    http://www.uni-tuebingen.de/uni/sei/ins-allg/i-allg.htm

Abbildungen und Tabellen

Abb. 3.1	Entwicklung der Anfänger- und Absolventenzahlen in Lehramtsstudiengänge (1975 -2002, ab 1993 inkl. neue Bundesländer)
Abb. 3.2	Neueinstellungsbedarf von Lehrern im Vergleich zum Lehrereinstellungsangebot (+ = Ausbildungsüberhang) im angegebenen Zeitraum bis 2015 nach den Lehramtsgruppen der KMK
Abb. 6.1	Veränderungen des Frauen- und Männeranteils an den C 3- und C 4- Professuren von 1992 bis 2002 - 1992 = 100%
Abb. 6.2	Neubesetzungen von Professuren am Fachbereich Erziehungswissenschaft der Universität Hamburg
Abb. 7.1	Ebenen der Evaluation erziehungswissenschaftlicher Einrichtungen, in %Tab. 1.1: Standorte mit Angebot eines erziehungswissenschaftlichen Hauptfachstudienganges/eines Lehramtsstudienganges zum WS 2003/2004
Abb. 7.2	An Evaluationsverfahren beteiligte Gruppen (Mehrfachnennungen)
Abb. 8.1	Themen der zuletzt besuchten Veranstaltung zur „allgemeinen Weiterbildung" von Hochschulabsolventen in den vergangenen 12 Monaten (in %)
Abb. 8.2	Themen der zuletzt besuchten „beruflichen Weiterbildung" von Hochschulabsolventen innerhalb der vergangenen 12 Monate (in %)
Abb. 8.3	Dauer der zuletzt besuchten beruflichen Weiterbildung (in %)
Tab. 1.1	Standorte mit Angebot eines erziehungswissenschaftlichen Hauptfachstudienganges/eines Lehramtsstudienganges zum WS 2003/2004
Tab. 1.2	Zulassungsbeschränkungen in den erziehungswissenschaftlichen Hauptfachstudiengängen
Tab. 1.3	Synopse zu den reformierten Hauptfachstudiengängen in der Erziehungswissenschaft (Stand: Oktober 2003) Teil 1: HU Berlin, Bochum, Braunschweig, Dortmund
Tab. 1.3	Synopse zu den reformierten Hauptfachstudiengängen in der Erziehungswissenschaft (Stand: Oktober 2003) Teil 2: Erfurt, Greifswald, Karlsruhe
Tab. 1.4	Synopse zu den derzeit existierenden BA/MA-Lehramtsstudiengängen (Stand: November 2003) Teil 1: Greifswald, Bielefeld, Bochum, Erfurt
Tab. 1.4	Synopse zu den derzeit existierenden BA/MA-Lehramtsstudiengängen (Stand: November 2003) Teil 2: BA-Lehramtsstudiengängen Braunschweig, Hannover, Osnabrück, Vechta
Tab. 2.1	Anfänger (1. Studienjahr) in erziehungswissenschaftlichen Hauptfachstudiengängen (1975-2002; ab 1993 inkl. neue Bundesländer)
Tab. 2.2	Studierende in erziehungswissenschaftlichen Hauptfachstudiengängen (1974-2002; ab 1993 inkl. neue Bundesländer)
Tab. 2.3	Anfänger und Studierende an Universitäten in den 10 größten Studienbereichen (Stand: Wintersemester 2002/2003)
Tab. 2.4	Absolventen in erziehungswissenschaftlichen Hauptfachstudiengängen (1973-2002; ab 1993 inkl. neue Bundesländer)
Tab. 2.5	Entwicklung der Erhaltquote bei erziehungswissenschaftlichen Hauptfachstudiengängen (Diplom und Magister; 1993-2002; ab 2003 Prognose)

Tab. 2.6	Bestandene Prüfungen an Universitäten nach ausgewählten Studienbereichen (Prüfungsjahr 2002)
Tab. 2.7	Arbeitslos gemeldete Akademiker in ausgewählten Fachrichtungen (1982-2003)
Tab. 2.8	Vergleich von Absolventen- und Arbeitslosenzahlen in ausgewählten Fachrichtungen (1982-2003; ab 1996 inkl. neue Bundesländer)
Tab. 3.1	Anfänger und Studierende in Lehramtsstudiengängen 1993-2002
Tab. 3.2	Lehramtsabsolventen mit Übergang in den Vorbereitungsdienst und den öffentlichen Schuldienst
Tab. 3.3	Lehrer an allgemein bildenden und beruflichen Schulen (1960-2002; Zahlen gerundet, ab 1991 inkl. neuer Bundesländer)
Tab. 3.4	Arbeitslos gemeldete Lehrer mit Hochschulabschluss (Berufskennziffer '87' mit ausgewählten Untergruppen; 1996-2003)
Tab. 4.1	Hauptberufliches wissenschaftliches Personal in der Erziehungswissenschaft (inkl. Sonderpädagogik) an Wissenschaftlichen Hochschulen 1992-2002
Tab. 4.2	Entwicklung der Professuren in der Erziehungswissenschaft und Sonderpädagogik 1992-2002 nach der Bewertung der Stelle
Tab. 4.3	Wissenschaftliches und künstlerisches Personal in der Erziehungswissenschaft, Sonderpädagogik und Sozialpädagogik (ohne Gesamthochschulen) 1992, 1997 und 2002 nach Ländern
Tab. 4.4	Anteil der Erziehungswissenschaft am gesamten wissenschaftlichen Personal an Wissenschaftlichen Hochschulen und Personalrelationen der Erziehungswissenschaft 2002 nach Ländern
Tab. 4.5	Struktur des Mittelbaus in der Erziehungswissenschaft und Sonderpädagogik 1992, 1997 und 2002, Hochschulen insgesamt
Tab. 4.6	Entwicklung des wissenschaftlichen Personals im Fächervergleich 1992-2002
Tab. 4.7	Struktur des Mittelbaus in der Erziehungswissenschaft und in anderen Disziplinen 2002 (Hochschulen insgesamt)
Tab. 4.8	Entwicklung der Lehrbelastung des hauptberuflichen wissenschaftlichen Personals und der Professoren in der Erziehungswissenschaft (inkl. Sonderpädagogik) 1992-2002
Tab. 4.9	Studierende und Lehrbelastung des wissenschaftlichen Personals und der Professoren an Wissenschaftlichen Hochschulen in der Erziehungswissenschaft, Sonderpädagogik und Sozialpädagogik 2002 nach Ländern
Tab. 4.10	Entwicklung der Prüfungsbelastung der Professoren in der Erziehungswissenschaft (inkl. Sonderpädagogik) 1992-2002
Tab. 4.11	Prüfungsbelastung der Professoren an Wissenschaftlichen Hochschulen in der Erziehungswissenschaft, Sonder- und Sozialpädagogik (ohne Gesamthochschulen) 2002 nach Ländern
Tab. 4.12	Ausgeschriebene Professuren in Erziehungswissenschaft (ohne Fachdidaktik) und Sozialwesen nach Art der Hochschule und alten und neuen Bundesländern (1999 bis 2002; N=546)
Tab. 4.13	Ausgeschriebene Professuren in Erziehungswissenschaft (ohne Fachdidaktik) und Sozialwesen nach Art der Hochschule und alten und neuen Bundesländern (Oktober 1990 bis Ende 2002; N=1558)

Tab. 4.14	Ausgeschriebene Professuren in Erziehungswissenschaft (ohne Fachdidaktik) und Sozialwesen an Hochschulen (einschl. Fachhochschulen) nach Fachgebieten und alten und neuen Bundesländern (1999 bis 2002; N=546)
Tab. 4.15	Ausgeschriebene Professuren in Erziehungswissenschaft (ohne Fachdidaktik) an wissenschaftlichen Hochschulen nach Fachgebieten und alten und neuen Bundesländern (1999 bis 2002; N=271)
Tab. 4.16	Ausgeschriebene Professuren in Erziehungswissenschaft (ohne Fachdidaktik) an wissenschaftlichen Hochschulen nach Fächergruppen und alten und neuen Bundesländern (Oktober 1990 bis 2002; N=747)
Tab. 4.17	Professuren in der Erziehungswissenschaft und Sonderpädagogik an Hochschulen insgesamt 2002 nach Art der Stelle und Zeitpunkt des Ausscheidens aus dem Hochschuldienst
Tab. 5.1	Ausgaben der Wissenschaftlichen Hochschulen nach ausgewählten Lehr- und Forschungsbereichen 1992-2001 (in 1.000 DM bzw. €)
Tab. 5.2	Drittmitteleinnahmen der Wissenschaftlichen Hochschulen nach ausgewählten Lehr- und Forschungsbereichen 1992-2001, in 1.000 DM bzw. €
Tab. 5.3	Aus Drittmitteln finanziertes hauptberufliches wissenschaftliches und künstlerisches Personal an Hochschulen 1992-2002 (inkl. Fachhochschulen)
Tab. 5.4	Forschungsindikatoren in der Erziehungswissenschaft, Sonderpädagogik und Sozialpädagogik nach Bundesländern
Tab. 5.5	Im Fachinformationssystem Bildung verzeichnete publizierende Erziehungswissenschaftler 1998-2002
Tab. 5.6	Anzahl und Art der im Fachinformationssystem Bildung dokumentierten Veröffentlichungen von Professoren der Erziehungswissenschaft in den Publikationsjahren 1998-2002 - ohne Didaktiker
Tab. 5.8	Bestandene Promotionen von Deutschen und Ausländern nach Fachgebieten 1992-2002
Tab. 5.9	Habilitationen in der Erziehungswissenschaft 1992-2002
Tab. 5.10	Ergebnis der hierarchischen Clusteranalyse
Tab. 5.11	Hochschultyp und Forschungsorientierung
Tab. 5.12	Drittmittelforschung in der Erziehungswissenschaft
Tab. 5.13	Drittmittelforschung in der Erziehungswissenschaft
Tab. 5.14	Drittmittelgeber der Kategorie Schulforschung/Schulpädagogik
Tab. 5.15	Drittmittelgeber der Kategorie Berufs- und Wirtschaftspädagogik
Tab. 5.16	Drittmittelgeber der Kategorie Sozialpädagogik
Tab. 5.17	Drittmittelgeber der Kategorie Medienpädagogik/Medienforschung
Tab. 6.1	Frauenanteile in verschiedenen Stadien der akademischen Laufbahn 1992 bis 2002
Tab. 6.2	Von Frauen bevorzugte Studienbereiche an Universitäten im Vergleich – Wintersemester 2002/2003
Tab. 6.3	Studierende, Absolventinnen und Absolventen erziehungswissenschaftlicher Diplom- und Magisterstudiengänge 1993 - 2002
Tab. 6.4	Modellrechnung zur Erhaltquote bei erziehungswissenschaftlichen Hauptfachstudierenden (Diplom und Magister; 1986-2002; ab 1993 inkl. neue Bundesländer)

Tab. 6.5	Von Frauen bevorzugte Studienbereiche und erreichte Abschlüsse an Wissenschaftlichen Hochschulen im Vergleich – Wintersemester 2002/03, Deutschland gesamt (Studierende aller Abschlussarten inkl. Prüfungen in den 1. Unterrichtsfächern und beruflichen Fachrichtungen)
Tab. 6.6	Bestandene Promotionen von Männern und Frauen nach Studienbereichen
Tab. 6.7	Habilitationen von Männern und Frauen im Fächervergleich 1992 – 2002
Tab. 6.8	Abschlüsse, Promotionen und Habilitationen von Männern und Frauen in der Erziehungswissenschaft (ab 1993 inkl. neue Bundesländer)
Tab. 6.9	Frauen und Männer auf Professuren und im Mittelbau im Fächervergleich 1992-2002
Tab. 6.10	Frauenanteil am wissenschaftlichen Personal in der Erziehungswissenschaft an Wissenschaftlichen Hochschulen 1992 – 2002
Tab. 6.11	Professorinnen und Professoren in der Erziehungswissenschaft 1992–2002
Tab. 6.12	Erstberufungen zum Professor um Lehr- und Forschungsbereich „Erziehungswissenschaft" nach Geschlecht
Tab. 6.13	Zahl der in der Zeitschrift Erziehungswissenschaft gemeldeten Rufe
Tab. 7.1	Bestandsaufnahme von Evaluationsverfahren erziehungswissenschaftlicher Studiengänge (Stand 1.12.2003)
Tab. 7.2	Verhältnis Erst- und Mehrfachevaluation
Tab. 7.3	Strukturelle Rahmenbedingungen der Evaluationen, Angaben in %
Tab. 7.4	Grundlagen der Evaluationen
Tab. 7.5	Datengrundlagen der Evaluationen
Tab. 7.6	Evaluationsempfehlungen
Tab. 8.1	Weiterführende und grundständige Studiengänge nach Hochschultyp
Tab. 8.2	Wissenschaftliche Weiterbildung: Zugangsvoraussetzungen (in %)
Tab. 8.3	Wissenschaftliche Weiterbildung: Abschlussmöglichkeiten (in %)
Tab. 8.4	Durchführungsformen wissenschaftlicher Weiterbildung (in %)
Tab. 8.5	Zusammensetzung der Lehrenden (in %)
Tab. 8.6	Zielgruppen, Mehrfachnennungen (n= 25)
Tab. 8.7	Inhaltliche Schwerpunkte, Mehrfachnennungen (n= 21)
Tab. 8.8	Art des Studiums, Mehrfachnennungen (n= 25)
Tab. 8.9	Abschluss des Angebotes, Mehrfachnennungen (n= 21)
Tab. 9.1	Standorte und Studiengänge (Stand 1. 10. 2003)
Tab. 9.2a	Studierende, nach Standorten und Studiengängen, 1997/98 – 2002/03
Tab. 9.2b	Studierende der Erziehungswissenschaft im Vergleich zur Psychologie 1997/98 – 2002/03
Tab. 9.3a	Absolventen nach Standorten und Studiengängen, 1997/98 – 2002/03
Tab. 9.3b	Absolventen 2002/03 im Vergleich zu den Studienanfängern 1997/98, aufgeteilt nach Standorten und Studiengängen
Tab. 9.4	Hauptberufliches wissenschaftliches Personal (gerechnet auf ganze Stellen; Stand 1. 10. 2003)
Tab. 9.5	Hauptberufliches wissenschaftliches Personal – Vergleich 1998 – 2003
Tab. 9.6	Karrierestufen des wissenschaftlichen Nachwuchses 1998 – 2003

Tab. 9.7	Die Abteilungen der Institute als Hinweise auf Schwerpunkte der Forschung (Stand 1. 10. 2003)
Tab. 9.8	Ausgewählte schwerpunktmäßige Forschungsbereiche 1998 – 2003
Tab. 10.1	Überblick über die Studienangebote
Tab. 10.2	Erziehungswissenschaftliche Institute und ihre institutionelle Einbettung in der Universität
Tab. 10.3	Studierende im Wintersemester 2002/2003
Tab. 10.4	Absolventinnen und Absolventen 2002
Tab. 10.5	Berufstätigkeit nach dem Studium im Jahr 2001
Tab. 10.6	Akademisches Personal 2002
Tab. 10.7	Forschung

Anhang mit Tabellen nach Hochschulen

Tab. A 1: Studierende an Wissenschaftlichen Hochschulen WS 2002/03 in Erziehungswissenschaft, Sonderpädagogik und Sozialwesen (ohne FH-Studiengänge an Gesamthochschulen)

Hochschule Land	Studierende			
	Diplom	Magister	D + M je Professor	D + M je hauptb. Pers.
PH/U Flensburg	252	23	19,6	7,2
PH/U Kiel	513	258	55,1	20,8
Schleswig-Holstein	765	281	37,4	13,9
U Hamburg	815	267	19,7	9,7
U der Bundeswehr Hamburg	419	0	59,9	26,2
Hamburg	1.234	267	24,2	11,8
TU Braunschweig	263	37	75,0	17,6
U Göttingen	0	434	62,0	19,7
U Hannover	616	269	21,1	6,1
U Hildesheim	1.323	0	165,4	36,8
U Lüneburg	908	.	69,9	20,2
U Oldenburg	722	0	48,1	13,9
U Osnabrück	69	241	20,7	3,9
U Vechta	215	0	35,8	14,3
Niedersachsen	4.116	982	46,3	12,3
U Bremen	1.252	91	37,3	12,2
Bremen	1.252	91	37,3	12,2
TU Aachen	0	232	116,0	25,8
U Bielefeld	2.016	0	201,6	30,5
U Bochum	0	300	42,9	9,4
U Bonn	7	518	131,3	47,7
U Dortmund	2.237	0	67,8	16,6
U-GH Duisburg	754	0	107,7	14,0
U Düsseldorf	627	191	163,6	32,7
U-GH Essen	1.329	.	63,3	22,9
Fern-Universität-GH Hagen	0	2.518	419,7	81,2
U Köln	2.763	140	78,5	23,8
U Münster	1.253	146	99,9	23,3
U-GH Paderborn	418	0	38,0	11,6
U-GH Siegen	1.207	0	109,7	28,7
U-GH Wuppertal	368	0	46,0	23,0
Nordrhein-Westfalen	12.979	4.050	97,9	24,7

Hochschule Land	Studierende			
	Diplom	Magister	D + M je Professor	D + M je hauptb. Pers.
TU Darmstadt	0	584	116,8	23,4
U Frankfurt a.M.	2.170	286	136,4	54,6
U Gießen	532	60	65,8	20,4
GH Kassel	2.366	314	223,3	76,6
U Marburg	834	15	65,3	17,7
Hessen	5.902	1.259	125,6	39,3
U Koblenz-Landau	1.076	0	46,8	14,2
U Mainz	760	316	153,7	28,3
U Trier	737	0	122,8	40,9
U Saarbrücken	0	199	99,5	15,3
Rheinland-Pfalz/Saarland	2573	515	81,3	21,3
U Freiburg i.Br.	0	54	27,0	3,0
PH Freiburg i. Br.	627	0	41,8	16,9
U Heidelberg	52	318	74,0	19,5
PH Heidelberg	192	8	7,1	3,9
U Karlsruhe	0	31	10,3	2,1
PH Karlsruhe	61	0	8,7	4,4
PH Ludwigsburg	204	25	9,2	3,6
U Mannheim	0	175	43,8	6,7
PH Schwäbisch Gmünd	34	0	5,7	3,1
U Stuttgart	0	220	220,0	18,3
U Tübingen	696	86	86,9	18,2
U Ulm	0	0	0,0	0,0
PH Weingarten	12	0	1,5	1,1
Baden-Württemberg	1.878	917	24,3	8,4
U Augsburg	699	320	169,8	32,9
U Bamberg	563	4	25,8	13,5
U Bayreuth	0	29	9,7	3,6
Katholische U Eichstätt	241	6	17,6	7,7
U Erlangen-Nürnberg	0	239	34,1	7,7
U München	0	1.179	98,3	17,3
U der Bundeswehr München	230	0	16,4	7,7
U Passau	0	78	26,0	7,8
U Regensburg	545	94	106,5	18,8
U Würzburg	415	172	65,2	14,7
Bayern	2.693	2.121	45,8	12,7

Hochschule Land	Studierende			
	Diplom	Magister	D + M je Professor	D + M je hauptb. Pers.
FU Berlin	980	257	44,2	10,0
TU Berlin	288	410	30,3	14,2
Humboldt-Universität Berlin	670	254	35,5	7,8
Berlin	1938	921	33,6	9,4
U Potsdam	0	240	17,1	3,5
Brandenburg	0	240	17,1	3,5
U Greifswald	0	78	39,0	8,7
U Rostock	375	17	56,0	16,3
Mecklenburg-Vorpommern	375	95	52,2	14,2
TU Chemnitz	140	639	111,3	21,1
TU Dresden	376	272	40,5	7,7
U Leipzig	0	459	41,7	9,4
Sachsen	516	137	55,5	11,1
U Halle	861	85	43,0	8,4
U Magdeburg	0	485	48,5	13,5
Sachsen-Anhalt	861	570	44,7	9,6
U Erfurt	405	0	31,2	6,6
U Jena	0	877	146,2	35,1
Thüringen	405	877	67,5	14,9
D + M = Diplom und Magister				

Quelle: unveröffentlichtes Material des Statistischen Bundesamtes, eigene Berechnungen

Tab. A 2: *Prüfungen an Wissenschaftlichen Hochschulen 2002 in Erziehungswissenschaft, Sonderpädagogik und Sozialwesen (ohne FH-Studiengänge an Gesamthochschulen)*

Hochschule Land	Prüfungen				Prüfungen je Professor/ Prüfungen je 100 Studierende					
	Diplom	Magister	Promotion 1998-2002	Lehramt	Diplom u. Magister	Lehramt	Promotion[1]	Diplom je 100 Stud	Magister je 100 Stud
PH/U Flensburg	33	0	2	189	2,4	13,5	0,1	13,1	0,0
PH/U Kiel	88	6	11	441	6,7	31,5	0,8	17,2	2,3
Schleswig-Holstein	121	6	13	630	4,5	22,5	0,5	15,8	2,1
U Hamburg	72	13	51	612	1,5	11,1	0,9	8,8	4,9
U der Bundeswehr Hamburg	73	0	0	0	10,4	0,0	0,0	17,4	/
Hamburg	145	13	51	612	2,5	9,9	0,8	11,8	4,9
TU Braunschweig	28	2	4	111	7,5	27,8	1,0	10,6	5,4
U Göttingen	0	20	10	218	2,9	31,1	1,4	/	4,6
U Hannover	67	13	37	508	1,9	12,1	0,9	10,9	4,8
U Hildesheim	163	0	8	171	20,4	21,4	1,0	12,3	/
U Lüneburg	90	0	0	167	6,9	12,8	/	9,9	0,0
U Oldenburg	110	0	37	174	7,3	11,6	2,5	15,2	/
U Osnabrück	4	6	12	292	0,7	19,5	0,8	5,8	2,5
U Vechta	23	0	2	127	3,8	21,2	0,3	10,7	/
Niedersachsen	485	41	110	1768	4,8	16,1	1,0	11,8	4,2
U Bremen	87	9	49	358	2,7	9,9	1,4	6,9	9,9
Bremen	87	9	49	358	2,7	9,9	1,4	6,9	9,9

Hochschule Land	Prüfungen				Prüfungen je Professor				
	Diplom	Magister	Promotion 1998-2002	Lehramt	Diplom u. Magister	Lehramt	Promotion[1]	Diplom je 100 Stud	Magister je 100 Stud
TU Aachen	0	4	10	140	2,0	70,0	5,0	/	1,7
U Bielefeld	143	0	51	393	14,3	39,3	5,1	7,1	/
U Bochum	0	12	8	236	1,7	33,7	1,1	/	4,0
U Bonn	0	11	10	237	2,8	59,3	2,5	0,0	2,1
U Dortmund	232	0	45	636	7,0	19,3	1,4	10,4	/
U-GH Duisburg	33	0	13	107	4,7	15,3	1,9	4,4	/
U Düsseldorf	142	5	13	144	29,4	28,8	2,6	22,6	2,6
U-GH Essen	92	0	27	457	4,4	21,8	1,3	6,9	0,0
Fern-Universität-GH Hagen	0	49	16	0	12,3	0,0	4,0	/	1,9
U Köln	286	10	84	1478	8,0	39,9	2,3	10,4	7,1
U Münster	132	6	42	1252	9,9	89,4	3,0	10,5	4,1
U-GH Paderborn	33	0	13	301	3,0	27,4	1,2	7,9	/
U-GH Siegen	162	0	19	238	14,7	21,6	1,7	13,4	/
U-GH Wuppertal	16	0	18	306	2,0	38,3	2,3	4,3	/
Nordrhein-Westfalen	1271	97	369	5925	7,9	34,1	2,1	9,8	2,4
TU Darmstadt	0	7	11	59	1,4	11,8	2,2	/	1,2
U Frankfurt a.M.	111	7	59	568	6,6	31,6	3,3	5,1	2,4
U Gießen	49	5	7	487	6,0	54,1	0,8	9,2	8,3
GH Kassel	228	13	42	261	20,1	21,8	3,5	9,6	4,1
U Marburg	95	0	23	231	7,3	17,8	1,8	11,4	0,0
Hessen	483	32	142	1606	9,0	28,2	2,5	8,2	2,5

Hochschule Land	Prüfungen				Prüfungen je Professor				
	Diplom	Magister	Promotion 1998-2002	Lehramt	Diplom u. Magister	Lehramt	Promotion[1]	Diplom je 100 Stud.	Magister je 100 Stud.
U Koblenz-Landau	155	0	12	719	6,7	31,3	0,5	14,4	/
U Mainz	107	9	12	229	16,6	32,7	1,7	14,1	2,8
U Trier	73	0	9	119	12,2	19,8	1,5	9,9	/
U Saarbrücken	0	13	7	174	6,5	87,0	3,5	/	6,5
Rheinland-Pfalz/Saarland	335	229	40	1241	9,4	32,7	1,1	13,0	4,3
U Freiburg i.Br.	0	8	4	386	4,0	193,0	2,0	/	14,8
PH Freiburg i.Br.	82	0	27	442	5,5	29,5	1,8	13,1	/
U Heidelberg	6	25	26	287	6,2	57,4	5,2	11,5	7,9
PH Heidelberg	0	0	29	682	0,0	24,4	1,0	0,0	0,0
U Karlsruhe	0	4	5	84	1,3	28,0	1,7	/	12,9
PH Karlsruhe	0	0	14	320	0,0	45,7	2,0	0,0	/
U Konstanz	0	0	0	149	/	/	/	/	/
PH Ludwigsburg	12	2	24	563	0,6	22,5	1,0	5,9	8,0
U Mannheim	0	7	3	71	1,8	17,8	0,8	/	4,0
PH Schwäbisch Gmünd	2	0	9	194	0,3	32,3	1,5	5,9	/
U Stuttgart	0	9	5	148	9,0	148,0	5,0	/	4,1
U Tübingen	81	6	65	279	9,7	31,0	7,2	11,6	7,0
U Ulm	0	0	1	41	0,0	20,5	0,5	/	/
PH Weingarten	0	0	12	382	0,0	47,8	1,5	0,0	/
Baden-Württemberg	183	61	224	4028	2,1	35,0	1,9	9,7	6,7

Hochschule Land	Prüfungen				Prüfungen je Professor					
	Diplom	Magister	Promotion	Lehramt	Diplom u. Magister	Lehramt	Promotion[1]	Diplom je 100 Stud	Magister je 100 Stud
			1998-2002							
U Augsburg	83	15	17	436	16,3	72,7	2,8	11,9	4,7	
U Bamberg	70	1	10	301	3,2	13,7	0,5	12,4	25,0	
U Bayreuth	0	3	3	186	1,0	62,0	1,0	/	10,3	
Katholische U Eichstätt	42	0	20	143	3,0	10,2	1,4	17,4	0,0	
U Erlangen-Nürnberg	0	16	15	530	2,3	75,7	2,1	/	6,7	
U München	0	138	73	888	11,5	74,0	6,1	/	11,7	
U Bundeswehr München	39	0	8		2,8	0,0	0,6	17,0	/	
TU München	0	0	3	222	0,0	24,7	0,3	/	/	
U Passau	0	9	16	181	3,0	60,3	5,3	/	11,5	
U Regensburg	72	8	11	683	13,3	113,8	1,8	13,2	8,5	
U Würzburg	48	8	21	678	6,2	75,3	2,3	11,6	4,7	
Bayern	354	198	197	4248	5,3	40,5	1,9	13,1	9,3	
FU Berlin	123	21	67	316	5,1	11,3	2,2	12,6	8,2	
TU Berlin	78	19	51	197	4,2	8,6	2,4	27,1	4,6	
H der Künste Berlin	0	0	0	86	0,0	10,8	/	/	/	
Humboldt-Universität Berlin	79	9	17	406	3,4	15,6	0,7	11,8	3,5	
Berlin	280	49	135	1005	3,9	11,8	1,6	14,4	5,3	

Hochschule Land	Prüfungen				Prüfungen je Professor				
	Diplom	Magister	Promotion 1998-2002	Lehramt	Diplom u. Magister	Lehramt	Promotion[1]	Diplom je 100 Stud.	Magister je 100 Stud.
U Potsdam	0	14	12	281	1,0	20,1	0,9	/	5,8
Brandenburg	0	14	12	281	1,0	20,1	0,9	/	5,8
U Greifswald	0	4	2	47	2,0	23,5	1,0	/	5,1
U Rostock	85	5	9	101	12,9	14,4	1,3	22,7	29,4
Mecklenburg-Vorpommern	85	9	11	148	10,4	16,4	1,2	22,7	9,5
TU Chemnitz	24	50	5	625	10,6	89,3	0,7	17,1	7,8
TU Dresden	76	13	28	248	5,6	15,5	1,8	20,2	4,8
U Leipzig	0	72	12	276	6,5	25,1	1,1	/	15,7
Sachsen	100	135	45	1149	6,9	33,8	1,3	19,4	9,9
U Halle	114	8	23	313	5,5	14,2	1,0	13,2	9,4
U Magdeburg	0	22	11	70	2,2	7,0	1,1	/	4,5
Sachsen-Anhalt	114	30	34	383	4,5	12,0	1,1	13,2	5,3
U Erfurt	111	0	0	216	8,5	16,6	/	27,4	/
U Jena	0	29	15	111	4,8	18,5	2,5	/	3,3
Thüringen	111	29	15	327	7,4	17,2	0,8	27,4	3,3

1 Die Promotionen der letzten 5 Jahre (1998-2002) wurden auf die Professoren des Jahres 2002 bezogen.

Quelle: Statistisches Bundesamt, unveröffentlichtes Material, eigene Berechnungen

Tab. A 3: *Wissenschaftliches Personal an Wissenschaftlichen Hochschulen in der Erziehungswissenschaft, Sonderpädagogik und Sozialwesen (ohne FH-Studiengänge an Gesamthochschulen) 1992, 1997 und 2002*

Hochschule/ Land	1992		1997		2002			
	Profes-soren	Mit-arbeiter	Profes-soren	Mit-arbeiter	Profes-soren	Mit-arbeiter	Mitarb./ Professor	nebenb. zu hauptb. Pers.
PH/U Flensburg	4	3	9	3	14	24	1,7	1,0
PH/U Kiel	15	21	15	19	14	23	1,6	0,0
Schleswig-Holstein	19	25	24	22	28	47	1,7	0,5
U Hamburg[1]	109	66	55	36	55	56	1,0	1,3
U der Bundeswehr Hamburg	33	46	8	13	7	9	1,3	0,0
Hamburg	142	112	63	49	62	65	1,0	1,2
TU Braunschweig	30	43	5	16	4	13	3,3	3,1
U Göttingen	23	58	12	32	7	15	2,1	0,2
U Hannover	26	72	29	65	42	104	2,5	1,1
U Hildesheim	9	23	9	16	8	28	3,5	1,4
U Lüneburg	9	15	14	29	13	32	2,5	0,8
U Oldenburg	23	29	20	24	15	37	2,5	1,3
U Osnabrück	31	78	16	95	15	65	4,3	0,9
U Vechta	0	0	9	14	6	9	1,5	0,9
Niedersachsen	151	318	114	292	110	303	2,8	1,1
U Bremen	55	64	50	69	36	74	2,1	0,1
Bremen	55	64	50	69	36	74	2,1	0,1

Hochschule/Land	1992		1997		2002		
	Professoren	Mit-arbeiter	Professoren	Mit-arbeiter	Professoren	Mit-arbeiter	Mitarb./Professor	nebenb. zu hauptb. Pers.
TU Aachen	5	9	2	5	2	7	3,5	2,9
U Bielefeld	20	51	14	57	10	56	5,6	0,5
U Bochum	8	26	7	21	7	25	3,6	0,6
U Bonn	6	10	5	8	4	7	1,8	1,0
U Dortmund	34	68	38	77	33	102	3,1	0,9
U-GH Duisburg	8	16	6	14	7	47	6,7	0,3
U Düsseldorf	7	14	5	16	5	20	4,0	1,0
U-GH Essen	12	32	13	23	21	37	1,8	0,7
Fern-Universität-GH Hagen	2	9	6	25	4	19	4,8	0,5
U Köln	20	67	44	92	37	85	2,3	0,3
U Münster	30	61	19	53	14	46	3,3	0,5
U-GH Paderborn	10	13	8	17	11	25	2,3	0,7
U-GH Siegen	10	22	12	25	11	31	2,8	2,0
U-GH Wuppertal	8	7	8	5	8	8	1,0	1,0
Nordrhein Westfalen	180	405	187	438	174	515	3,0	0,7
TU Darmstadt	6	9	7	13	5	20	4,0	1,1
U Frankfurt a.M.	28	32	21	36	18	27	1,5	1,9
U Gießen	10	15	8	18	9	20	2,2	1,2
GH Kassel	11	13	8	16	12	23	1,9	2,7
U Marburg	14	24	12	28	13	35	2,7	0,7
Hessen	69	93	56	111	57	125	2,2	1,5

Hochschule/Land	1992		1997		2002			
	Professoren	Mit-arbeiter	Professoren	Mit-arbeiter	Professoren	Mit-arbeiter	Mitarb./Professor	nebenb. zu hauptb. Pers.
U Koblenz-Landau	19	33	26	55	23	53	2,3	0,9
U Mainz	12	22	6	23	7	31	4,4	0,3
U Trier	5	13	6	16	6	12	2,0	1,1
U Saarbrücken	4	17	4	12	2	11	5,5	1,4
Rheinland-Pfalz[2]/Saarland	40	85	42	106	38	107	2,8	0,8
U Freiburg i.Br.	4	11	3	8	2	16	8,0	0,0
PH Freiburg i.Br.	17	8	17	25	15	22	1,5	1,5
U Heidelberg	6	21	6	15	5	14	2,8	0,1
PH Heidelberg	37	19	30	25	28	23	0,8	1,5
U Karlsruhe	2	6	2	7	3	12	4,0	0,1
PH Karlsruhe	13	4	11	8	7	7	1,0	0,6
U Konstanz	1	1	0	0	0	2	/	0,5
PH Ludwigsburg	33	15	29	24	25	38	1,5	0,7
U Mannheim	4	10	4	8	4	22	5,5	0,3
PH Schwäbisch Gmünd	6	3	8	4	6	5	0,8	0,2
U Stuttgart	1	3	1	7	1	11	11,0	0,3
U Tübingen	10	37	8	28	9	34	3,8	0,1
U Ulm	0	4	1	6	2	7	3,5	0,4
PH Weingarten	12	2	11	7	8	3	0,4	1,4
Baden-Württemberg[3]	148	146	131	172	115	216	1,9	0,7

Hochschule/Land	1992		1997		2002			
	Professoren	Mit-arbeiter	Professoren	Mit-arbeiter	Professoren	Mit-arbeiter	Mitarb./Professor	nebenb. zu hauptb. Pers.
U Augsburg	6	18	6	19	6	25	4,2	0,9
U Bamberg	12	19	23	24	22	20	0,9	1,2
U Bayreuth	3	6	3	5	3	5	1,7	0,3
Kath. U Eichstätt	15	12	15	11	14	18	1,3	1,4
U Erlangen-Nürnberg	21	41	22	46	7	24	3,4	1,3
U München	12	42	11	47	12	56	4,7	0,1
U der Bundeswehr München	13	19	8	23	14	21	1,5	0,6
TU München					9	40	4,4	0,0
U Passau	3	4	3	6	3	7	2,3	1,8
U Regensburg	6	19	6	18	6	28	4,7	1,9
U Würzburg	13	26	13	28	9	31	3,4	1,2
Bayern	104	206	110	227	105	275	2,6	0,8
FU Berlin	54	78	36	84	28	96	3,4	0,5
TU Berlin	53	93	40	45	23	26	1,1	1,5
H der Künste Berlin	12	15	12	21	8	5	0,6	1,1
Humboldt-Universität Berlin	20	116	37	120	26	92	3,5	0,4
Berlin	139	302	125	270	85	219	2,6	0,6
TU Cottbus	1	92	0	0				
U Potsdam	3	92	18	97	14	54	3,9	0,3
Brandenburg	4	184	18	97	14	54	3,9	0,3

Hochschule/Land	1992 Professoren	1992 Mit-arbeiter	1997 Professoren	1997 Mit-arbeiter	2002 Professoren	2002 Mit-arbeiter	2002 Mitarb./Professor	2002 nebenb. zu hauptb. Pers.
TU Cottbus	1		0	0				
U Potsdam	3	92	18	97	14	54	3,9	0,3
Brandenburg	4	184	18	97	14	54	3,9	0,3
U Greifswald	2	22	2	7	2	7	3,5	0,7
U Rostock	10	19	11	17	7	17	2,4	1,1
Mecklenburg-Vorpommern	12	41	13	26	9	24	2,7	1,0
TU Chemnitz	16	158	10	35	7	30	4,3	0,4
TU Dresden	14	74	16	54	16	68	4,3	0,5
U Leipzig	5	119	13	29	11	38	3,5	2,0
Sachsen	35	351	39	119	34	136	4,0	0,9
U Halle	4	19	19	80	22	91	4,1	0,1
U Magdeburg	4	18	9	26	10	26	2,6	0,4
Sachsen-Anhalt	17	94	28	106	32	117	3,7	0,2
PH Erfurt	8	32	18	46	13	48	3,7	1,1
U Jena	5	16	6	24	6	19	3,2	0,6
Thüringen	13	50	24	70	19	67	3,5	0,9

1 Die Angaben entsprechen nicht den internen Daten der Universität.
2 1982 einschließlich der Erziehungswissenschaftlichen Fakultät Rheinland-Pfalz, Abt. Mainz.
3 1982 einschließlich PH Esslingen und PH Lörrach; 1982 wurde das gesamte Personal der Pädagogischen Hochschulen der Erziehungswissenschaft zugerechnet.

Quelle: Statistisches Bundesamt, unveröffentlichtes Material, eigene Berechnungen

Anhang 4 – berücksichtigte Zeitschriften

Behindertenpädagogik
Berufsbildung in Wissenschaft und Praxis
Bildung und Erziehung (Köln)
Comparative education review
Computer + Unterricht
Deutsche Jugend
Die Berufsbildende Schule
Die Deutsche Schule
DIE-Zeitschrift für Erwachsenenbildung
Empirische Pädagogik
Erwachsenenbildung
Erziehung und Unterricht
European journal of education
Grundlagen der Weiterbildung (GdWZ)
Grundschule
Heilpädagogische Forschung
Hessische Blätter für Volksbildung
Hörgeschädigtenpädagogik
International review of education
Kölner Zeitschrift für Soziologie und Sozialpsychologie
Neue Sammlung
Pädagogik
Pädagogische Rundschau
Paedagogica Historica
Psychologie in Erziehung und Unterricht
Recht der Jugend und des Bildungswesens
Schweizerische Zeitschrift für Bildungswissenschaften
Tertium comparationis
Unterrichtswissenschaft
Vierteljahrsschrift für wissenschaftliche Pädagogik
Zeitschrift für Berufs- und Wirtschaftspädagogik
Zeitschrift für Entwicklungspsychologie und pädagogische Psychologie
Zeitschrift für Erziehungswissenschaft
Zeitschrift für Heilpädagogik
Zeitschrift für Pädagogik
Zeitschrift für pädagogische Psychologie
Zeitschrift für Sozialisationsforschung und Erziehungssoziologie
Zeitschrift für Soziologie der Erziehung und Sozialisation

ZEP: Zeitschrift für internationale Bildungsforschung und Entwicklungspädagogik
ZSE: Zeitschrift für Soziologie der Erziehung und Sozialisation

Autoren

Prof. Dr. Karin Böllert; Professorin für Sozialpädagogik an der Westfälischen Wilhelms-Universität Münster und Mitglied des Präsidiums des Erziehungswissenschaftlichen Fakultätentages.
Arbeitsschwerpunkte: Kinder- und Jugendhilfe, Sozial- und Jugendpolitik, Theorie der Sozialpädagogik

Prof. Dr. Hannelore Faulstich-Wieland; Professorin für Erziehungswissenschaft unter besonderer Berücksichtigung der Schulpädagogik mit Schwerpunkt Sozialisationsforschung der Universität Hamburg.
Arbeitsschwerpunkte: Koedukation, Geschlechterverhältnisse im Bildungssystem, Mädchen/Frauen und Technik/Naturwissenschaften.

Prof. Dr. Peter Faulstich; Professor für Erwachsenenbildung/Weiterbildung an der Universität Hamburg. Vorsitzender der Deutschen Gesellschaft für wissenschaftliche Weiterbildung und Fernstudium (DGWF).
Arbeitsschwerpunkte: Weiterbildungspolitik und -finanzierung, Erwachsenenbildungsforschung, wissenschaftliche Weiterbildung.

Dr. Gernot Graeßner; Akademischer Direktor an der Fakultät für Pädagogik und Geschäftsführer des Zentrums für wissenschaftliche Weiterbildung an der Universität Bielefeld.
Arbeitsschwerpunkte: Wissenschaftliche Weiterbildung, Institutionen, Didaktik und Methodik der Erwachsenen- und Weiterbildung.

Prof. Dr. Tina Hascher; Direktorin des Sekundarlehramts an der Universität Bern und Leiterin der Forschungsstelle für Schulpädagogik und Fachdidaktik.
Arbeitsschwerpunkte: Wohlbefinden und Gesundheit in der Schule, Emotionen im Lehr-Lernprozess, Lernen aus Fehlern, Jugendforschung, Lehrerbildung.

PD Dr. Klaus-Peter Horn; Wissenschaftlicher Assistent an der Humboldt-Universität zu Berlin, Abt. Historische Erziehungswissenschaft.
Arbeitsschwerpunkte: Geschichte der Erziehung und der Erziehungswissenschaft, Wissenschaftsforschung in der Erziehungswissenschaft, Theorie, Geschichte und Empirie pädagogischen und erziehungswissenschaftlichen Wissens.

Prof. Dr. Margret Kraul; Professorin für Pädagogik an der Georg-August-Universität Göttingen.
Arbeitsschwerpunkte: Geschichte der Erziehung, Schulforschung, Geschlechterforschung, Biographieforschung.

Prof. Dr. Heinz-Hermann Krüger; Professor für Allgemeine Erziehungswissenschaft und Mitglied im Direktorium des Zentrums für Schulforschung der Martin-Luther-Universität Halle-Wittenberg.
Arbeitsschwerpunkte: Biographie- und Bildungsforschung, Theorien und Methoden der Erziehungswissenschaft, Kindheits- und Jugendforschung.

Prof. Dr. Thomas Rauschenbach; Professor für Sozialpädagogik an der Universität Dortmund, Vorstand und Direktor des Deutschen Jugendinstituts e.V., München.
Arbeitsschwerpunkte: Theorie der Sozialen Arbeit, Verbändeforschung, Dritter Sektor, Wohlfahrts- und Jugendverbände, Soziale Berufe (Ausbildung und Arbeitsmarkt), Kinder- und Jugendhilfeforschung, Freiwilligendienste, Zivildienst.

Dipl.-Päd. Claudia Schmidt; Wissenschaftliche Mitarbeiterin im Lehrgebiet Empirische Bildungsforschung der Universität Erfurt.
Arbeitsschwerpunkte: Regionale Bildungsforschung, Bildungsfinanzierung.

Dipl.-Math. Ursula Schulzeck; Wissenschaftliche Mitarbeiterin im Lehrgebiet Empirische Bildungsforschung der Universität Erfurt.
Arbeitsschwerpunkte: Regionale Bildungsforschung, Schulnetzplanung, Schulstatistik.

Susanne Siebholz; Wissenschaftliche Hilfskraft im Projekt ‚Politische Orientierungen von Schülern im Rahmen schulischer Anerkennungsbeziehungen', Zentrum für Schulforschung der Martin-Luther-Universität Halle-Wittenberg.

Prof. Dr. Josef Thonhauser; Professor für Erziehungswissenschaft am Institut für Erziehungswissenschaft und am Institut für Lehrerinnen- und Lehrer- Bildung der Universität Salzburg.
Arbeitsschwerpunkte: Schulforschung, Lehrerbildung, Evaluation.

Prof. Dr. Rudolf Tippelt; Professor für Allgemeine Pädagogik und Bildungsforschung an der Ludwig-Maximilians-Universität München.
Arbeitsschwerpunkte: Bildungsforschung, Weiterbildungsforschung, internationale Bildungsentwicklung.

Prof. Dr. Horst Weishaupt; Professor für Empirische Bildungsforschung an der Universität Erfurt.
Arbeitsschwerpunkte: Regionale Bildungsforschung, Schulentwicklungs- und Planungsforschung.

Prof. Dr. Lothar Wigger; Professor für Allgemeine Erziehungswissenschaft an der Universität Dortmund.
Arbeitsschwerpunkte: Bildungstheorie und Bildungsforschung, erziehungswissenschaftliche Wissenschaftstheorie und Wissenschaftsforschung, pädagogische Handlungstheorie und Ethik.

Dipl.-Päd. Ivo Züchner; Persönlicher Referent des Direktors des Deutschen Jugendinstituts e.V., München.
Arbeitsschwerpunkte: Ausbildung und Arbeitsmarkt für soziale Berufe, Jugendarbeit, Theorie der Sozialpädagogik, Soziale Arbeit international.

MIX
Papier aus verantwortungsvollen Quellen
Paper from responsible sources
FSC® C105338

If you have any concerns about our products,
you can contact us on
ProductSafety@springernature.com

In case Publisher is established outside the EU,
the EU authorized representative is:
**Springer Nature Customer Service Center GmbH
Europaplatz 3, 69115 Heidelberg, Germany**

Printed by Libri Plureos GmbH
in Hamburg, Germany